U0573341

《雪山之巅仰望星空的花豹》（原大）

张伟　铜版画

总 目

01

张远山作品集

通天塔

北京出版集团
北京出版社

图书在版编目（CIP）数据

张远山作品集：全21卷 / 张远山著. — 北京：北京出版社，2025.7. — ISBN 978-7-200-19523-1

Ⅰ. C53

中国国家版本馆CIP数据核字第2025NM0004号

责任编辑　王忠波　孔伊南　　选题策划　吴剑文
责任印制　燕雨萌　　　　　　　特约编辑　吴剑文
责任营销　猫　娘　　　　　　　装帧设计　吉　辰

张远山作品集：全21卷
ZHANG YUANSHAN ZUOPIN JI：QUAN 21 JUAN
张远山　著

出　　版　北京出版集团
　　　　　北京出版社
地　　址　北京北三环中路6号
邮　　编　100120
网　　址　www.bph.com.cn
总 发 行　北京伦洋图书出版有限公司
印　　刷　天津联城印刷有限公司
开　　本　635毫米×965毫米　1/16
总 印 张　538
字　　数　7700千字
版　　次　2025年7月第1版
印　　次　2025年7月第1次印刷
书　　号　ISBN 978-7-200-19523-1
总 定 价　3600.00元（全21卷）

如有印装质量问题，由本社负责调换
质量监督电话　010-58572393

我的三十年写作计划

迄今为止，我的人生分为三大阶段：改革开放之前，荒废十七年；改革开放之后，读书十五年；离职开笔之后，写作三十年。

荒废十七年（1963—1980），我无书可读，全无幼学。1980年夏天，我弃理从文，考入华东师大中文系，制订了十五年读书计划。

读书十五年（1980—1995），我鲸吞恶补，嗜读经典。1995年夏天，我离职开笔，离开上海体校语文组，制订了三十年写作计划。

写作三十年（1995—2025），我重估价值，命名新知。撰写了两千万字，开设报刊专栏数十个，发表文章上千篇，发表论文上百篇，出版23书44版本。

值此三十年写作计划完成之际，推出《张远山作品集》，稍作盘点，继续前行。

《张远山作品集》二十一卷，扣二十一世纪；分为三大部分，每一部分均为七卷；由《作品集》策划吴剑文提议并编定卷次，理由是我一生所治伏老庄三学，全都与七有关。

伏羲学抉发的伏羲连山历，以东西各七山为日月东升西落之坐标，进而增设南北各七山，形成二十八山地面坐标，向上投射为二十八宿天空坐标，内含东宫苍龙七宿，南宫朱雀七宿，西宫白虎七宿，北宫麒麟七宿。中古夏商周，麒麟七宿转为玄武七宿，麒麟移至中宫。中宫神兽麒麟，内含北极七星、北斗七星。

新老学复原的《老子》初始本七十七章，对应北极七星、北斗七星、苍龙七宿、朱雀七宿、白虎七宿、玄武七宿。上经《德经》四十四章，对应北斗七星之斗魁四星；下经《道经》三十三章，对应北斗七星之斗柄三星。

新庄学复原的《庄子》大全本五十二篇，"内篇七"对应北极七星、北斗七星，"外篇二十八"对应二十八宿：东宫苍龙七宿，南宫朱雀七宿，西宫白虎七宿，北宫玄武七宿，"杂篇十四"对应伏羲连山历的东西十四山及其向上投射的东西十四宿：东宫苍龙七宿、西宫白虎七宿，"解说三"对应中宫三垣：紫微垣、太微垣、天市垣。

第一部分是第一个写作十年（1995—2005）的文学七卷。

第一卷是长篇小说《通天塔》，写于1990年，曾有两个版本（2002，2022）；本次入集，除了修订文字，另增《通天塔》备忘录等七个相关附录。

第二卷包括二书。动物小品集《人文动物园》，人文小品集《人类素描》，均写于1993年至1999年，各有六个版本（1999，2001，2002×2，2006，2016）；本次入集，文字均已修订，保留王震坤旧配100图，新增张伟新配20图，另增二书简介等四个相关附录。

第三卷包括二书。小品文选集《路灯错觉》，写于1993年至2022年，此前未曾出版；本次入集，文字均已修订，另增《路灯错觉》备忘录。哲学沉思录《人与墙》，写于1995年至2005年，此前未曾出版；本次入集，文字均已修订，终于公开出版，还了一大心愿。

第四卷包括三书。诗集《独自打坐》，写于1981年至1991年，曾有一个版本（2002）；本次入集，诗歌一字不改，补入每诗写作日期，补入自配五图，另增《独自打坐》简介等两个相关附录。诗歌评论集《汉语的奇迹》，曾有一个版本（2002）；本次入集，文字均已修订，补入每文写作日期，新增二文，另增《汉语的奇迹》备忘录等三个相关附录。文学评论集《齐人物论》，与人合撰，曾有两个版本（2000，2004）；本次入集拙撰部分，文字均已修订，另增《齐人物论》备忘录等四个相关附录。

第五卷《数风流人物》，写于1991年至2016年，此前未曾出版；本次入集，文字均已修订，另增《数风流人物》备忘录。

第六卷《美丽新世界》，写于1992年至2010年，此前未曾出版；本次入集，文字均已修订，另增《美丽新世界》备忘录。

第七卷《寓言的密码》，写于1998年，曾有五个版本（1999，2001，2002，2005，2021）；本次入集，文字均已修订，另增《寓言的密码》备忘录等三个相关附录。

第二部分是第二个写作十年（2005—2015）的庄学七卷。

第八卷《庄子奥义》，写于2005年至2007年，曾有两个版本（2008，2020）；本次入集，文字均已修订，另增《庄子奥义》简介等七个相关附录。

第九卷《庄子精义》，写于2007年至2009年，曾有一个版本（2022）；本次入集，文字均已修订。

第十、十一、十二卷《庄子复原本》，写于2009年至2010年，曾有两个版本（2010，2021）；本次入集，文字均已修订，另增《庄子复原本》简介等四个相关附录。

第十三、十四卷《庄子传笺注本》，写于2010年至2012年，《庄子传》正文曾有两个版本（2013，2021），均删笺注30万字。《庄子传笺注本》曾有一个版本（2025），恢复笺注30万字；本次入集，文字均已修订，新增《人物索引》（643人）；另增庄学四书（庄子奥义、庄子精义、庄子复原本、庄子传）备忘录等六个相关附录。

第三部分是第三个写作十年（2015—2025）的伏老七卷。

第十五卷《战国秘史》，写于2010年至2013年，曾有两个版本（2023，2024），均有六个附录；本次入集，文字均已修订，新增附录七《战国纪年厘正表》，是我四十余年梳理《史记》战国讹史的心血结晶，终于公开出版，还了一大心愿。

第十六卷《伏羲之道》，写于2013年至2014年，曾有一个版本（2015）；本次入集，文字均已修订，新增2万字、20图，新增第六章《伏羲钟》、附录三《伏羲学考察纲要》。

第十七卷《玉器之道》，写于2014年至2017年，曾有一个版本（2018）；本次入集，文字均已修订。

第十八卷《青铜之道》，写于2017年至2020年，曾有一个版本（2022）；本次入集，文字均已修订。

第十九卷《良渚之道》，写于2012年至2021年，此前未曾出版；本次入集，文字均已修订，另增伏羲学四书（伏羲之道、玉器之道、青铜之道、良渚之道）备忘录。

第二十卷《老子奥义》，写于2013年至2022年，曾有一个版本（2024）；本次入集，文字均已修订。

第二十一卷《老子初始本演义》，写于2023年至2024年，此前未曾出版；本次入集，文字均已修订，另增老学二书（老子奥义、老子初始本演义）备忘录等四个相关附录。卷末是《张远山写作总目》等四个总附录。

读书十五年（1980—1995），我反复研读全球范围的大经大典，如同坐着直升飞机，飞临人类知识巅峰的上空，俯瞰人类知识总图。写作三十年（1995—2025），我从人类知识巅峰的山脚起步，步步为营地重估价值，勘察盲区，复原华夏知识总图，增补人类知识总图。

第一个写作十年（1995—2005）的文学七卷，属于河流文章。第二个写作十年（2005—2015）的庄学七卷，属于海洋文章。第三个写作十年（2015—2025）的伏老七卷，属于星空文章。由于庄学海洋可以容纳所有河流，映照全部星空，辐射人类知识宇宙的任何角落，所以如果允许我在人类知识总图中加入一部书，我推荐平生第一代表作《庄子奥义》。

1995年制订三十年（1995—2025）写作计划之时，我并无把握这一计划能否完成，更不清楚前路会有多少困难。但我读过海明威小说《乞力马扎罗的雪》，其中写到："乞力马扎罗是一座冰雪覆盖的山峰，海拔19710英尺，据说是非洲最高峰。它的西峰在马赛语里被叫作'恩伽耶—恩伽伊'（马赛人的创世神），神之居所。西峰顶附近有一具风干冰冻的花豹尸首，没人知道花豹跑到这么高的地方来做什么。"我知道花豹要做什么，因为我就是那头花豹。

2025年2月25日六十二周岁生日

本书说明

　　《通天塔》写于1990年3月1日至8月7日。原计划是三部曲，因《通天塔》长期未能出版，后两部胎死腹中。

　　1997年6月10日上海旅欧诗人京不特将《通天塔》电子版上传"文学橄榄树"网站，此后大量网站转载，大量电子书光碟收入，得以广泛传播，被称为"中文互联网第一部高质量的长篇小说"，"汉语精神殿堂的奇迹"。2000年10月《书屋》杂志发表庄周《齐人物论》（小说戏剧部分）推介《通天塔》，2000年12月上海文艺出版社出版庄周《齐人物论》，2001年12月庄周《齐人物论》入选《南方周末》2001年度十大好书，2002年1月中国工人出版社出版《通天塔》。详见附录七《通天塔》备忘录。

　　《张远山作品集》之前，《通天塔》有两种版本：中国工人出版社2002年1月第1版，北京出版社2022年10月第2版（二十年纪念版）。本次收入《张远山作品集》，增加七个相关附录。

人类是命定的疯子

以至于只有再疯一次

才有可能不做疯子

——帕斯卡尔

献给

李惠

《通天塔》提要

王城的国王灭了王村和施庄，在这片土地上建造通天塔。

王村的唯一幸存者是一个救世男孩——倪世遗。

施庄的唯一幸存者是一个绝世美女——施青青。

他们分别来到王城，差一点结了婚。

他逃离王城，在大西洲遇上了梦中情人。

她留在王城，门外的求婚者排起了长队。

为了灭掉王城，她嫁给了仇人——老国王。

为了灭掉王国，他娶了仇人的女儿——成了新国王。

但他继承了仇人的梦想，执迷不悟地建造通天塔。

通天塔眼看就要建成了，王城人争先恐后地投奔王村。

王城毁灭了，王村复兴了。

然而新老国王合力建造的通天塔，很快就倒塌了。

疯子问：人为什么要问为什么？

傻子说：一切真如都是假如。

目 录

楔

子

1

猴年马月狗日。王先生疯了。

2

黄昏时分。王先生眼睁睁看着太阳逃离地球的视线。刹那间眼神有些异样。疯狂已不可避免。太阳成功地传播了席卷全球的热病以后。撇下你们逃之夭夭了。只留下月亮在夜空中冷眼旁观你们自生自灭。窃听和劫掠每个人梦中的隐秘。

自从那次漫长的环球旅行结束以后。王先生潜心研究地理学。发誓要找到天理。至少要找到一块净土。他像理发师一样捧着地球。忽而近观。忽而藐视。把地球拨过来转过去。他的眉头渐渐拧成了死结。转到第九千九百九十九圈。两条眉毛的拔河正在势均力敌。王先生突然惊跳起来。眉毛和神经一起绷断。

不。这已不是我要的那个星球。地球已变得跟地雷一模一样。随时可能咣的一声炸个粉碎。肯定有一群疯子。一个人是干不了的。肯定有一大群疯子想绑架地球。他们自以为有经天纬地之才。用密密麻麻的经线纬线把地球横一道竖一道捆了个结实。他们炮制出一大堆压得死牛的经书纬书。替画地为牢的疯狂行为制造理论根据。什么神经圣经古经怪经。所有这些鬼话连篇大同小异的荒诞不经。无非是想把人类一网打尽。我不得不承认。你们差不多接近成功了。我甚至忍不住要为这种巨大的成功喝一声彩。除我以外。整个世界都在为这些圣经神经犯病发疯。你。你。你。你。你们每一个人。都把我看成了眼中钉。你们每一个人都想置我于死地。我已经无所逃于天地之间了。这个世界再也没有我待的地方了。看来我真的该走了。由着你们没完没了地扑腾吧。有完有了的时刻已经不远了。你们可以把地球玩弄于股掌之上。变戏法一样把它越变越小。哪怕是变成个浑浑噩噩的臭鸡蛋呢。你们愿意给养鸡场围上个篱笆也好。愿意给地球村设个村公所也罢。都与我无关。我要飞到天地之外去了。在鸡笼里蹬你的最后三脚吧。你的脚法再好。也顶多只是偶尔碰巧把地球玩转了而已。玩不转的时候近在眼前了。我这就飞上天去。过了这村。还怕没别的店吗。

3

按照我不久前创立的空前伟大的宇宙大爆炸理论。你千万别感到奇怪。与不断缩小的地球恰恰相反。宇宙正在急剧地膨胀。不过说相反还不如说相似更准确。两者唯一的区别是。地球这颗地雷仅仅是眼下还没有爆炸。而宇宙已经炸开啦。连玩过鞭炮的三岁小孩也会想到。宇宙既然要炸开。那么宇宙外面总该有地方让它去扩张吧。真是个聪明的孩子。我告诉你。那宇宙外面原先空着的地方。就是被人类称作天堂的鬼地方。那里住着各种各样的鬼。有满脑子不着边际的鬼点子。而那些鬼头鬼脑。就是被人类称为神的怪物。

这个学说的不朽功绩在于。它第一次不容置疑地证明了天堂和鬼神的存在。我奇怪这么简单的论证方法以前为什么没人看出来。以至于人类对天堂鬼神将信将疑了几千年。可见那些装神弄鬼的家伙自己也疑神疑鬼。

我担心现在才意识到天国的真实已经太晚了。因为宇宙的武力扩张已迫使天国失去了大部分疆域。天堂的版图眼看就要萎缩成一个针眼。虽说一个针眼藏得下三千大千世界。到底挤得难受。听说上帝屈尊在最近一个割地赔款的条约上摁了手印以后。立即颁布了一项独生子女政策。并且亲自做了结扎手术。众所周知他老人家只为人类炮制过一个救世主。

顺便提一句。上帝并非不喜欢橡皮图章。只是因为在天堂那种穷乡僻壤的鬼地方。橡胶工业很不发达。上帝的大名别名笔名艺名化名诨名又实在太多。签起名来很累赘。摁手印不仅省事。而且上帝的指纹是独一无二的。

近来有些疯子据此建议。既然地球也像天国一样为空间的日益逼仄而犯愁。人类应该仿效同样的政策。但这些杞人忧天的蠢货忽略了一个关键的差异。那就是神是不死的。而人是会死的。天国居民的增加是绝对的增加。增加到一定的程度天国很可能重得掉到地上来。但人类在长生不死的梦想实现以前。完全不必像神那样紧张得神经兮兮。可喜的是绝大多数人对这个庸人自扰的建议不屑一顾地置若罔闻。你们唯一要担心的是当上帝的榜样力量穷尽之时。天国的居民将达到超负荷的极限。到那时上帝将不得不推行殖民或移民政策。把天国的败类如魔鬼之流放逐到地球上来为非作歹——我疑心那个阴谋集团的首领就是魔鬼——这样的事情已经有过许多先例。最近。确切地说是上个星期的周末。也有过一次。

4

天国原来有个叫作奥林匹亚的地方住着一个蛮族。酋长宙斯顽劣不化。拒不执行上帝的节育政策。他自己就生了不计其数的私生子。小鬼们也上行下效地大生特生。并且常常为此争风吃醋寻衅斗殴。把奥林匹亚闹得乌烟瘴气。连上帝也一筹莫展。但上帝严令他们不许移居到保留地之外以造成天国其他地区的住房紧缺。于是他们就到地球上来惹是生非。希腊人和特洛伊人在他们的挑唆下。没来由地为了一个烂苹果而打得不可开交。十年仗打下来。人死了不少。神却一个没死。宙斯他们虽然从中得到了消遣。但奥林匹亚的难题依然没有解决。为了预防奥林匹亚真的掉下来。宙斯就派泰坦兄弟站在天底下用双手托着。泰坦兄弟是出名的大力士。这是野种唯一的长处。但野种必然野性难驯不服管束。所以谁也不爱干这个又苦又累又没趣的活计。就一个个溜走各自找乐子去了。单单撇下一个不贪玩的傻瓜阿特拉斯在那里顶缸。

于是宙斯之流就像在上帝的保险公司里投了保似的。继续高枕无忧地到处下崽。但不久天国因为宇宙的膨胀又丧失了一大片土地。上帝只得再次压缩宙斯族的保留地。宙斯一伙虽然狂野。却知道与上帝动粗讨不了好去。只好忍气吞声地挤在小阁楼里划拳喝酒。唉声叹气。因为再也找不到空地开裸体运动会。可惜为时已晚。

一天下午。宙斯最有名的私生子赫拉克勒斯醉醺醺地在地球上闲逛。

看见老实憨厚的阿特拉斯高举双手顶天立地站在那里的怪模样。突然想到这是毫无顾忌地捉弄他又不必担心他还手的好机会。顿时童心大起。就搓起手在嘴上哈出两口酒气。大挠特挠阿特拉斯的胳肢窝。阿特拉斯奇痒难耐。终于憋不住泄了气。撒出一泡急尿——他照例也是一丝不挂的。甚至连比基尼也没穿——他脚下的盆地立刻被灌得满满的。那盆尿现在被你们称为地中海。

阿特拉斯这一松劲可好。整个奥林匹亚喀喇喇一声就掉了下来。在通古斯砸出偌大一个凹坑。就这样。在这个不该出生的疯子的一时冲动的小小玩笑中。宙斯神族全都成了天国的流浪汉。或者逃出天国。成了地上的散仙。幸亏神是不死的。否则宙斯们不但活着没有立锥之地。而且会像凡人一样。死无葬身之地。

5

现在。分手的时刻到了。门外的马车将把我送到火箭发射场。宇宙飞船将带着我飞出宇宙。直奔天国。

一个穿白色礼服的大臣和两个身穿白色制服的卫士迎了上来。为了表彰我对热病的卓越免疫力。这位大臣代表国王赠送给我一件特制的条纹礼服。一件式样别致的紧身衣。国王的慷慨显然包含着一种请求。希望我到天国以后说服上帝再派一个救世主来挫败魔鬼的阴谋。围观的疯子们嫉妒得眼睛发绿。但谁也不敢高声说话。只是互相猛咬耳朵。可是他们压抑不住内心的极度恐惧和忿忿不平。因此他们的低语在我听来犹如高呼口号一样震耳欲聋。

我对国王的隆恩厚赐免不了故示谦虚地聊表逊谢。但那两个卫士过于殷勤过分热情地立刻伺候我当众穿上礼服。我自然免不了忸怩作态地略作推拒。这时我清清楚楚地听到疯子们阴险地嚷道。

"这就是疯子穿的拘束衣。穿上以后别想动弹。"

"噢。怪不得疯子不愿穿呢。"

"瞧。那两个护士费了多大的劲儿。"

嘀。人心就是如此。一旦你得到了某种殊荣。无中生有颠倒黑白的恶意诽谤就会接踵而至。一件小小的衣服能拘束得了我吗。于是我傲然地不再矫情。顺利地穿上了这件紧身礼服。疯子们泄了气。终于不再喧闹。我清了清嗓子。开始发表他们期待已久的告别演说。

寂寞广场的公民们。由于我揭露了魔鬼集团蓄意毁灭人类的罪恶阴谋。我受到了令人难以置信的迫害。你们当然不会承认。事实上你们每个人都参与了这件骇人听闻的罪行。所以我不得不作一次战略性撤退。可能有人会指责我是出于胆怯而可耻地临阵脱逃。我似乎更应该留下来与魔鬼作悲壮而精彩的决斗。但那样你们就彻底没救了。眼下魔鬼暂时占压倒优势。你们中的一半人已经被压倒了。另外一半正压在这一半身上。你们都成了魔鬼的俘虏。一种心理败血症正在无止境地蔓延。那就是疯狂。疯狂。疯狂地疯狂。

疯狂是一股强劲的狂风。把你们残叶般吹落。可怕的是你们并没有意识到自己的疯狂。魔鬼已潜移默化地进入你们的血液。你们已经失去了对崇高和神圣的敬意。包括对我的敬意。所以我必须远远地走开。我是带着使命走的。我将敦请救世主重新降临这个世界。你们听信了魔鬼的谣言。以为上帝真的死了。其实据我所知。上帝只是病了。不过确实病得很重。所以我丝毫没有把握能把上帝请来。但我知道是你们浓重的邪气和秽气冲上天空使上帝中邪得病的。所以除非你们改邪归正。上帝的神经官能症才会痊愈。你们才可能得救。

我走了以后。那无穷无尽铺天盖地令人窒息的寂寞病毒将使你们更加疯狂。你们很可能真的毫无希望了。我虽然为你们保存了一线生机。但是否真能得救。完全取决于你们自己。奇迹是不会发生的。

疯子们起初笑吟吟地抱臂歪头装出一副饶有兴致的欣赏姿态无可无不可地听着。还不时地对我指指点点品头论足。但没等我说完。他们已狂怒地扑上来要把我撕碎。我抬腿想跳上马车。不料这件紧身礼服中看不中用。

我根本就动弹不了。在靠意念行走的天堂里这显然是无碍的。可我还没到达天国呢。于是我急得大叫。"卫兵。卫兵。快救救我。"那两个卫士情急之下竟粗暴地夹起我像扔邮包一样把我丢上马车。我还没来得及发脾气。马车已经冲开人群。快速穿过寂寞广场。

等我惊魂略定。发现车上只有我一个人舒舒服服躺着。当然与天堂的舒适程度没法相比。其他人都知理识趣地各守其位。那位大臣坐在我头部上方的软椅里。两个卫士分别站在两侧的踏脚板上。我这才宽恕了他们刚才事急从权的不敬之过。我不禁感到好笑。疯子们竟把卫士叫作"护士"。这就像把秀才叫作"茂才"一样可笑。我要是完全理解了疯子。非得自己也变成疯子不可。这时那个大臣为我注射了一针镇静剂替我压惊。于是我安然入梦。

走了几天。或是几个世纪。马车停在世界边缘的最后一道铁栅栏前。栅栏外的夜色中。依稀可见火箭发射塔那高耸入云的雄姿。啊。多么雄伟。多么逼真。我的腹股沟由于极度的兴奋而不由自主地抽搐起来。那个大臣下了马车。走到栅栏前与一个边境税吏模样的疯子鬼鬼祟祟地捣鬼捣了很久。又拍肩膀又捏手的。那个边关小吏对钦差大臣虽说相当恭敬。但不对他行礼还是不让我们出境。讨价还价了半天。大铁门终于缓缓打开。马车载着我静悄悄地横空出世。铁门在我的背后咔嚓一声永远关上了。我回过头无限依恋地对这个世界最后扫了一眼。既为自己成功地逃离了这个疯狂的世界而深感庆幸。又对没有追兵赶来就毫无趣味地安然脱险而深感失望。

就这样。我带着我的全部希望和全部失望。转过身。把世界撇在脑后。开始了我奇妙无比的天路历程。我飞起来了。轻盈得像一只蝴蝶。

月曜日之梦

1

在疯狂之外。在栅栏之外。在空间之外。在时间之外。在世界之外。在宇宙之外。在之外之外。我目光冰冷地审视一切。

宇宙是疯狂的。世界是疯狂的。时间是疯狂的。空间是疯狂的。栅栏是疯狂的。疯狂是疯狂的。热病毁灭了一切。一切都毁灭不了热病。

于是我的微笑冷了。我的牙齿冷了。我的头发冷了。我的指甲冷了。连我的生殖器。也冷得像一根孤独而坚硬的南极冰柱。

2

我的眼前出现一张冰雕般完美无瑕的脸，我疑心我已到了天国。但冰雕冷若冰霜地微笑着，而且正在说话：

"先生，您终于醒了。"

"什么？我终于醒了！难道还有比我更清醒的人吗！除非你不是人，而是天使？"

"王先生，我不是天使，至少……不是您所说的'天使'。"

"这里难道不是天国吗？"

"不……是的。"

"是的。别说不！当然是的！这儿当然是天国！"

"王先生，天国的问题不妨以后再谈。"她在回避我的问题。她伸手摁了摁墙上一个红色图钉，我不明白她有什么用意。"现在您该吃饭了。您已经整整三天三夜没吃饭了。"

"为什么？"

"因为……因为您……您一直昏迷不醒。"

我吃惊得跳起来——但我像在太空中失了重似的，根本没法用我的意志任意控制我自己的身体。我的身心竟完全分离了！我使劲跳起来，却一动也没动。我无比困惑地低头看了看我自己，这才发现我竟躺在一张床上，床在一间大房子里，房子在一个圆形大草坪的中央。窗外的草地上阳光灿烂。很显然，我不是在太空舱里。我比任何人都更健康，怎么会突然昏迷？肯定发生了什么意外，我被人做了手脚！我厉声道：

"这里到底是什么地方？你到底是什么人？你们究竟对我干了什么？"

"请您千万不要激动，王先生。您还很虚弱！"她还在跟我兜圈子。这时门开了，进来一个人。我觉得他很面熟。我刚要发问，这个可疑的天使对他说："给王先生开饭。"那人转身走了出去。我已经警惕起来，试探地问：

"这人我好像在哪里见过？"

那位小姐兴奋起来："对呀，您见过他。您还记得他吗？"但她似乎突然又有所顾忌，语气又犹疑起来。"我是说……我和他一样，都是您的护士。我姓上。"

马脚终于露出来了，她和疯子们的口吻完全一样。她肯定是魔鬼的人！世界变得越来越可笑了，连女人也开始当起卫士来了。难道我竟然需要女人的保镖吗？她显然是顺着我的话头在信口胡诌。明明是在下地狱，却说什么姓上。难道会有这么可笑的姓吗？

门又开了，那个卫士把一部小车子推到我的床前。我很仔细地打量他，他肯定不是我见过的那两个卫士中的一个。虽然这些穿制服的人看上去都大同小异毫无特点，但谁也骗不了我。这个卫士既没有对我行礼，也始终不敢看我一眼。饭菜里肯定下了毒药！

上小姐迫不及待地催我吃饭，我冷笑道："除非你说实话，否则我不会吃的。"

于是她又开始胡编乱造："既然您坚持要我说，我只好说实话了。王先生，您病得很重，我们不得不把您接到这里来。这里……是医院，恐怕您要在这里住下去。您入院的时候，因为您过于激烈地拒绝脱下拘束衣而昏厥，并导致深度休克。抢救过来以后您还是不断地说胡话，身上一阵冷一阵热。现在刚刚有所好转，请您千万不要胡思乱想。您现在需要绝对的静养，而不应该思考任何宗教哲学问题。"

我认真地听着，因为谎言里很可能隐藏着真相的蛛丝马迹。很显然，在我超越一切的宇宙旅行开始以前，魔鬼集团终于及时赶到绑架了我，并企图抢劫我的礼服，我在奋不顾身的搏斗中被暴徒击昏。那位大臣和两个卫士大概寡不敌众而不得不束手就擒，那两个卫士很可能已经变节——至少我已亲眼看见其中的一个已摇身一变，成了魔鬼的"护士"——虽然我还不敢确信一定是他；但这无关紧要，重要的是那个大臣是不是软骨头？想到这里——要我不思考是不可能的——我就对上小姐说："我要见那个被你们一起抓来的大臣。"

"大臣？"她装出一副迷惘或者说迷人的样子，"什么一起抓来的大臣？"他们不愿让我见他，说明他到现在还没有屈服。

"你别想迷惑我！你们绑架我的时候，除了两个卫士，另外还有一个人。我要见他。"

上小姐皱着眉踌躇了一会儿，突然莫名其妙地扑哧一笑，对我飞了一个媚眼。我铁青着脸不理她，她只好无可奈何地又摁了一下那个古怪的图钉，那个卫士立刻走进来，上小姐对他诡秘地眨眨眼："请上大夫来一下，就说王先生要见他。"

上大夫？嗬！没想到那家伙还是个一品大员哪！可见国王对我的尊敬并不是假惺惺的。上小姐特地说明是我要见他，很可能他拒绝见任何人。看来他和我一样不相信他们的鬼话——但愿他这回相信上小姐的话。可是上小姐的口音实在可笑，她说起"上大夫"来，听上去就像"马尔代夫"——这个小岛在地图上还没有一只蚂蚁大——语言能力的丧失，是理性崩溃的根本标志。

但是，直到我的耐心接近全面崩溃，上大夫才脸色阴沉地走了进来，但等他一看见我，眼睛顿时就亮了："王先生，您没事吧？"

我对上小姐说："你出去！"她立即照办，她知道对我不能硬来。魔鬼以为我吃软不吃硬，就让她来软化我。女人当然是柔软的，是一种能摆布世界的软件；但我不属于这个世界，我是软硬都不吃的。上小姐一走出去，我立刻示意上大夫俯耳过来。他似乎有些不解，我低声说："我们并不像表面上看来那么自由，我们实际上每时每刻都受到严密的监视。押送你来的人此刻就躲在门外，墙上那个图钉很可能就是窃听器。你显然还缺乏斗争经验。"上大夫悚然动容。于是我又把我刚才的推断告诉他："你要不动声色，暂时不必让魔鬼集团知道我实际上了解一切。他们的任何轻敌盲动，都会给我们以更多的机会来击败他们。"

上大夫也压低声音说："王先生，您的判断惊人地准确。我们确实遭到了袭击，但您的身先士卒鼓舞了士气，卫士们个个奋勇，终于以少胜多打退了魔鬼的进攻。"

"你是说，我并没有落到魔鬼的手里？"

"是的。"

"那我为什么还不启程？"

"王先生，人的生命是有限的，而宇宙是无限的；在漫长的宇宙飞行中，如果不采取必要的特殊手段，在到达天国以前您的生命就可能终止。所以我们必须在起飞以前让您进入超低温真空冷冻舱，使您暂时处于超低代谢的假死状态，以便在到达天国时立即复活。"

"那么还等什么？现在就开始吧！"

"我们已经试过一次了，但是出现了重大的技术故障。"

"那怎么办？"我急坏了，我担心我终究还是逃不出魔鬼的手掌。

"您别着急！我正在全力排除故障。"

"有把握吗？"我更忧心忡忡了。

"肯定没问题！"

"需要多少时间？"

"大约……两个星期。"

"两个星期？"我吃惊道，"上帝创造整个世界只不过用了一个星期，第二个星期他就可以把它全部毁灭！不行，这绝对来不及！两个星期以后，世界末日就要到了。"

上大夫平静地说："可是您别忘了，天国和人间的时间是不一样的，两个星期在天上只是一刹那而已。王先生，您一定要有耐心，而且一定要充分地甚至是无条件地信任我，我的使命就是无条件地帮助您。"

"好吧！就这么办，但一定得抓紧时间，因为时间已剩下不多了。现在你是我唯一能信赖的人了。但我还是有些不太明白，为什么上小姐说这儿是医院？"

"这是为了尽可能不暴露您的身份和去向，也为了保护这个秘密火箭发射场。您不必担心，我保证您在这里是绝对安全的。"

我对他的解释相当满意。上大夫站了起来："王先生，如果您没有别的问题了，我就不打扰了。您需要好好休息，但是从明天起，您必须开始服用一种太空营养剂，那对您未来的星际旅行和天国生活会大有帮助的。另外，为了使您的奇特思想永远流传下去，我恳求您把您每夜的伟大梦想口述出来，小女上且将负责记录。"

"小女上且？那是什么人？"

"就是刚才出去的那个小姐，您对她印象如何？"原来是她！我微笑了，我觉得上大夫把"上小姐"戏称为"小女上且"的说法相当别致，可见他确实有些与众不同。他很可能是除我以外对热病最具免疫力的一个。万一我难逃魔掌，他或许是能够替代我完成使命的唯一人选。

"很好，上大夫。你快去抓紧时间排除故障，没事不必来见我。"

3

王老大带着儿子王明萱打猎回来。屋子里空无一人。爱犬诺亚在屋子里嗅了一遍。跑出屋外。找英娥去了。王老大在门口的树桩上坐下。对着远山愁眉不展。

昨天。在王村这天不管地不管的世界尽头。来了一群装束奇异的外乡人。说是从圣河下游来的。为首的那人展开一卷泛黄的尿布。声称王村和对岸施庄的全体族人都是他们的尊贵国王的臣民。还说什么"皇恩浩荡。钦赐免征赋税三年"。王老大当然不认识那个国王。但国王却封了王老大一个古怪的头衔。宣谕"刻日进京谢恩"。一个随从就喝令王老大对着尿布跪下磕头。王老大不知道是否已经受到了侮辱。王老大心想。要是他把尿布给我。我倒正用得着呢。

王老大正在迟疑该不该发怒。为首的人扬了扬尿布说。"免了罢。我们得赶紧到对岸去。"似乎他把这块尿布挺当回子事儿。宝贝似的到处向人炫耀。王老大告诉他们。本族祖先世世代代传下的规矩。只有在月圆那天才能过河。其他日子要是过河。大神就要降灾。请他们在王村住下等几天。可是等待我们的却不知道是什么。王老大心里暗想。

晚上。安置客人们睡下后。王老大召集全体族人商议对策。年轻人说。这下好了。我们可以到外面去开开眼界了。老人们却担心破坏了祖宗遗法。会大祸临头。不过看来这番祸事有点躲不过去。可是谁也说不出个所以然来。王老大不敢自作主张。就到神堂里去请示大神。但大神没有给他任何谕旨。王老大在神堂里守到拂晓。大神还是默不作声。要是明萱他娘在。大神一定会降谕的。王老大心想。不管最后如何应付。对贵客总要以礼相待。不该怠慢。先稳住他们再说。谁知道三年后会发生什么事呢。于是他带着明萱上了山。准备打点野味款待客人。

明萱已经是个好猎手了。下次月圆就要为他举行成丁礼和加冕礼。不知他继位以后是否对付得了这些展览尿布的人。父王在为我举行加冕礼以后就走了。我走以前也要把父王对我说的那些告诉他。

我们的始祖是大神的独子。所以最早的几代列祖列宗都是一线单传。因为神是人的榜样。第九代太王勇猛善战。为王族开拓了辽阔的疆土。但他的两个妻子各自为他生了一个儿子。太王病死后。两个异母兄弟为了争夺王位杀得天昏地暗。最后弟弟杀死了哥哥。太王一生的赫赫基业也在战火中化为乌有。于是第十代高祖留下族规。废除了多妻制。第十三代王耽于床第之欢。他的妻子在为他生了一子七女之后。又为他生了第二个儿子。结果这个幺儿给王族带来了灭顶之灾。仅有一个孕妇得以幸存。为王族保存了　脉骨血。这就是第十四代圣祖。圣祖临终前种下一棵银杏树。并于月圆之夜在银杏树下与大神订立了神圣的誓约。"凡王族的后裔只能生一个儿子。因为大神也只有一个儿子。除非第一个儿子夭才能生第二个儿子。否则第二个儿子必定会毁灭王族。因为他的生命不是神赐的。无疑是魔鬼的化身。只要你们敬奉神的誓约。神必赐你们像这棵银杏树一样万世不绝。"

为了防止神的誓约日久废弛。圣祖又传下一条族规。族长的儿子一旦成年。老王必须立即传位给儿子。然后出家传道。让神的誓约成为天下万民的誓约。

王老大心想。我自信始终严守圣约。但没想到明萱他娘年近百岁的人。竟然会在去年开斋节后突然怀孕。这几日她在对岸施庄他舅舅家快要生了吧。其实我有了明萱和英娥已经知足了。神为什么还要赐给我一个女儿呢。

王老大从沉思中抬起头来。发现他的狗诺亚正咬住他的裤管用力拖他。咦。英娥到哪里去了。我叫她在家好好待着。哪儿也别去。这孩子真不懂事。她半年多来天天缠着我问。妈妈会不会给她生个小弟弟。我说不会。她闹着问为什么为什么。我怎么知道为什么。早上我从神堂出来。她又盯住问个没完。我竟顺手打了她。唉。我自己心烦。不该迁怒在孩子身上。我可从来也舍不得打她的呀。可这孩子真是死心眼。她怎么还能有弟弟呢。我连想都不敢想。

诺亚突然把王老大扑了个仰面朝天。王老大吃了一惊。诺亚对他狂吠着。他知道一定出了什么事。他跳起来。诺亚惶急地向圣河方向猛窜。又停下来回头对王老大狂吠。王老大跳上大青马。跟着狗跑到圣河边。对岸就是施庄。岸边的银杏树下。那些贵客直挺挺地站着。眼睛直愣愣地瞪着对岸。每个人手里都拿着一根长长的竹竿。只有那个领头的依然诚惶诚恐地捧着那卷尿布。王老大问他。"看见我女儿英娥吗。"

那个头领眼睛看着河面。失魂落魄地说。"她……她到彼岸去了。"

王老大大惊。不到月圆之夜。谁也不能过河。这可是要触怒神灵的。再说英娥只有十岁。而圣河却宽得望不到边。他不敢再想下去。飞身上马赶回村里。村里唯一的渡船由圣庙中的长老掌管。不到月圆谁也无权动用。

王老大急忙拨转马头驰回自己的屋子。他与明萱一起搬出他为自己准备的棺材。一脚踢掉棺盖。用一条枯藤把棺材套在马后。狠抽两鞭驱马向河边狂奔。诺亚自始至终在他后边狂吠不已。剧烈颠簸着的王老大已经完全昏乱了。只知道喃喃地念叨着。"我的孩子。我的英娥。"

离岸一箭之地。王老大左手把缰绳略微往外一带。但并不勒住。右手唰地抽出马刀。同时头也不回地贴着马臀掷出。马尾与枯藤迎刃而断。刀划银弧铿然堕地。但那拖在马后的棺材并未减速。仍然贴着泥地向岸边急滑。王老大右手掷出马刀的同时左手弃缰。迅捷地腾身跃离马背。脚尖在马臀右侧急点一下。再次高高地跃起。此刻人和马都到了岸边。大青马冲到左侧。一声惊嘶人立起来。前蹄悬出河岸作急速爬高状。王老大在空中大转风车翻了一个跟斗。在空中略作停留后流星般向下坠落。这时那棺材刚好滑到他的脚下。但速度已经慢下来。王老大一沉身脚掌已搭上棺材后缘。微微屈膝猛地发力一蹬。借势再次像大鹏展翅般朝右侧凌空腾起。棺材受力之后再次加速向河面迅速滑落。

再次升空的王老大略无迟疑地横空掠向一个手持竹竿看呆了的随从。王老大头也不回。右臂一长。手上长眼睛似的已钩住了竹梢。这时王老大的身体又开始下落。竹竿被压得像一张拉满的大弓。而那大青马依然在左边双拳连击打得正欢。等大青马最后几下耀武扬威的太平拳打完。马鬃一甩。腰肢一扭。把前蹄收回岸上。王老大带着长竿已如离弦之箭射向圣河上空。那棺材滑入圣河溅起一大片水花。棺头略沉随即浮起。并继续向对岸荡去。而王老大在它将要荡开之时已如强弩之末轻飘飘地跳进棺材。

岸上那群目瞪口呆的呆鸟目睹王老大从跃离奔马到入棺离岸。电光石火兔起鹘落地一展其令人眼花缭乱的神乎其技。义无反顾脚不沾尘地往棺材里跳。竟没有一个人看出他尘缘已尽而加以阻止。虽然可能这是谁也无法改变的命运。但如果当时我在观众席上。我至少能及时看出并警告世人。这不仅仅是他一个人的最后归宿。

4

上小姐问道:"王先生,那么当时您在哪里?"

王先生神秘地一笑:"我正在彼岸。"

上小姐诧异了:"王先生,这不是您昨天晚上做的梦吗?"

"你问这话,说明你尚且是个梦中人。梦与真,恰恰是一枚硬币的两面,正如上帝与魔鬼的关系。不过这么说你还是不会懂的。我是不是应该用你能理解的语言来表达?"

"不,王先生。我懂不懂无关紧要,我只负责记录,只要我父亲能懂就行。"

"你父亲？你父亲是谁？"

"就是上大夫呀！我以为您知道呢？"

"没有人告诉过我，我怎么会知道？我虽然是无所不知的，但那只是在梦里，而且我对别人的私事不感兴趣。"

"王先生，您想，我姓上，上大夫也姓上——他当然是我父亲。"

"上小姐，你这种逻辑太荒谬了。首先，同姓的未必就是自己的父亲；其次，上大夫并不姓上——上大夫是他的官衔，你说他姓上官倒还更可信些。你说谎还很不老练，这说明你入魔道还未久，尚有可救之望。"

"王先生，您真会开玩笑。"

"开什么玩笑！我可是认真的。上大夫从来没有说过他姓上，更没有说过你是他女儿。"

"那么我现在告诉您：我是他女儿，我叫上且；他是我父亲，他叫上午。"

王先生哈哈大笑："你可越编越不像话了！现在已经是下午了，他为什么还叫上午？"

上小姐嗔道："王先生，照您这么说，现在该叫我父亲下大夫了？"

王先生吃惊了："什么什么！这是真的吗？难道上大夫因为我的缘故被降职了吗？这么说连当今国王也已经成了魔鬼的代言人啦？我得赶紧走！快叫上大夫，噢不，叫下大夫来。"

"哪个下大夫！"上小姐似乎真的生气了。

"你父亲呀！你不是说他……"

"我没这么说！王先生，是您自己越扯越远的。"

"我说的是近在眼前迫在眉睫的事。你父亲——如果他真是你父亲——他为什么要叫这么个令人费解的名字。"

"可是您搞错了。我们姓的尚，不是上下的上，是高尚的尚……"

"你看是你自己扯远的，又弄出一个姓高的来。我可不相信这个世界上还有配叫高尚的家伙。"

"王先生，我说的高尚不是人。"

"很好，那就别去提它。"

上小姐摇着头苦笑道："王先生，要我怎么说您才能明白呢？嗯……这么说吧，我父亲的名讳与上午下午无关，是尚书的尚，穷兵黩武的武。"

王先生大喜道："这么说，你父亲升了兵部尚书啦？这下我就放心啦——人类有救了。"

5

王老大一跳进棺材。立即挥起竹篙疾点河岸。诺亚在棺材离岸的最后一刻闪电般扑了进去。随后赶到的王明萱不知所措地看着王老大和他的方舟飞快地向泛着万点粼光的河心驶去。被黄昏吞没。

船到施庄。没等靠岸。诺亚就蹿了上去。一步一低头地嗅着每一寸土地。王老大怕这不系之舟漂走。就没敢上岸。他沿着河岸上上下下找了很久。凭着一个好猎手追踪猎物的敏锐直觉。他竟没有发现有人涉水上岸的任何迹象。他大声嚷嚷道。"奇怪。英娥到哪里去了。那人不是说她到彼岸来了吗。不。不对。那人说。她到彼岸去了。对。他是这么说的。哈哈。我真蠢。她到彼岸去了。我在这儿怎么找得到她呢。"于是王老大又把船撑回来。在王村的岸边又找了很久。但还是什么也没有找到。明萱在岸上哀求父亲快上岸。免得大神降灾。他却似乎根本没有听见。只顾自言自语。"我明明知道她到彼岸去了。我却找不到她。为什么。到底为什么。彼岸到哪里去了。彼岸到底在什么地方。彼岸彼岸。对。我得先找到彼岸。我一定要找到彼岸。我一定能找到彼岸。"他仰天大笑起来。"哈哈。一定。哈哈哈哈。我只要有我的方舟。哪怕找遍宇宙洪荒。哪怕找到世界末日。我也非找到彼岸不可。"

他突然意外地发现月亮也在大笑。谨小慎微了一辈子的王老大雷霆震怒了。他指着咧开大嘴的月牙狂吼道。

你这诱人落水的善变的水妖。你这以太阳的名义招摇撞骗的小人。竟自以为可以领袖天上的群星吗。你这无饵的钓钩。轻诺寡信的暴君。

你这大言不惭颠倒黑白的臭嘴。你这偏听偏信的聋子的耳朵。你这假仁假义的伪善的眉毛。你这被自己的罪行折磨得夜夜失眠的贼眼。

你。污水中自暴自弃的堕落者。苍白的思想贫血者。暴风雨中的懦夫。你这圆滑低贱的市侩。心血来潮的淫娃。你这朝三暮四的婊子的牌坊。红杏出墙的荡妇的秋千。你这诓人入地狱的破船。

你。魔鬼之城的国徽。你。出卖灵魂换来的银币。你。夜幕下一切暴行的目击者。弱者最可能的救星。却成为冷眼旁观的同谋犯。明哲保身的纵容者。

你这长夜里凄凉的囚徒。顾影自怜的寂寞者。天国永恒的放逐者。你这万恶之源。你这黑夜最大的漏洞。

你该圆的时候不圆。不该圆的时候又偏要圆。你不圆的时候为什么跌跌撞撞爬出来。圆的时候又为什么遮遮掩掩躲起来。你要不圆就永远别圆。要圆就一直圆。你既然不能自圆其说。就别跳出来丢人现眼。滚吧。你这与黑夜同朽的月亮。

王老大一口气吼出这篇酣畅淋漓的《月亮颂》。又提起竹篙。向对岸撑去。

6

诺亚既找不到英娥。又找不到王老大的船。就径直跑进施庄。在王母临产的草庐外一声呜咽。草庐中一个男婴降生了。王母抱起尚未睁开眼睛的新生儿。推开草庐的柴门。她一眼瞥见诺亚。脸色立刻惨白了。一阵晕眩袭来。她摇晃了一下竭力控制住。跟着狗走到圣河边。一夜白发的王老大。正等着载她渡过冥河。王母什么也没问就跨进了老卡隆的方舟。

船到王村。王族男女老幼在银杏树下面朝圣河跪着祈祷。王母走到那个捧尿布的人面前。劈手夺过尿布。垫在婴儿的光屁股下面。然后把婴儿放在捧尿布者依然惊骇地空摊着的双手上。"把这孽障带到天上去吧。"那人惊疑了片刻。一言不发地抱紧孩子。带着随从仓皇离去。

王母和族人恳求王老大弃船上岸。"灾星已经消失了。"

王老大咆哮道。"我还没有找到彼岸。"长篙一点。又向对岸驶去。

7

月圆之夜。王母和王施两族长老在银杏树下为王明萱举行了成丁礼和加冕仪式。明萱继他父亲之后。成了王族第一百七十六代族长和王施联盟的首领。但礼乐声中。大神依然没有现身。明萱走到岸边跪下。请父亲训诫并祝福。王老大狂热的目光忽然黯淡了。淌下两行清泪。"萱儿。我死以前如果没能找到彼岸。你要接着找。"

王明萱迟疑地答应了。王老大生气道。"你对大神发誓。一定要把我葬在彼岸。只要你有信心。我和我祖先的神就会降福于你。"

明萱颤声说。"我发誓。父亲。"但是大神依然没有出现。全体族人心里一阵悲凉。王老大惨然一笑。唱着苍凉的船歌离岸而去。

就这样。王老大从王村到施庄。又从施庄到王村。昼夜不停地寻找着彼岸。王母在银杏树下搭起一座木屋。住在里面日夜守候着王老大。但王老大渐渐地连王母也不认识了。任何人都可以搭他的船过河。他照例哈哈一笑。唱道。"慈航普渡。众生平等。"

一个月圆之夜。有个客商上了王老大的船。王老大问道。"你到哪里去。"

那人道。"我到对岸去。"

王老大圆睁双眼斥道。"我不去对岸。"

那人着急道。"船老大。我可以加倍付钱。"

王老大大怒。抢起竹篙把他扫落圣河。再添一篙把他扎死。王老大对着血红的圣河喝道。"你就是再有钱。也别想买到彼岸。"他仰起头对着夜空中的满月哈哈大笑起来。这笑声响彻寰宇。再也控制不住。王老大就在这仰天大笑中。睁着双眼。站着死了。

8

　　王母和明萱为王老大做了四十九天法事。然后按照他的遗愿把他葬在对岸施庄的圣河之滨。盖棺之时。诺亚扑进王老大的棺材。死活不肯出来。只好把它也一起埋了。

　　从此以后。每逢月圆之夜。都有奇异而悲惨的灾祸在王村和施庄降临。

　　第一个月圆之夜。除狗以外所有的家畜全部暴毙。

　　第二个月圆之夜。月亮不再圆满。却变得方方正正。

　　第三个月圆之夜。明萱不敢再睡。独自在河边的木屋中守夜。

　　半夜。明萱胆战心惊地走出木屋。月亮红得像在滴血。圣河的河面上一片殷红。突然一个闪电劈下来。明萱头发着火。他大叫一声。"我要死了。"跌进圣河。

　　不知过了多久。一缕摄魂夺魄的歌声把明萱唤醒。他迷迷瞢瞢睁开眼。发现自己居然在岸上。离他半箭之遥的一个土墩上。坐着一个女孩。她的眼睛比星星还要明亮。她一边哼着歌一边从脚边摸起石块和土坷垃朝圣河里扔。石块和土坷垃掉进圣河。河面泛起一圈一圈的漪沦。水里的血红色就在一漾一漾之间。一点一点淡去。映出一个方方正正晶莹澄澈的明月。仿佛通向天国的一个窗口。

　　明萱不由自主地站起来。向女孩走去。突然他浑身一震。看出那女孩坐着的土墩正是他父亲的墓丘。棺木的一端已在女孩的脚边露了出来。明萱怒吼一声扑了过去。女孩顽皮地冲他一笑。又摸起一颗石子朝他头上轻轻一磕。明萱的头上好像被针扎了一下尖锐地刺痛。他举手一摸脑袋。竟光溜溜的一根头发都不剩。他顿时明白了一切。哀嚎一声跃上土墩。那女孩掩口一笑溜下土墩。一闪就不见了。明萱顾不得她。疯狂地喊叫着。手足并用地猛刨起来。十指鲜血淋漓也丝毫不感觉疼痛。

　　施庄人闻声以为有盗墓贼。持刀赶来。一见竟是部落头领王明萱。不禁吃了一惊。明萱对施族族长施义说。"舅舅。我得到神的启示。要把父王的棺木移葬到对岸去。"施义无法提出异议。就令族人帮着把棺木起出来。明萱突然看见刚才那个女孩正躲在施义背后对他扮鬼脸。就问施义。"她是谁。"施义欣慰地一笑。"她是我最小的女儿。"把她拽到前面。"快。见过大头领。"明萱一阵狂喜。她必是大神遣来助我拯救王施部落的神女。他不假思索地说。"我要娶她。"施义大喜。马上和明萱交换了佩刀。说定三年服满后迎娶。

这时施族子弟已把王老大的棺木从墓穴中抬了上来。施义就命他们搬上船运过河去。明萱制止道。"这具棺木是父王进入彼岸的方舟。何必船上载船。"边说边蹲下身奋力一推。棺材如树叶般轻飘飘地滑进圣河。明萱跟着跳进圣河。推着棺材泅水前进。

到了王村这边。族人们正在为明萱的失踪而焦急地祷告。见他无恙归来。就归荣耀于大神。明萱上了岸。发现木屋已经烧毁。但那棵银杏树却在闪电下幸免于难。明萱就把灾祸的根源告诉族人。他没有按父亲的遗愿把他葬在彼岸。明萱令人把棺木抬上岸。埋在银杏树下。刚刚埋好。暴雨就泼了下来。

雨下了整整三十天。仿佛天河要倒干似的。

下一个月圆之夜的黄昏。雨终于停了。身心交瘁的王村人长舒了一口气。灾难终于过去了。大家安心睡去。天麻麻亮时。圣河那边一阵巨大的轰鸣声把明萱从梦中惊醒。明萱跳起来奔向马厩。马厩里空空如也。三个月前马就死光了。昏了头的王明萱赤着脚呼号着狂奔到圣河边。睡眼惺忪的族人们也惊惶不已地赶来了。

面对一片汪洋。所有的人都不敢相信自己的眼睛。原先的一大片河岸已无影无踪。露出一个巨大的马蹄形缺口。缺口直抵银杏树的树根。零星的土块在汹涌的洪水冲击下。依然被激流刀削斧劈般不断卷走。王老大的棺材已经露出了不少。一大半还嵌在陡立的岸壁上。若不是银杏树那庞大的根系紧紧攥住了棺材周围的泥土。棺材早就坠落了。明萱唿哨一声带领小伙子们往下游奔去。准备一旦棺材掉进河里。跳下去夺回。老人们跪在随时可能塌方的银杏树下喃喃祝祷。拍岸的巨浪有节奏地一进一退。时而把棺材全部淹没。时而又使它全部显露。那棺材露出的部分越来越多。眼看就要脱颖而出。

人群中一声惊呼。一条人影朝洪流中飞掠而下。水面在刹那间一落千丈。退缩得比闪电还快。但是一朵浪花迎上来托住那个人影。那人影稳稳地站定了。站在那棺材下方突出来的一个巨大的台阶上。原来河岸的下部并没有被洪水完全冲走。只是洪水暴涨之时淹在水面下无法看见。

那是王母。王明萱的母亲。整个王施部落的圣母。只见她天神般凝然不动。宽大的白色衣裙敛然下垂。王母缓缓地平展双臂。掌心向下。手指微微颤动着。嘴里念念有词。似乎在吁请神灵息怒。人群在惊愕片刻之后。突然爆发出一阵狂热的欢呼。

但是河水又胆怯地漫上来。河水爬上台阶。啃咬着王母赤裸的脚趾。王母依然纹丝不动。人们屏住呼吸。地狱般死寂。天堂般宁静。仿佛狂风也被王母博大的生命力和勇气镇住了。只有水泡迸裂的嘶嘶声清晰可闻。河水漫过了王母的腰部。她宽大素白的衣裙漂浮起来。越展越大。似乎这件衣裙足以遮蔽整个世界。河水艰难地漫到王母的胸口。那衣裙已怒放为一朵巨大的白莲。终于。洪水平静了。在这薄而轻的至柔之物的抚慰下。洪水屈服了。圣棺得救了。

从此。这圣棺就这样半埋半露半水葬半土葬地悬挂在空中。像一个古老的悬案永恒地搁置在那里。摇摇欲坠又坚如磐石。成为王村的一大奇观。

第二天拂晓。王母和明萱带领全族老少跪在银杏树下。感谢大神和祖先的庇佑之恩。感谢圣树使这片神圣的土地免于陆沉。银杏树突然瑟瑟抖动起来。顷刻之间满树繁盛的人面形树叶片片枯黄。随风飘散。只留下光秃秃的枝杈伸向天空。王母平静地说。"圣树会复活的。"

9

月亮又方方圆圆了三十三次以后。明萱准备迎娶那个眼睛比星星更亮的女孩。洪水过后。王施两族被迫承认圣河下游的那个国王是他们的君主。于是无穷无尽闻所未闻的圣旨神谕从不可知的地方传递过来。族人们半推半就地执行了。有的人以"天高皇帝远"自慰。也有人以"有朝一日"自勉。但没有人比王明萱更深切地意识到。王施部落正在无可挽回地走向衰落。

六次月圆以来。王施两族接二连三地有人自杀。先是老人。后是年轻人。先是一个一个。后是成双成对。最后是一家子一家子大人小孩一起自杀。为了阻止这种疯狂的自我毁灭。明萱与母亲商议后。决定提前除孝。举行大婚。

大头领成婚。是整个部落的大喜事。可是人人脸上都有哀容。

明萱在神堂里斋戒三天以后。于月圆之日的黎明。带着王族的十二个未婚少年过河迎亲。大头领娶妻。本不必亲迎。但明萱有一种不祥的预感。他必须亲自去。

船到施庄。施义带着族人盛装等候在岸边。明萱略感放心。施义把明萱领进施族的神堂。自己在祖宗牌位前跪下。明萱也连忙跪下。施义开口道。"大神在上。列祖列宗在上。罪人施义无德无能。致使施族凋敝衰微。幸蒙天赐神女。于危难之际降生寒族。并与王族嫡裔王明萱有不世缘。若神祖保佑。小女与大头领侥天之幸得以复兴王施两族。施义死而无憾。愿领神祖一切责罚。"明萱闻言暗惊。刚要发问。施义拉起他就走。"大头领。今天是你大喜的日子。我本不该说这些话。但我已经老了。我只能把全部希望寄托在你身上了。"施义这么一说倒把明萱的嘴堵住了。明萱心想。施义的话虽然令人不安。但他很可能是无意的。我要是接过话头。坐实了反而不美。今天可是一个非常的日子啊。

明萱只好把心里极大的疑虑掩饰过去。装出一副兴冲冲的样子。把新娘接上了喜船。

在王村上了岸。太阳已升到银杏树顶上。明萱就在银杏树下招神祭天。礼乐三遍过后。大神依然没有现身。明萱长久地祝祷以后。一边默念大神和列祖名号。一边把九杯新酒洒入圣河。然后把新娘送入神堂。新娘将在这里独自等待神的抚慰和赐福。直到月亮升到银杏树顶上的时候与新郎圆房。明萱与全体族人在神堂和银杏树之间巨大的空场上宴饮狂欢。明萱感到可惜的是新娘今天照例不能唱歌。否则她的歌喉一定能召来大神。他只好寄希望于下一次月圆。

月亮刚刚露脸。他就听到对岸传来狗的哀嚎。今夜的月亮大得惊人。也亮得惊人。把天地照得一片煞白。连篝火也显得黯淡无光。一丛丛火焰突然舞蹈起来。围着火堆跳舞的少女们目光开始迟滞。脚步逐渐癫狂。所有的篝火一阵暴亮之后。同时熄灭。这时明萱看见圣河对岸一片红光直冲夜空。

明萱倏地惊跳起来。脑中一阵轰鸣。王母不动声色地说。"萱儿。你带人去看看。"明萱和那十二个盛装的少年手忙脚乱地爬上船。明萱惊骇地发现圣河的河面上漂满了死鱼和腥臭浑浊的白色泡沫。一个声音在他耳际震响。"在劫难逃。在劫难逃。"明萱的灵魂在战栗。

施庄的空场中心那棵水杉社木已被四周燃烧的槐树枝烧着。所有的茅屋已被点燃。但在社木四周远离火光之处。排着一长列黑魆魆的庞然大物。在夜幕后虎视眈眈。施义跪在燃烧的社木前。平静而肃穆。明萱冲过去。施义喃喃地说道。"明萱。我的孩子。我在等你。我知道你会来的。我就要去见你父亲了。你如果要我对他说。你是他的好儿子。就必须忍受一切痛苦。坚强地活下去。"他转过头来。眼睛里有无限的伤痛。明萱扑过去抱住施义。"不。舅舅。你……你们不……不能撇下我一个人。"

可是施义已经闭上了眼睛。跪着死了。明萱放下施义。摇摇晃晃地站起来。一步一步走近那排像怪兽一样逼视着黑夜的可怕物体。当他终于证实了自己的猜想。并看清了那排狰狞丑陋的怪物——大大小小的三百多具棺材时。他的喉间发出一串嗬嗬的骇呼。眼前一黑昏死过去。

等明萱苏醒过来。月亮已近中天。那十二个王族少年已经挖好了一个巨大的墓穴。正守候在他的身边。明萱睁开眼睛。一声撕心裂肺的悲啼终于从他的脚趾尖直吼上来。少年们刚毅地隐忍着。把悲痛深深地埋入心底。良久。明萱忍住哀痛。与族侄们把施义的尸身放入一具空棺。又把所有的棺材葬入土坑。堆叠起一个巨大的金字塔。此刻月亮已经偏西。一片愁云惨雾笼罩圣河两岸。

明萱洒泪薄祭之后。急忙渡过冥河。遥遥地就望见母亲在银杏树下面朝施庄迎风而立。明萱跳上岸。叫了一声母亲。就哽住了。王母的满头青丝已经银白如雪。她苍凉凄厉的声音在水面低回盘旋。"萱儿。不用说了。我什么都知道。"明萱默默地跪下。抱住母亲。泪水再次夺眶而出。王母轻抚着明萱的头顶。"别忘了你父亲和你舅舅的话。不管发生什么事。你和你妻子必须为王施两族活下去。"永远坚定如铁的她。竟微微地颤抖起来。那颤抖传递到明萱身上。明萱不寒而栗了。肃立在明萱背后的十二个少年冷不丁狼吼一声。掠过明萱母子。明萱猛地抬头向母亲背后看去。他的心智迷失了。这是一个如何阴惨的地狱啊。刚才还在欢歌狂舞的空场上。枕藉横陈着王族老少四百多具尸体。

王母不忍心回头再看。但她的身体已经不抖了。她一字一顿地轻声说。"萱儿。到神堂去。到你妻子那里去。快去。"明萱木然地站起来。两眼发直地看着无限遥远的前方。跌跌撞撞地奔向神堂。脚下竟神奇地没有踩着满地的尸体。一个声音冷酷地钻进他的耳朵。"已经太晚了。吉时早已过了。"月亮早已从银杏树顶滑过去了。

他无力地举起双手打门。但整个身体却重重地扑在神堂的门上。门一下子被他撞开。一阵飓风卷进神堂。神坛上的长明灯扑闪了两下险些熄灭。但火苗缩至极短之后。又摇晃着长出来。明萱蜷曲着倚在门柱上。他扶着门框撑起上身。茫然四顾。他没有看见自己的新娘。那个眼睛比星星还要明亮的神女。仿佛从空气中消失了。让他活下去的最后一个借口也不存在了。他惨笑道。

"大神啊。我做错了什么。我们做错了什么。你为什么要弃我而去。我要来向你问个明白。"

他拔出腰间那把定亲时与施义交换来的佩刀。双手倒持刀柄。噗的一声插进自己的腹部。闷哼一声向后仰倒。星星狡黠地向他眨着眼。他想起了天上的父亲。想起了母亲。他挣扎着翻过身。刀柄也被压入体内。他艰难地向母亲爬去。鲜血和肠子流了一地。

面河而站的王母笨拙而迟缓地转过身来。但她被这巨大的悲剧震撼得半步也挪不动了。她又一次剧烈地颤抖起来。摇摆得像狂风中的芦苇。她绝望地向前探出双手。向天的掌心仿佛要托住坍塌下来的天空。她哭喊道。"我的傻儿子。你怎么连我的话也不听了。是我把你养到这么大的。你要是想死。难道不该先问问我……同意不同意。我还没死。你怎么能先死呢。你难道要把我一个人孤零零地撇在这个世上吗。我的儿。你没有找到彼岸。你怎么去见你父亲。啊。你为什么这么糊涂。你就是现在死了。同样进不了天堂。你说话呀。说呀。回答我。"可是明萱已经不能回答她了。即使他还能回答。大概也不愿意把答案留在尘世上了。

10

那十二个王族少年默默地从草屋茅棚中搬出四百七十多具空棺。把明萱连同空场上的尸体全部装殓进去。熟练地挖坑埋好。又埋下十三具打开的空棺。然后十二个人各自跳进一个棺材。互相对望一眼。心意相通地仰面躺下。拔出腰刀一齐插进自己的腹部。自始至终连哼都没哼一声。他们把这个民族沉默寡言的传统保持到了生命的最后一刻。现在他们永远沉默了。

王母已经麻木了。她蹒跚着走进神堂。她的儿媳已经不见了。她已经不能思考了。她走出来。为十二个少年合上棺盖。堆上土。然后走进留给她的最后一具空棺。仰面躺下。西斜的月亮已在她的视线之外。她看着黎明前那锅底般漆黑的天空。"那就是你要去的地方。你已目睹了一切。现在。大幕就要落下了。死神就要降临了。这场大劫难的第一个受难者是你丈夫。想不到最后一个死去的命运竟落到了你的头上。为了逃避这个不幸中最大的不幸。人人争先恐后地抢在头里死去了。谁也没有逃避死亡。因为活着比死更可怕。生命是偶然的。死亡却是永恒的。或者说。今天的死亡是暂时的。今天的死使你得到了永生。而活到明天就会永远地死亡。万世不得超度。"

临死前的最后一点灵明突然把王母大大地惊骇住了。这惊骇比任何惊骇更惊骇。"天哪。谁也没有想到。最后一个死去的人将没有人为他收尸埋葬。或许……除了我以外。所有的人都想到了这一点。所以他们谁也不肯落在最后。一个抢一个地找了死。我原以为他们是最有勇气的人。我还一直奇怪那些早早地自杀的人。为什么不肯多活几天。至少等到今天再死。原来他们是真正的胆小鬼。他们不仅不敢活到明天。更不敢成为今天最后一个死的人。但他们虽然是胆小鬼。却比我有先见之明。他们比我更坚信没有人愿意活到明天。而我还以为至少明萱会活下去。但他也抢在我前头死了。不顾是否有人替我收尸。也不管我能不能获得永生。我还叫他傻孩子呢。原来他也聪明得很。好儿子。你好狠心啊。你让我最后一个死。弄得没人给我盖棺埋土。使我成了进不了天堂的孤魂野鬼。先死的人都有福了。大神啊。救救我。"

这时一个声音驾着第一缕阳光传进王母的耳朵。"起来。母亲。"王母颤巍巍地站起来。"你是谁。你的声音很像我的儿子。你是我儿子的鬼吗。"

"我不是鬼。我是神。不是死鬼的神。而是活人的神。我是万能的神。你要什么。"

"我要死。"

"什么。你要我吗。"声音笑道。

"不。大神。我没有说要你。我只要死。"王母惶恐了。

"可你知道我是谁吗。"

"你是我的神。"

"你知道神是什么。"声音顿了顿。"或者用人类的语言说。什么是神。"

王母不懂了。"神就是神。神还能是什么。"

"我告诉你。神并不神秘。人类其实是了解我的。但是人类不敢正视我。而且为了把水搅浑还故意替我编了许多神话。但所有的神话都是鬼话。从来就没有什么众神。只有一个唯一的神。那就是我——死神。我是所有人的神。但没有人能随心所欲地要我。也没有人能随心所欲地不要我。正如你们常说的。求生不得。求死不能。所以除了我本身。你可以向我要任何东西。"

"但是大神。我们部落的其他人想死都死了。难道神的心也像人一样是长偏的吗。"

"不。神并没有心。有心是人。无心才是神。而所有的心没有不偏的。至于这些死人。他们人虽死了。心却没死。所以他们永世进不了神的国度。因此他们的死不是他们想要才得到的。而是他们该死。不该死的人。要死也死不了。也没有任何人能把他杀死。"

"难道连孩子也该死吗。"

"是的。"

"孩子有什么该死的罪过。"

"不该出生的多余的人。出生就是莫大的罪过。"

"那你就不该让他们出生。"

"我是死神。我不管出生的事。"

"难道还有一个专管出生的神吗。"

"没有任何别的神。我是唯一的神。万能的神。"

"你既然是万能的。怎么能不管出生的事呢。"

"我只管人类的永生。不管个别人的出生。这是人类自己的事。一旦多余的人类个体威胁到人类全体的永生。我就要把多余的个体杀死。无论老人还是孩子。他们确实可以说是无罪的。但面对我。面对永生的死神。他们都是有罪的。"

"我也是有罪的。你让我死吧。"

"你不能死。我不能让你死。我也无能让你死。"

"为什么。"

"因为我不想死。"

"你也会死吗。"

"还有比死神死了更大的笑话吗。不。神一旦出生就永远不会死。除非你也死了。那么我也就死了。可是我不会让你死的。因为你是我的母亲。其实你现在还不想死。你只是有些绝望而已。如果你真的想死。连我也阻止不了。"

"我已经一无所有了。我真的不想活了。"

"别忘了我是万能的。我能使有的没有。也能让没有的有。说吧。你到底要什么。"

"如果我真的想要。你能满足我的任何要求吗。"

"是的。我可以满足你任意三个愿望。"

"你不是万能的吗。为什么只满足我三个愿望。"

"我不得不加以限制。否则你会没完没了地说下去。很可能说到世界末日你还没有说完你的全部愿望。那样你就会只顾说嘴而不在乎是否真的实现你的愿望了。好了。现在开始说吧。你的第一个愿望是什么。"

"我要……要一个儿子。行吗。"

"你会如愿以偿的。第二个愿望呢。"

"等等。我儿子会不会有儿子。许多儿子。"

"可能有也可能没有。这是你的愿望之外的事。你不该问。我不回答。"

"那不行。如果我儿子不给我生个孙子。我要儿子干什么。我要一个孙子。"

"很好。还有最后一个愿望。"

"我只说了一个愿望。"

"说了两个。要儿子和要孙子。"

"但这其实是一回事。如果我一上来就说要孙子。你不是也得给我儿子吗。"

"是的。但是神无戏言。不能跟神讨价还价。你现在还有机会狮子大开口。要个十七八代灰孙子。语言决定人类的命运。你可要小心啊。"

王母叹息道。"罢了。我不想管这么多了。我已经尝过被儿子抛弃的滋味了。我犯不着再把自己的事搁在一边。让他们自己管自己的事吧。"

"那么你的最后一个愿望是什么呢。"

"我要死。"

11

沉默了很久，王先生疲倦地微微睁开眼睛。尚且扶他从躺椅上起来："王先生，我陪您散散步吧。"

走出落地长窗，眼前是一个很大的草坪，草坪尽头是一排铁栅栏。王先生走近铁栅栏，他的眼前立刻出现了各种高速移动的幻影。他使劲闭上眼睛，头猛摇了几下再睁开，伸长脖子贴近栅栏，左看右看，仿佛栅栏是他平生最爱看的东西。但铁条的单调似乎又使他厌烦了，他仰起头，没有栏杆的天空好像同样令他失望。他后退几步，一个趔趄坐倒在草地上，他微笑了。片刻，他猛地跳起来，扑向栅栏，双手将要抓住栏杆的时候，突然又触电般地把手抽回来。他犹疑不定地在栅栏边来回踱着步，呼吸越来越急促，表情越来越焦躁，不时地挥舞双臂，似乎要把什么东西赶走。他开始沿着栅栏边急走起来，尚且小跑着也几乎跟不上他。

"王先生，您在找什么？"

"我在找门。"

他开始狂奔了。尚且索性站在原地又吃惊又担心地望着他。但王先生跑过她身边时看也不看她，对尚且轻声细语的劝阻恍若未闻。

他不知疲倦地跑了一圈又一圈，而且越跑越快，直愣愣的眼睛一眨也不眨地死盯着栅栏，好像他的眼睛里只有栅栏。尚且有些害怕起来。王先生再次跑过她身边时，她壮起胆子冲着他大喊："王先生，王先生！"可是王先生一闪而过。尚且追着他叫道："王先生，没有门，没门儿！"王先生立刻站住了。尚且一时收不住脚，反而冲过了王先生的身边，转过身连连喘气。

王先生问道："你刚才说什么。"

尚且一手按着胸口，一手指着栅栏："王先生，您别找了，您还不能出去。"

王先生一脸迷惘："不能出去！你说我不能出去？"

尚且认真地点了点头。王先生怒道："我没有资格去？谁有资格去？你说你说！除了我，谁有资格到天国去？"

尚且急了："王先生，我不是这个意思。叫我怎么跟您说呢？我的话您总是不懂。"但王先生却突然明白了。

"噢！我懂了。你用的还是疯子们的语言，所以你的话全说倒了。你说的出去，不是说到天国去；而是指到栅栏的那一面去，是不是？"尚且欣喜地点点头。王先生继续说："但你不该说出去，而要说进去；因为我们现在是在疯狂的世界的外面。而且我要你永远打消回到你原来那个世界去的妄想，你记住了吗？"尚且不得不点头。对自己说，你能这么想，那是再好不过。

王先生兴奋地接着说："很好。你看，我们已经从栅栏里面逃了出来；我们自由了！魔鬼根本进不来！所以你根本不用害怕。我刚才仔仔细细看了三遍，整个世界已经被栅栏围得密不透风，关得结结实实，而且根本没有门！我听到疯子们在栅栏里面垂头丧气地说，'没有门儿！门儿也没有！'疯子们说话当然有些拿腔拿调。你看，疯子们真的有些绝望了，他们知道再也奈何不了我了。"尚且只好苦笑。王先生越发激动起来，"所以，我们在这里是绝对安全的，你可以完全放心。"

尚且心想，你虽然说得七颠八倒，但你只要能安安静静待在这里，我还有什么不放心的？只好哭笑不得地频频点头。王先生非常满意，背起手踌躇满志地踱着步。尚且轻轻挽起他的手臂："王先生，您太兴奋了，该休息了。"

王先生一甩手，执拗得像个顽童："不！不！"尚且放开手，他却还在连连甩手。"别强迫我干这干那！"他突然张皇失措地盯住自己的衣袖，又大惊失色地上下前后看了自己两遍。可他身上除了尚且昨天晚上替他换上的那件干净的病号服，没有任何古怪。他盯着自己的脚跟就地转了两圈，充满恐怖地惊呼道："这是什么？这是怎么回事？"他一抬头，视线落在铁栅栏上，顿时面色煞白，汗如雨下。

尚且吓了一跳，不知道又发生了什么事。她迟疑道："王先生，您怎么啦？这是……这是衣服呀。"

王先生用手在白底灰条的衣服上比画着，颤声说："不！这是疯狂的世界打在我身上的烙印。好厉害的魔鬼！好厉害的栅栏！他们想束缚我的自由。"他歇斯底里地拍打着衣服，绝望地喊叫道："拍不掉，完了，拍不掉了！我被施了魔法，我变成一匹斑马了。"他开始双手撑地像斑马一样跳来跳去。

被搅得莫名其妙的尚且终于明白了："王先生，这些条纹不是栅栏的影子，原来就是印在这睡衣上的。"

王先生从地上蹦起来吼道："我不要衣服！我不要任何衣服来遮遮掩掩，我睡觉从来就不穿衣服，我是全世界最纯洁的人！我是全宇宙最赤条条的人！我不需要这魔鬼发明的污秽的衣服来亵渎我神圣的肉体。"他三扯两扯就把浑身衣服扒了个精光。他把最后一条裤衩使劲扔出去，由于用力过猛，他一个跟跄扑倒在草地上，嘴里嘟哝着："我要睡了。我要睡了。"

尚且自言自语地说道："睡吧！接着做你的美梦吧！"

火曜日之梦

12

王城是人类统一王国的京城。国王虔信上帝。并因为人是上帝用泥土造的。所以国王姓倪。传国至今两千二百年。已历九十九世。王国的铁打江山眼看就要百炼成钢了。

当年王国初建的时候是个大热天。天上有十个太阳。把人类烤得像一只只火鸡。人人热血沸腾。个个臭汗淋漓。没有不发高烧的。热昏了头的大酋长一怒之下大发神威。他轻舒猿臂毫不费力地拉开月亮的大银弓。把十个太阳射得七零八落九死一生——后来有人别有用心地造谣。把这件功劳算在大酋长的一个后裔头上。还可笑地说那个人就叫后羿。可见古人实在笨得可以。连牛也不会吹——于是就下了一场前所未有的大雨。人们把盆地当作天造地设的大澡盆。在里面痛痛快快地洗了个热水澡。人民的血也冷了。汗也不出了。高烧也退了。但那一身汗臭再也洗不掉。于是他们就自称汗族。奉大酋长为大汗。尊称他为大雨。把他建立的王国称为夏。

这场大雨一下下了七年。把地球变成了一个水煮鸡蛋。不会游泳的人眼看就要淹死了。大汗——也就是国王——倪大雨急忙带领臣民挖了几条排水沟。把大水放到洼地里去。水流到洼地里形成了海。这就是地中海。

追随国王的人大部分都活下来了。但有些人怪罪国王引起了这场洪水。不愿再忠于他。同时觉得为大地开膛破肚太费事也太异想天开。就逃到还没有被水淹没的地方赶紧造起船来。没等造好足够的船。洪水就淹过来了。船少人多。大多数人都变成了水族。躲在船里活下来的极少数人不但不检讨他们不该不信奉国王。还振振有辞地强辩什么排水不如造船。为了掩饰造船的一派比排水的一派人死得更多这个事实。造船派宣称本派死去的人是因为不信奉上帝的缘故。他们坚持认为信仰上帝比忠于国王重要。对国王感恩戴德的排水派则坚信忠于国王比信仰上帝更管用。因为上帝鞭长莫及。而国王能任意地拯救或处罚在水深火热中挣扎的人民。

两派学者争了两千年也没能争出个所以然来。上帝依然是若有若无。时隐时现。似真似假。神出鬼没。而倪氏王朝已修炼得神乎其神。鬼乎其鬼。妖乎其妖。

13

当今国王倪九十九——这听起来有些滑稽可笑。像一种重型轰炸机的型号——作为活着的神看起来确实神气活现。他毫不例外地生有异相。比如说他站直了两手能垂到脚面。看上去像一只长臂猿。辅臣们欣喜地认为这种返祖现象足以证明他将不改祖制并继往开来。他那双巨大的手也天生就是掌权的。虽然做足球守门员似乎更合适一些。

倪九十九果然深孚众望地比任何一个已故国王更加史无前例地英明而且能干。他在登基后的十年内。就奇迹般地完成了列祖列宗梦寐以求的不朽伟业——统一了世界。但令他懊恼的是。王国的臣民不但没有随着版图的扩大而增加。反而比战前减少了许多。更叫人烦心的是。王宫里虽然四方佳丽云集。但至今没有人为倪九十九生下一个王子。

九十九个异族中的最后一个蛮族王施部落归化中央王国的捷报传来的那天黄昏。国王的一个宠妃为全体臣民生下了第一个王子。倪九十九大喜若狂。没等他定下神来。第二天王后又生下一个王子。这一下举国欢腾了。倪九十九立即颁发大赦令。并恩准全体臣民狂欢一个月。以庆贺统一世界的古老梦想终于实现。

第三天。另一个王妃又为倪九十九生下了第三个王子。倪九十九惊呆了。第四天。两个宫女又同时生下了两个王子。其后。每天至少有一个宫女或妃子生下一个王子。还有双胞胎。三胞胎。四胞胎。五胞胎。六胞胎。七胞胎。八胞胎。九胞胎。怪胎。贱胎。葡萄胎。棉花胎。接二连三。接三连四。品种齐全。门类繁多。应有尽有。愈出愈奇。倪九十九从喜到惊。由惊转疑。吃不准这到底是上帝对他杀业太重的补偿。还是嘲弄甚或惩罚。他害怕这些王子来路不正。可能是他的敌人死后投胎前来作祟的。大臣们惊奇之余。纷纷上表称贺。御史大夫夏凡颂扬倪九十九是古往今来最伟大的君王。是唯一集卓越的毁灭力和非凡的创造力于一身的君王。夏凡说。臣民尚且多多益善。何况王子。倪九十九对这个解释非常满意。于是放心地尽情狂欢。

两个星期以后。四十七个王子在王宫里哭声震天。倪九十九下令在王宫中办一个幼儿园。因为王子的母亲们害怕失去国王的宠爱。没有一个人肯奶自己的孩子。人们开始对王子的与日俱增习以为常。认为这是狂欢节的必然产物。妇女们只是照例在饭后以倪九十九的能干为话题。对自己丈夫的无能表示忿忿不平而已。令她们略感宽慰的是。至少她们的女儿长大以后嫁给王子的机会大大增加了——不管这位王子爱骑白马还是青马。反正全球统一以后。已经不存在种族歧视了。

狂欢节的最后一天。第九十九个王子降生了。第二天。倪九十九等了整整一天。没有任何人再为他生下第一百个王子。倪九十九不安起来。他担心一旦破了例。厄运就要临头。他焦虑得彻夜未眠。眼看一夜过去了。他突然醒悟过来。狂欢节已经结束。不会再有人给他生王子了。他连忙下旨。"狂欢节永无终止。"但他还是非常担心。狂欢节已经中止了一天。好运气会不会在这一天里全部溜走呢。

倪九十九正在发愁。他唯一活着的弟弟白马亲王倪丘进宫谒见。他刚从全球各地巡察回来。倪丘跪禀道。"恭喜陛下。我这次巡按各地。借助陛下无远弗届的威望。通过和平方式迫使最后一个不服王化的蛮族王施部落也归化了陛下。现在全球各族臣民感念圣恩。乐不思蜀。"倪九十九愁眉不展地把自己的心事告诉倪丘。倪丘沉吟半晌说道。"陛下。说来奇怪。我十八个月前奉旨出京。昨天半夜回王府。不一会儿亲王妃就生下一个男孩。亲王妃也难产而死。亲王妃除了七年前为我生过一个女儿以外。一直没有出息。所以我很疑心这孩子不是我的。可是更奇怪的是。这孩子长得非常像我。"

倪九十九大喜。"老二。这你就不懂了。这孩子像大象那样在娘胎里整整待了十八个月。单等你回来才出生。不像你像谁。而且这孩子肯定天赋异禀。况且他早不出生晚不出生。偏偏在昨天出世。正好凑满一百个王子的数字。你我兄弟连体。你的儿子就是我的儿子。快把他送进宫来。"倪丘诺诺连声。

倪九十九随即把内务府总管叫来。告诉他又有一个王子要进王宫幼儿园。总管叹苦经道。"陛下。幼儿园虽然一再扩建。容纳量毕竟有限。绝不能再进人了。"

倪九十九不经意地说。"想想办法吧。"总管耸耸肩。表示无能为力。倪九十九有些生气。"难道不能通融通融。"

总管毫无商量余地地摇头道。"不行。"

倪九十九大怒。"我是万王之王。难道这么点小事都办不成吗。"

总管横下心来。"陛下。我也没有办法。小王子实在太多了。只要有一个哭起来。另外九十八个也跟着一起哭。那哭声简直能把宫墙震倒。"倪九十九气得没法。只好下令在王宫中开设第二个幼儿园。每个园里收养五十个王子。

就这样。倪丘的儿子倪世遗从亲王府搬进了王宫。但他却从不加入童声合唱团。他从来都是不哭不闹。只是睁着一双大眼睛。一眨不眨地看着周围的一切。

14

狂欢节无限期延长后。人类尽情狂欢。乐不可支。各种奇技淫巧层出不穷。无所不用其极。人类陶醉了。于是朝野称颂人类真正的黄金时代来临了。倪九十九为了检阅自己的伟大成就。决定巡幸全球。就命倪丘代为监国。自己择吉离京周游世界。这么一遭走下来。整整花了三年时间。倪九十九非常得意。他的最大收获是收罗来的赤橙黄绿青蓝紫各色美女。数量之多使他不得不慨叹。"美不胜收。美不胜收。"

于是他的土宫仿佛成了人种博览会。但没过多久。倪九十九就对倪丘抱怨王宫里挤满了各色各样的洋娃娃。倪丘深表同感。"陛下。所以我宁愿做个鳏夫。"

倪九十九道。"最懊恼的是语言不通。我和洋娃娃说两句悄悄话。也非得事先叫一个翻译躲进床底下。真是索然无味。而且有时候等翻译钻到床底下埋伏好。我已经忘了想说的话了。"

"陛下何不下旨统一人类语言。"倪丘道。"本朝先祖曾经统一过文字。但没能做到统一语言。因为那时候上帝还能与皇帝分庭抗礼。上帝故意让各个民族操不同的语言。皇帝们也没有办法。但陛下不仅比一切帝王都伟大而且也比上帝更伟大。上帝能使人类语言不通。陛下就能统一人类的语言。人是用语言来思想的。统一了语言。也就统一了思想。统一了思想。就再也不会有任何异端邪说。倪氏王朝就能世世代代永远传下去。当然。统一语言最大的好处就是。陛下今后与爱妃们调情的时候。会更加身心愉快。"

倪九十九大喜。"老二。亏你想得出这么绝妙的主意。我立刻下旨。颁行全球。你就再辛苦一趟吧。"

15

一转眼。王子们六岁了。倪九十九重金聘来国内最好的教师教他们琴棋书画天文地理。可除了倪丘的儿子倪世遗以外。没有一个王子好好学习。王子们除了吃吃睡睡。就是不厌其烦没完没了地做游戏。倪世遗既不馋嘴又不贪睡。而且对任何游戏都是一学就会。一会就精。一精就腻。所以他宁愿一个人安静地坐着。一边看王兄们丑态百出地游戏哭闹。一边出神地想他的小脑瓜里那些多而又多。奇而又奇。闻所未闻。古里古怪。不说出来谁也猜不出来。说出来又谁也答不上来的问题。

谁要是和他搭话。他就劈头盖脑地蹦出来一连串问题。不把你问得两眼翻白活活憋死决不罢休。弄得所有的幼儿园老师看见他就远远地躲开。小世遗也不见怪。他对哲学老师马大可说。"我的问题很可能没有人能解答。也很可能根本就没有答案。其实这一点无关紧要。重要的是提出问题。"

这话传到王宫中一个奇人的耳朵里。他两眼一闭。撇撇嘴不屑地说。"在我看来。这个世界已经根本不存在任何问题。"

这天马大可又来向这个奇人求救。他正懒洋洋地闭着眼睛。跟人胡诌得满口余香。唇红齿白。忽听马大可说道。"王先生。小王子刚才问我。'人为什么要问为什么。'我说。'是你在问。又不是我在问。'他说。'对呀。我在问你呀。人为什么要问这么多为什么。'您瞧。他一点都不讲道理。"

王先生没等马大可说完。倏地睁开眼睛。大吼一声。"为什么要讲道理。"跳起来就往幼儿园跑。

小世遗一见这个比他高不了多少的小老头扛着个比地球还大的脑袋。脑袋上又戴着一顶比脑袋更大的绿呢帽子。活脱脱像一只大蘑菇。咯咯笑道。

"大头鬼。你是谁。"

"乖乖不得了。"王先生吐了吐舌头。"第一个问题就把我问倒了。我也不知道我是谁。"

小世遗喜道。"你是我见到的第一个不撒谎的人。"

王先生也乐了。"虽然我不知道自己是什么人。但却有人自以为知道我是什么人。我不妨随便说说他们是怎么说的。你也不妨随便听听。比如说。许多人说我是个小丑。"

"为什么。"

"大概他们觉得自己太丑而我丑的程度有限吧。噢对了。更多的人叫我傻子。"

"为什么。"

"因为他们都比我聪明。我看他们也比你聪明得多。你也是一个小傻子。什么都要问。什么都不懂。噢还有。我的名字叫王八。"

"为什么叫王八。"

"你哪来这么多为什么。"

"我也不知道为什么。没人肯告诉我。我为什么要问这么多为什么。我想。大概我到这个世界上来。就是来提问题的。"

"那好。这么说吧。我姓王。就像你姓倪一样。我是我老子的第八个儿子。就跟这地球上有八块大陆一样。所以我叫王八。可惜从来没有人叫我这个名字。我觉得这个名字挺好。"

"好在什么地方。"

"最大的好处是绝不会有人名字和我相同。现在要做到这一点可越来越不容易了。"

"为什么。是字太少吗。我已经认了很多很多字了。"

"不是字太少。是人太多了。人比字多得多。所以除了我。每个人都跟许多人同名同姓。"

"你为什么例外。"

"因为别的男人都不愿意取这个名字。"

"你为什么愿意。"

"因为我根本不知道我是男是女。"

"他们又为什么不愿意。"

"他们想娶老婆。"

"娶老婆干什么。"

"因为据说。这就是生活。"

"生活是什么。"

"生活。嗯。就是生下来。活下去。说来就来了。说去就去了。"

"我不太懂你的话。"

"我也不懂。我被你越问越糊涂了。要不是你问。我可真想不到这个世界上还有这么多问题。好在我的名字毫无问题。可惜这么好的名字偏偏没人叫。可惜。真是可惜了。"

王八说完。摇摇摆摆迈着鸭步走了。

16

这天倪九十九和夏凡王八正在侧殿闲聊。夏凡洋洋得意地说。"陛下。您的臣民在短短的六年里已经增加了三倍。人类的生命力真是太旺盛太伟大了。"

王八耸起大鼻子哼了一声。"夏大夫。你所谓的生命力其实只是繁殖力。"

"傻子。繁殖是生命最辉煌的创造。"

"我记得你曾把创造和毁灭作为生命力的两个不可分割的组成部分。但今后不会再有战争了。还要繁殖那么多人干什么。"

"可繁殖就和排泄一样。上帝也不能禁止。"

"陛下。你听见没有。这位先生宣称他每天繁殖一壶尿和一堆屎。并且每年排泄一个孩子。"

倪九十九勉强笑道。"傻子。你虽然把我逗笑了。却勾起了我最大的心事。我越来越后悔不该过早地把所有的敌人都消灭了。真想不到天下无敌会这么无聊。一个没有战争的时代是平庸的。如果没有战争。狂欢节更是有名无实。"

正说着话。倪丘周游列国回来了。

"老二。你来得正好。先说说事情办得怎么样。"

"陛下。全妥了。我带回来的各地采女再也不会听不懂陛下的话了。人们听说要统一语言都高兴得发疯。说世界真的大同了。"

王八拍手道。"太好了。大同之世到处都大致相同。大家都差不多。其实也不必统一语言。简直就不必再说什么话。因为没什么新鲜事要说。这下正应了'沉默是金'的古老箴言。黄金时代就是沉默的时代。"

夏凡不冷不热地说。"傻子。这你可说错了。统一语言后每个人都有说不完的话。现在并不是沉默的时代。"

王八睁着怪眼道。"但其实没什么非说不可的话。"

夏凡道。"他们说话的目的。本来就是为了不让别人说话。"

王八两眼一闭。"照你的说法。现在是不让别人说话的时代喽。"

"千真万确。"

"夏大夫。我对你的幽默感佩服得五体投地。"

倪丘不理睬两人的冷嘲热讽。继续说。"陛下。人类已经迎来了永远的太平盛世。再也不必担心有战争的危险。就像战争带来死亡一样。在统一的人类语言中。战争这个古老的词汇自己也死亡了。"

"老二。我担心的正是这个。这么多年不打仗。人类已经开始退化了。军队的战斗能力也越来越差。"

"陛下。军队的难题我想过了。"

"快说。有什么好办法。"

"最好的办法是全部解散。"

"什么。你疯了。"

"亲王殿下。"夏凡插嘴道。"你想过没有。军队一旦解散。这么多士兵都将失业。最近几年来。由于我们尊贵的陛下给人类带来了翻天覆地的巨大变化。陛下的丰功伟绩自然不必再说。但这些古今未有的盛事已经造成了相当一部分人的失业。比如说。全球统一使外交官们失业了。移民局关门了。统一语言使翻译家们失业了。外语学院关门了。等等。根据社会学家的研究。全球统一使人民失去了祖国。宗教势力开始抬头。因为人总是需要某种归属感。根据动物学家的报告。甚至候鸟也不再迁徙了。因为没有边境线。候鸟已经失去了偷越国境的冲动。等等。当然这有些扯远了。总之。一旦把庞大的军队解散。失业率会更惊人。而失业率与犯罪率自杀率是密切相关的。"

倪丘冷冷道。"可是没有敌人还要军队干什么。"

夏凡哑口无言。倪九十九一拍大腿。"没有敌人。难道不能自己人跟自己人打吗。字典里既然没有战争这个词汇了。可以换一种说法。就叫国王的游戏吧。也可以叫国王的体育比赛。"

王八白眼一翻。大声朗诵道。"天下人。你们有福了。你给孩子玩具。因为孩子是你的玩具。但孩子大了。就不好玩了。成了过时的玩具。现在你可以把长大的孩子送来。当国王的玩具兵。然后你再生孩子。做自己的玩具。"

夏凡打断王八的话头。"陛下。既然是游戏。就可以制定规则。既然是比赛。就应该有专门的赛场。这样。通过合理地安排比赛场次和制定游戏规则。就能有计划地把人口总数控制在一个理想的水平。人民将不受任何限制地尽情狂欢。享受人生最大的快乐而不必担心天塌下来。战争游戏将成为人类征服不可征服的欲望的最佳手段。却没有任何传统战争的弊端。它绝不会危及参战者以外的无辜者的生命。人们可以坐在看台上安全地观赏战斗而毫发无伤。它也不会毁坏赛场以外人类几千年文明的伟大成果。开展这项运动本身。就是人类的智慧正义文明理性的结晶。"

倪九十九越听越喜。频频点头。倪丘却与夏凡激烈争论起来。可是谁也说服不了谁。

"老二。你跟夏凡已经进入战争状态了。只要人类还有欲望。战争就是不可避免的。"

王八偷偷地冲倪丘扮了个鬼脸。

"傻子。别装傻。你怎么看。"

王八收起表情。傲然地闭上眼睛。"我不看。"

倪九十九大笑。"那就这么定了。老二。你要是不乐意。就免了你这趟差事。叫夏凡去找一块合适的比赛场地。"

夏凡喜不自胜地跪下谢恩。

倪丘不紧不慢地说道。"既然陛下打定了主意。还是我去吧。"

倪九十九和夏凡不解地愣住了。王八眼睑微启。不易察觉地微微一笑。

17

王八在幼儿园门口被雄辩术老师吕回回拦住。

"王先生。我听马大可说。您是个先知。您说小王子是不是先知。"

"我不知道。"

"连您也不知道。那他简直是深不可测了。我刚才给他上课。正讲到推理的要诀是圆。他突然打断我。'吕先生。你家里是不是开磨坊的。'王先生。您不知道。他说得一点也没错。但我这个出身从来没告诉过任何人。他怎么会知道。真是不可思议。"

"我也不知道他怎么知道的。但你可以放心。他肯定不是推呀推呀推出来的。所以别人绝不会知道你的秘密。他在里面吗。"

"他对我说了一句。'吕先生。那你就推下去吧。'就一个人到上苑去了。"

王八一颠一跳地走进上苑。小世遗正坐在一棵古槐的虬根上眼睛一眨也不眨地凝视着脚尖。阳光从茂密的树枝间洒下层层叠叠变幻不定的无数圆点。王八摘下大帽子扔在地上。一屁股坐在上面闭上了眼睛。

"你是谁。"

"我是你的八哥。"

"我没有哥哥。我是我父亲的独子。让我一个人待着。"

"我是特地来跟你说话的。"

"说什么。"

"说什么。"

"我在问你。"

"我在问你。"

"你怎么跟我学。"

"你怎么跟我学。"

"不跟你说了。"

"不跟你说了。好了好了。我投降。我不做八哥了。现在我是狮子。啊呜。"

"王八。狮子早就被捕杀光了。现在只剩下那些烫着卷发的石狮子了。"

"那么我是长颈鹿。"

"你装出一副高贵的样子。却不得不跪下来喝水。"

"现在我是猩猩。"

"我最讨厌假的猩猩。"

"我是一头金钱豹。"

"可你身上并没有钱啊。你只是个穷光蛋。"

"我没有蛋。我是一条丧家狗。"

"我听不懂狗的话。"

"你假装已经听懂了不就行啦。反正是闹着玩。"

"我不。我不玩。"

"那你说我是什么。"

"你是小鸡鸡。"

"可我的小鸡鸡已经没了。"

"什么你的小鸡鸡没了。"

"罢了。不说这个。我就是小鸡鸡。"

"喂。小鸡鸡。"

"咯咯。"

"我问你。小鸡鸡。到底是先有鸡。还是先有蛋。"

"咯咯。我不知道。"

"你不能不知道。"

"我为什么一定要知道。"

"你是小鸡鸡呀。"

"哦。我把这个忘了。我是小鸡鸡就一定不能不知道吗。"

"对。非知道不可。"

"那好。让我想想。小鸡鸡知道什么呢。嗯。大概是先有蛋。"

"为什么。"

"因为我是蛋孵出来的。"

"那么蛋是哪里来的。"

"我不知道。"

"你怎么又不知道。"

"我当然不知道。我只是小鸡鸡。不是蛋。看来你这个问题只好去问蛋了。我不可能亲眼看见孵出我的那只蛋产生的过程。我要是知道。我就不是王八了。而是王八蛋了。"

18

倪丘离京三年回到王城。对倪九十九说。"陛下。现在到处人满为患。根本找不到一块空地方来专门打仗。"

夏凡说。"亲王殿下恐怕是故作惊人之语吧。"

倪九十九不禁疑心倪丘在有意捣鬼。他转身问道。"傻子。你不是先知吗。你知道什么地方可以做战场。"

"有一个地方。那是一片大沙漠。陛下的玩具兵可以到那里去玩玩。只要玩上一玩。就玩儿完了。"

"太好了。那是什么地方。"

"那个地方叫非非洲。据我所知还没有人到过那里。任何人一到那里就会变成非非非非……呃……非人。"

"难怪老二没找到这个地方。老二。你去歇着吧。夏凡。赶快调动人马开赴非非洲。尽快开始比赛。傻子。要我赏你什么。"

"陛下。赏我给你说个笑话吧。"

"好。"

"有一个笑话叫作'皇帝的新装'。从前……"

"这个听过了。"

"是吗。那就讲另一个。这个笑话新编叫作'国王的破鞋'。"

"国王怎么会穿破鞋。真是笑话。"

"陛下。你别打岔。从前有个国王。管的地方太大。连想做隐士都没地方躲。国王还整天疑心有什么旮旮旯旯没有王化。于是决定亲自去看一看。地方太大的唯一坏处就是走一遍太费鞋。国王带了一百双新鞋上了路。一路上穿破了一双扔一双。可是等鞋全穿破了还没巡幸完一半地方呢。国王这才想起最早扔掉的那些鞋还不算太破。就派人去把扔掉的那些破鞋再捡回来。幸亏那些扔掉的破鞋没人敢动。国王的破鞋当然是禁脔。谁敢染趾。

"但是没想到。派去捡鞋的钦差大臣捡回来的破鞋。竟然远远超过了一百双。原来他把民间的破鞋也一起收罗来了。国王试试这双破鞋。又试试那双破鞋。不禁龙颜大悦。原来国王的龙爪有一个妙处。穿任何破鞋都合适。就这样国王穿着这些破鞋巡幸完了整个天下。一路上又收罗到不少新的破鞋。传说国王的破鞋在大地上留下的那些脚印。民间有许多女子踩上后。竟因此生下了很多王子。这也可说是王化的一大业绩。

"巡幸回来后。国王再也不愿穿新鞋了。大臣们和各地诸侯们知道国王的奇癖后。就纷纷把穿过的旧鞋当作稀世珍宝献给国王。国王大喜笑纳。于是国王就上穿新衣下着破鞋。恢复了人间的乐园。"

"上穿新衣下着破鞋。哈哈傻子。亏你想得出。真是不伦不类。"倪九十九哈哈大笑。但他转念一想。这傻子莫非在含沙射影。有所讽喻。于是一再追问王八。"傻子。莫非你用了什么象征手法。"

王八连连摇头不迭。"陛下。你怎么也听信了象征的邪说。人们一旦迷信'一切都是象征'的谣言。就开始疑神疑鬼。到最后什么也不再相信了。

甚至不相信鼻子下面就是嘴巴。但我的鼻子底下千真万确是个嘴巴。虽然我的五官长得乱哄哄的。就像头发那样乱哄哄。我的表情也乱哄哄。说话也乱哄哄。我的一切都是乱哄哄的。但从我这乱哄哄的嘴巴里说出来的乱哄哄的话。却没有任何象征意义。这你可以放心。我们这个族类固然只有陛下一个人建立了大同之世。但过去亿万千劫之中。这种大同之世我见得多了。阳光底下根本就没有什么新鲜事。"

倪九十九还是将信将疑。就把倪丘叫来。"老二。你听到什么丑闻没有。"

"什么丑闻。新闻倒有一个。"

倪九十九把王八的笑话说给倪丘听。倪丘淡淡一笑。"陛下。小丑的话不是丑闻是什么。你要是相信小丑的话。那就是丑闻中的丑闻了。"

"你是对的。"倪九十九看上去完全释然了。"我要是相信了傻子的话。我就变成二傻子了。还是说说你的新闻吧。"

"陛下。费鞋不费鞋还是小事。狂欢节开始以来最大的问题是特费木材。由于臣民们整天待在床上。而每对夫妇或情人的床一般只能使用三个月就不得不更换新的。因为床的榫头摇松以后噪音很大。这种噪音又非常影响狂欢的情绪。如果木材取之不尽用之不竭倒也不妨事。但现在原始森林早就砍伐光了。所以木床实在是供不应求。而且木价飞涨。很多人已买不起新床。有人就戴上耳塞在旧床上狂欢。如果能普遍实行戴耳塞。对缓解木床的紧缺倒不失为一个办法。"

"这不是掩耳盗铃吗。而且那样的话。晚上就比白天更喧闹了。"

"这还在其次。问题在丁根本就行不通。因为许多人狂欢时非听音乐不可。有些人虽然不听音乐。却爱听那欢声笑语。更有少数人把噪音当成世界上最美妙的音乐来听。甚至有人宁愿自己不狂欢。戴上助听器躲在别人的窗下偷听。"

倪九十九大受启发。"说下去。"

"还有。人们为了尽欢。稍有不如意就另谋出路。如果是非正式的打打短工那也罢了。只要换一条床单就行。可往往是正式的长期人才交流。于是非换新床不可。但说是长期又不太长。短跑纪录不断地被刷新。因为有不少人服用兴奋剂。昨天就查出一个。狠狠地罚了一下。可是屡禁不止。这样就无止境地不断换新床。换下来的旧床虽然还可以使用。但任何旧货都有人抢着要。只有旧床例外。只好当柴火烧掉。俗话说。'民以食为天。人以床为地。'难哪。"

倪九十九沉吟道。"我说过狂欢节永不终止。我可不能出尔反尔。老二。能不能从别的地方挪用一些木材。"

"我们正在加紧发展太空技术。估计十年内可以把木星作为主要的木材基地。目前除了床以外。最大的木材消耗就是棺材了。其实现在谁也不信天堂鬼神之说。更何况即使人口不再增长。若干年后整个地球做人类的墓地还嫌太小。到那时候活人只能住到土星上去了。所以我请陛下颁旨废除棺葬陋习。"

倪九十九立即准奏。依旧派倪丘到各地督察实施。限明年鬼节开始一律实行火葬。谁也不许再装神弄鬼。

19

倪丘动身前。在他的亲王府设宴作别亲友同僚。唯独没有邀请御史大夫夏凡。倪丘派人把世遗接回亲王府。检查他的功课学业。勉励训导几句。世遗与父亲并不亲近。倪丘长期在外。世遗住在宫中。父子俩极少见面。亲王妃生下世遗之后就死了。倪丘一直没有续弦。所以世遗觉得除了王八以外。只有比他大七岁的姐姐倪虹是唯一的亲人。

世遗在宴席上略坐一会儿就溜下椅子。谁也没有注意。傍晚时分突然下起了大雨。倪虹到处找不到世遗。赶紧差下人四处去找。过了很久。管家倪福落汤鸡一样跑来报告。"郡主。小王爷在花园里。"

倪虹吐出一口长气。"在花亭里吗。"

"不。不是。在雨里站着。"

郡主斥道。"那还不赶快抱他进来。"

倪福吓得扑通一声跪下。"小的该死。不知怎么惹恼了小王爷。小王爷死活不肯进来。"

倪虹知道弟弟又牛性了。"起来。不干你事。快拿伞来。别让王爷知道。"

倪虹奔到通花园的那扇门的门口。只见一个小小的人影正一动不动地站在大雨之中。倪虹大声叫他。下人们也帮着一起喊。可是毫无动静。倪虹接过一把伞打开就跑了过去。世遗正仰着脖子眯着眼睛在看天呢。倪虹伸出伞遮在世遗头上。

"喂。你挡住我了。"

"世遗。快进去吧。"

世遗用手拨开伞。"我正在看闪电呢。"

倪虹又把伞伸过去。世遗一闪身走出伞外。依然眼睛一眨不眨仰着头看。倪虹又跟过去伸出伞。世遗又跑出伞底。倪虹一甩手把伞扔在地上。走上去抱住他。用自己娇弱的身体为世遗挡住风雨。十九岁的倪虹要比十二岁的世遗高出整整一头。世遗被倪虹抱着浑若未觉。只顾歪着头出神地仰望夜空。稚气的小脸狂热而生动。屋檐下的下人们被这奇异的姐弟俩惊呆了。冰冷的雨水泼在倪虹身上。她不自禁地微微颤抖起来。她竭力想忍住。却越抖越厉害。倪虹不敢强行抱世遗进去。也不忍心用规劝的话来打断世遗专注的思绪。又一个沉重的闷雷打下来。

世遗大吼一声。"来得好。"

这声音在风雨中是如此微弱。但倪虹却激灵灵打了一个冷战。世遗从迷狂中回过神来。他转过头。眼睛里充满了不解。他挣开倪虹的双臂。退后两步。惊叫一声扑上来抱住倪虹。

"姐姐。怎么是你。你什么时候来的。姐姐。姐姐呀。"

倪虹一阵心颤。她闭上眼睛。听任世遗抱着她惶急地一声声呼唤着她。片刻。她睁开眼睛。看见世遗的脸上泪水比雨水还多。

"弟弟。姐姐接你来了。你看闪电高兴吗。"世遗使劲点了点头。"我们进屋去。好吗。"世遗又点点头。把小手交给姐姐。倪虹牵着世遗的手。侧过头去看他。世遗也转过头来。姐弟俩的视线一刻不离地慢慢走过草坪。就像在午后灿烂的阳光下散步。

当天晚上倪虹就病倒了。到了早上。倪虹和世遗一起去给倪丘请安。倪丘说。"虹儿。你脸色不好。是不是病了。"倪虹赶紧用话支吾开。王爷忙着启程。也没在意。倪丘一走。倪虹再也支持不住。立刻软倒了。世遗忙命人请大夫。大夫号了脉。开了药方。说不妨事。

世遗知道是自己闯的祸。就屏退下人。自己守在倪虹的病榻前伺候。倪虹也不阻拦。倪虹到半夜醒来见世遗倚着床柱睡着了。吃了一惊。连忙摇醒他。叫他钻进被窝。倪虹戳了戳世遗的脑门。

"弟弟。你要是也着了凉怎么办。"

世遗嘻嘻笑道。"这算什么。昨天那么大的雨都没事。不过多亏了你。本来生病的应该是我。姐姐。昨天你为什么不叫醒我。"

倪虹扁了扁嘴。"我怎么知道你有这种本事。像马一样。站着也能睡着。"

世遗不好意思了。"我只顾看闪电。就没注意。害得你生了病。姐姐。你没生我的气吧。"

"当然没有。我前几天就着了凉。跟淋雨没关系。"

"你骗人。"

"你不骗人。那你告诉我。你知道站在雨里看闪电有多危险吗。"

"知道。"

"知道还傻站在那里一动不动。以后不许这样。"

"那你知道危险吗。"

"我当然知道。"

"知道你还傻抱着我一声不吭。以后不许这样。"说着把头往倪虹怀里直拱。

倪虹猛地发觉刚才不知不觉又把世遗抱住了。她一下子脸涨得通红。憋了半天才啐了一口道。"小油嘴。小疯子。"转过身去装睡。

世遗知道自己说错话了。就猱身缠上来。扳住倪虹的肩头。"好姐姐。饶了我。你不是说不生气吗。"倪虹不理他。世遗继续道。"其实我昨天是故意装不知道。我是想要你多抱我一会儿。你不肯吗。姐姐。姐姐。快转过来。我再不敢了。"

倪虹知道他这么说只是为了哄她高兴。但他有这份心意。也足以使她心头鹿撞。于是回过身板着脸道。"我本来是不肯的。你这么可怜兮兮。我就饶你一回。但不许再说话。"

"郡主殿下。再说一句行吗。"

"什么。"

"你比王后陛下还要好看。"世遗说完。闭上眼睛双手紧紧搂住倪虹。

倪虹心里一喜。也合上了眼睛。"不许偷看。"

过了一会儿。倪虹微微睁开眼睛。只见世遗鼻息匀匀。早已睡熟了。不禁暗暗叹了口气。

这回由于倪虹生病。世遗在家多住了几天。五天后。倪九十九派他最宠幸的御医夏秋冬来给倪虹看病。夏秋冬一见倪虹就说。"郡主殿下已大好了。"转身就走。世遗正瞧着古怪。夏秋冬在门口站住。回头对世遗说。"傻子王八让微臣给王子殿下请安。"说完拔步又走。

世遗像被勾了魂似的连声说。"糟了。糟了。"对倪虹说一声。"姐姐。我去了。"就急急忙忙赶进宫去。

世遗一进宫就往倪九十九的侧殿跑。没进门就听见倪九十九在大笑。原来王八正在说笑话呢。世遗给陛下请了安。急忙道。"王八。快从头上开始说。前面的我没听见。"

王八咧嘴一笑。"怎么样。陛下。我没胡吹吧。小王子天纵奇才。我还没开口。他就知道我要说什么。"

倪九十九大惑不解。"他知道什么。知道他干吗还要你说。"

"他这是人智若愚呀。跟我正好相反。"

世遗委屈地大叫。"我知道什么。我什么也不知道。"

王八不理世遗。对倪九十九道。"陛下。小王子要我从头上开始说。我刚才不正是在讲我头上的帽子吗。"

倪九十九将信将疑地点头。世遗却抢着问。"帽子有什么古怪。咦。这么热的天你干吗还戴着大帽子。"

"好家伙。一下子就发现问题了。小遗老。你不妨猜猜。"

"你头疼。"

王八把大头猛摇。"我对动不动就头疼的人才头疼。"

"那你发高烧了。"

"哪有一年到头发高烧的。"

"不是头疼脑热。我就不知道什么毛病了。说吧。别卖关子了。"

"陛下。你瞧他又对了不是。小遗老。我不卖关子。我只卖帽子。就卖这种帽子。"

倪九十九真的吃惊了。世遗奇道。"王八。你当老板啦。"

"是啊。我是小老板。陛下才是大老板呢。"倪九十九得意地大笑。"不过陛下卖的帽子和我的不一样。所以我不会破产。"

"你就卖这种绿呢帽子吗。"

"对呀。"

"为什么。"

"因为绿色是现在的流行色。所以绿帽子一年四季都很畅销。"

"这么热的天谁会戴呢帽子。"

"嗳。这你就不懂了。这回我知道你是真的不懂。因为我也不懂。为什么天气越热。戴绿帽子的人竟越多。"

"我怎么从来没有看见别人戴过这种帽子。"

"这种帽子是专供收藏的。一般是夫人太太买了送给她们的丈夫的。所以每个丈夫都宝贝似的珍藏着。轻易不肯戴出来。很多有这种帽子的丈夫都误以为只有自己才有这种帽子而别的丈夫没有呢。物以稀为贵。这样我的生意就越做越大了。"

世遗想了想。"但这样一来。很多想买帽子而又不知道到哪里去买的人因为没看见别人戴出来。也就轻易不会向人打听这种帽子哪里有卖。这样实际上也影响了你的生意。如果大家都戴出来。你的生意不就更好了吗。"

王八苦着脸道。"谁叫这种帽子本来就不是公开戴的呢。再说也没有几个人有我这么大的脑袋。大部分人戴上它会崴了脖子的。这也是没办法的事。"

世遗突然拍手叫道。"所以你就自己戴出来做做广告。"倪九十九笑得打跌。

王八眼睛一闭。大头一仰。阴阳怪气地哼了一声。"我的小遗老。又让你说对了。"

可是世遗却没有觉得这有什么可笑。王八摸了摸大鼻子。"小遗老。这个笑话的可笑之处在于。它一点也不好笑。所以只有不笑的人才算听懂了这个笑话。"

倪九十九的笑容一下子僵住了。王八拉着世遗就走。

世遗一出侧殿就问。"王八。陛下卖的是什么颜色的帽子。"

"陛下卖的是黑色的乌纱帽。他卖帽子一般不收现钱。最好是有人送他一双破鞋。他就给人一顶乌纱帽。破鞋送得越多。乌纱帽就越大。乌纱帽是专供戴出来炫耀的。"

20

狂欢不知日月。转眼又是三年过去。倪丘在一天深夜赶回王城。一进王府就支持不住了。早有人报进宫去。一大早倪九十九便亲到王府慰问。世遗也同回王府探望父亲。

倪九十九进到王爷卧室。倪丘挣扎着要起来。倪九十九赶紧按住。倪虹向陛下见过礼。世遗向倪丘请了安。姐弟俩就退了出去。倪九十九溜了一眼赞道。"好一双金童玉女。"一挥手。两个小黄门抬进来一只大箱笼。打开。立刻满室生辉。这些稀世珍宝是倪丘历次宣抚各地带回来献给倪九十九的。倪九十九一向爱如性命。

倪丘惊讶得未及开口。一个大太监展开黄澄澄的圣旨朗声念道。"倪亲王丘。尽忠持国。竭诚辅弼。与朕同气连枝且倚为股肱。特晋爵白马亲王。食三山五岳。钦此。"

倪丘立时诚惶诚恐。"陛下隆恩。何以克当。倪丘虽九死不能报万一。"

"老二。你府里藏着一个无价之宝可以报答我。没有一万。也有万一。"

倪丘大骇。立即就要下跪。被倪九十九拉住。"陛下。倪丘赖陛下庇荫。黄金万两是有的。却不敢私藏珍宝。还请陛下明示。"

"你慢慢想。几时想起来就来见我。"但倪九十九并不就走。倪丘隐隐有些不安。兄弟君臣之间一时冷了场。片刻。倪九十九突然仰天打个哈哈。"老二。长安郡主已经二十二岁了。这孩子稳重孝顺。常到宫里来看我。顺便也去看看世遗。你为了国事常年在外。倒把她的终身大事给耽搁了。"

倪丘顿时如梦初醒。这才知道倪九十九说的无价之宝。指的是倪虹。不禁又惊又怒。幸好他在病中脸色本就不好。总算没露声色。倪丘心想。你既羞于启齿。我索性跟你装糊涂。"陛下。如今时兴晚婚。倒也不急在一时。不妨慢慢给她物色个门当户对的后生。"

"老二。不瞒你说。我留意了多年。举凡国内竟找不到一个配得上她这般品貌的。"

"陛下说得是。我这回奉旨巡抚。特地做了有心人。各大洲均有不少青年才俊可作东床待选。我打算下回出巡把她带上。如今婚姻自由。得由她自己决定。"

倪九十九脸色一沉。哟嗬。想远走高飞。夏凡一再对我说。各地总督都是他安插的亲信。还说他反迹已露。早晚要自立为王。我一直不肯信。现在正好试试他。就微笑道。"这样也好。不过别把世遗带走。我喜欢他得很。"

倪丘略无难色。"陛下尽管把他留下。"

倪丘这么爽快。倪九十九倒疑惑了。我可别错怪了好人。但我是冒不起这个险的。眉头一皱。"我看谁都别去了。大家在一起热热闹闹的多好。你辛辛苦苦跑了十几年。也该享享清福了。"

倪丘一听。坏了。他要硬来。顿时有些后悔不该过早露了形迹。

倪九十九续道。"我整天听傻子和幼儿园老师夸世遗是个神童。我老了。我今天来就是要和你商议尽快立世遗为太子的事。"

倪丘霎时脸色大变。汗如雨下。"不可。陛下万万不可儿戏。自古大位传承。传嫡不传庶。传长不传幼。此事有悖纲常。千万不要再提。世遗纵是大才。也只可拜相。不可为储。除了此事万难从命外。余事……余事无不可从长计议。"

倪九十九又意外又感动。老二忠心可嘉。我虽然早就有意立世遗为太子。但此时再提。倒好像是做交易一般。白白辜负了他一番美意。于是倪九十九留下太医夏秋冬伺候倪丘。兴冲冲地回宫静候佳音。

倪丘把倪虹叫来。如此这般地才说了几句。倪虹一声惊呼往后便倒。夏秋冬闻声而来。忙了半天。倪虹才嘤咛一声哭出来。侍女柳叶把郡主扶回自己房间。倪虹依然悲不可抑。柳叶不明底里。也不敢劝。好容易倪虹哭累了才罢。正好世遗来找姐姐说话。柳叶喜道。"小王爷快劝劝郡主。别哭坏了身子。"说完就退了出来。倪虹又哭起来。世遗拍拍她的肩头哄道。

"乖。不哭。谁欺负你啦。告诉哥哥。哥哥替你出气。叫陛下打他屁股。"

倪虹甩手啪地就是一巴掌。这一掌不但把世遗打蒙了。倪虹自己也吓坏了。世遗的半边脸顿时红肿起来。倪虹哭喊着一把搂住世遗。一边给他揉脸一边抵着头痛哭。泪水淌了世遗一脖子。世遗苦笑道。

"挨打的没哭。打人的倒哭得伤心。我昨天看到书上写着。'有人打你的右脸。你要把左脸也转过来由他打。'我就不懂为什么要这样。我问傻子。傻子想破了脑袋。也就是左边脸和右边脸分了家。也没想明白。现在我总算明白了。而且明白了我原先为什么不明白。那是因为我从来没有挨过巴掌。可我现在知道了。实践出真知嘛。原来人家轻轻打一下你的右边脸。马上就会哭着给你揉呀揉的。揉得右边脸麻酥酥的舒服极了。左边脸不禁自暴自弃起来。"世遗故意停顿了一下。倪虹止住了哭正在听。"左边脸就想。这种好事为什么就轮不到我呢。于是左边脸羡慕之余忍不住跃跃欲试。就这样左边脸毛遂自荐地转了过来。自告奋勇地送了上去。"

倪虹再也忍不住。扑哧一声笑了出来。世遗喜滋滋地继续道。"可是左边脸啊左边脸。这下你就上当了。人家刚才是猫哭老鼠。你要是让她再打一下。她就既不会再揉。也不会再哭。人家已经在笑你了。可是。你既知道人家给你揉了半天就是为了打你的另半边脸。你好意思叫人家失望吗。人家本来就满肚子委屈。你再要人家委委屈屈于心何忍。况且再挨一下天也塌不了。倒是有百利而无一害。最低限度不会变成半边肿半边不肿的阴阳脸。所以姐姐。你和我是一个愿打。一个愿挨。"

世遗把左边脸转过来。故意咬紧牙关紧闭双眼。做出一副舍身赴难的样子。那样子实在太淘气。倪虹突然难以自持地在世遗迎上来的脸蛋上深深地印了一个吻。世遗一跳老高拍手欢叫道。"噢噢噢噢。好了好了。姐姐不生我的气了。"

倪虹无限娇羞地垂下长长的睫毛幽幽道。"弟弟。姐姐原本不是生你的气。"

世遗也不禁失笑。"对了。我本来就没有得罪姐姐呀。那姐姐为什么打我。"

"因为我还是生你的气。"

"为什么。"

"不为什么。就因为你什么都不懂。我总听人夸你小小年纪什么都懂。其实正因为你小小年纪。才什么都不懂。你再聪明也没用。说不定长大了还是不懂。就是真的懂了。也已经晚了。还是永远别懂的好。可是我又何必对你说这些呢。越说你越不懂了。"

"姐姐。你告诉我。我不就懂了吗。"

"世遗。你还太小。这种事……"

"什么事。说呀说呀。"

"世遗。我真的没生你的气。真的跟你没关系。刚才是我自己跟自己怄气。这件事是我一个人的。你还是不知道的好。以后再告诉你好吗。"

"不。姐姐你又哄我。要是跟我没关系。你为什么无缘无故打我。你一定要告诉我。你现在不说。以后更不会说了。"

"刚才姐姐打你是无意的。姐姐给你赔不是。你就不能原谅姐姐吗。"

"你打我一下算什么。我想知道姐姐为什么伤心。"

"世遗。你要是真的体谅姐姐。就不要逼我。我不说。既是为自己着想。也是为你好。姐姐我……最爱的就是你。你一定要我说。我就说。但那样姐姐会更伤心。你愿意吗。"

"不愿……意。姐姐。"

"姐姐也不想瞒你什么。我巴不得把一切都告诉你。世遗。快回自己房间去。你听我这一次。我就永远当你是我的……好弟弟。姐姐就不伤心了。"

说到这里。倪虹已泣不成声。世遗的眼泪也下来了。世遗站起来无可奈何地摇了摇头转身要走。倪虹突然跃起来抱住世遗。闪电般在他嘴唇上吻了一下。一松手倒在床上脸埋进枕头无声地大哭起来。一边扬手要世遗快走。不知所措的世遗呆了半晌。只好走了。

这一夜世遗仿佛一下子成熟了许多。他感到了书本知识的苍白。天底下有那么多难解之谜。连最亲近的姐姐他都无法猜透。他想去看看外面的世界。

早上。倪虹平静地走进倪丘的卧室。倪丘轻喝一声。"退下。"下人们低眉垂眼地倒退而出。

"父亲。我已经想好了。"

"虹儿。我知道你是个孝顺的孩子。我也是没有办法。唉。其实我也不愿意让你出嫁的。只是现在陛下他……"

"父亲。我谁也不嫁。"

"虹儿。这事虽然有些委屈了你。但以后你会知道我都是为你好。你到时候就知道了。你现在还不懂。"

"我知道父亲是为我好。所以我决定一辈子服侍父亲。"

"这不是孩子气吗。我死了以后呢。"

"我就独身一辈子。"

"虹儿。不要任性。你已经不小了。你应该知道这么做的后果。"

"还能有什么更坏的结果。不能嫁给我爱的人。我早就不想活了。"

"放肆。"

"父亲。你不要逼我。"倪丘怔住了。倪虹站起来就走。到门口回头道。"别忘了你只有我这个女儿。"

21

从此倪虹再也不到王爷这里来。世遗倒是每天来应应景。

倪九十九见倪丘毫无动静。就把夏秋冬叫去。"夏太医。白马亲王的病情怎么样。"

"陛下。亲王殿下的病根是过于劳累。"倪九十九不禁略感内疚。他为我到处奔忙。我还要听信夏凡的话对老二起疑。我明明知道他们历来不和。

"陛下不必着急。这病在别人手里是难治的。在微臣看来却是小菜一碟。可以药到病除。立竿见影。"

"积劳成疾唯有静养最好。还有什么灵丹妙药。"

"陛下。傻子王八说。'治国如治病。吃药如吃饭。'他说的药。就是微臣祖传的回春丹。一颗下肚。丹田之气直冲斗牛。吃了我的回春丹。牛都能斗。何况骑马。"

倪九十九微微皱了皱眉。

"微臣本不该妄议亲王殿下清誉。既然陛下问及。不敢不如实相告。亲王的劳顿实在是非关跋涉。请陛下明察。"

倪九十九恍然大悟。怪不得亲王妃死后老二一直不肯续弦。原来他借宣抚之便到处打猎来着。哎哟不好。这么说上次傻子的疯言疯语并非空穴来风。莫非鞋真的都让他先穿过了。怪不得我很久没尝到一针见血那话儿了。老二竟敢如此胆大妄为。辱我太甚。简直是死有余辜。不过。我并没有当场抓住他的把柄。况且这事不足为外人道。若以此罪名拿办他。连我也成了笑柄。再说不久前大西洲总督上过个奏本。说现在各地淑女酷爱激烈的户外运动。所以这见红见绿的事也作不得准。老二一向谨小慎微。他也未必有这个胆量。且看这回他如何解决我给他出的这个难题。

22

服用了夏秋冬的回春丹以后。倪丘很快就恢复了精力。他急忙赶进宫去陛见倪九十九。

"陛下。圣人云'君子慎其独'。圣教也一再鼓吹'无独有偶'。可是现在民间流传一种邪教。称为'独身主义'。独身主义者拒不寻找配偶。旨在减少陛下的臣民。民间盛传这个邪教的教主是陛下的某位宠臣。并说陛下很快就会把独身主义立为国教。"

倪九十九不屑地一笑。"我的宠臣。哼。这纯粹是谣言。不可轻信。

哦。老二。我知道你指的是谁了。好吧。这事暂且不提……"

"要提。陛下。因为倪虹现在也自称信奉独身主义。还有越来越多的人在赶这个时髦。不扑灭这个邪教。事情就有些难办。"

倪九十九顿时大怒。"这么说真有此事。好。我立即下旨。宣布独身主义为异端。宣扬者和信奉者满门抄斩。"

倪丘回到王府。得意洋洋地把倪虹叫来。"虹儿。你现在该知道独身的后果了吧。"

"父亲。你给陛下出主意的时候有没有想过。假如我不改变信仰。满门抄斩时。你也有份。"

倪丘又惊又怒。后悔自己没留一点余地。要是犯了别的什么事儿。以他亲王之尊必可循"刑不上大夫"的古训而获免。但在这节骨眼上。说不定陛下一怒之下会依照"王子犯法与庶民同罪"的近例而不赦。"倪虹。你真的不要命了。"

"父亲。不能嫁给我所爱的人。我早就不想活了。但是你放心。我不会连累任何人的。"

"什么。你竟敢不经我同意就爱上别人。是谁。他是谁。我先要了他的命。"

"没有没有。"倪虹慌不择言道。"我大门不出。二门不迈。我怎么会爱上什么人。"

"那就更好。这么说奸贼就在王府里。"倪丘阴险地笑道。"这样我查起来更方便些。"

倪虹顿时脸色大变。急忙以手掩口。可是已经祸从口出。

倪丘立即把柳叶捆起来严刑拷问。却一无所获。又找来王府总管倪福。也没问出个所以然来。白白折腾了三天。府中上下人等都说郡主冰清玉洁。绝无情人。倪丘只好亲自到楼上倪虹房里。和颜悦色道。

"虹儿。你要是心里真有了人。为什么要瞒我呢。实话告诉我他是谁。我对陛下也好有个交待。你要是真心爱他。他也真心爱你。我绝不反对。我只有你一个女儿。我不疼你还疼谁。你不说。我早晚也会知道。但现在陛下逼得很紧。要是把陛下惹恼了。那就什么都别想了。你知道我说的是实情。你也说实话吧。"

"他是……他是……是傻子王八。"

"什么什么。"倪丘微微松了口气。知道尚无奸情。但他还是勃然大怒。"你说什么。王……王八。王八是什么东西。他竟敢勾引我的女儿。你又怎么会爱上他。难道你不知道王八他……他是不能结婚的吗。"

"我知道。所以我说我不准备嫁给任何人。而且他……他也不知道我爱上了他。既然现在严禁任何人独身。那么他也不能例外。非结婚不可。"

"难道你真的愿意嫁给他。"

"是的。"

"你到底爱他什么。"

"王先生是个游戏风尘的奇男子。陛下也说他是个先知。我不爱他爱谁。"

"你简直疯了。"

"我是疯了。爱得发疯了。"

"啊。怪不得陛下说你没事老往宫里跑。原来是去看王八呀。好。我立即面奏陛下。虹儿。这可是你自作自受。将来可别怨我。"

23

倪九十九这几天正被倪丘带回来的洋娃娃们缠得昏天黑地没有方向。对倪虹也就不怎么放在心上。他见倪丘如此忠心耿耿也不禁感动。立刻打消了对倪丘的疑心。但他随即大怒。好你个夏凡。竟敢离间我们弟兄亲情。还有傻子。居然胆敢辱我。绿帽子竟飞到我头上来了。不过。老二工于心计。他忠心得大悖常情。恐怕其中有诈。莫非他竟在糊弄我。我可别让他蒙在鼓里。被他卖给了蒙古人。嘿嘿。我就来个将计就计。算是略施薄惩。你功高震主。无罪有过。即使你真的没干对不住我的事。也该煞煞你的威风。免得你太忘乎所以。长安郡主嘛。我得不到。别人也休想得到。傻子啊傻子。我暂时还离不开你。且让你尝尝美人当前无能为力的滋味。哈。这可是个一石三鸟的妙计啊。想到这里。倪九十九仰天打个哈哈。

"既然如此。我来主婚。立刻让傻子王八和长安郡主结婚。老二。恭喜你得此快婿。"

"谢陛下恩典。"倪丘毫不迟疑地立即跪下磕头。

倪九十九见倪丘的喜悦毫无虚假。马上就后悔了。看来老二确实是忠心赤胆。我倒错怪了他。可是君无戏言。罢了。"来呀。宣长安郡主进宫。再把傻子给我找来。"

24

王八正和世遗在上苑的树林里说话。

"王八。你为什么老是闭着一只眼睛。"

"我不爱看到那么多的人。我希望闭上一只眼睛就能少看见其中的一半人。虽然一半人还是嫌太多。"

"可是一只眼睛看见的跟两只眼睛看到的一样多呀。"

"是啊。看来我的希望是难以实现了。但除此以外还能有什么更好的法子呢。幸好一只眼睛看起来。那些人没什么立体感。像剪纸一样虚幻不真实。这样我就稍微好受些。唉。"

"王八。你怎么也愁眉苦脸起来。"

"小遗老。我告诉你一个坏消息。王八要结婚了。"

"咦。王八。你不是说过不结婚的吗。我原以为你是天底下第一个说话算话的人。没料到你也是个信誓旦旦的家伙。我常听别人发誓的时候说。'谁背誓谁就是王八。'我就跟人争辩。'王八才不会背誓呢。'他们还嘲笑我。说那是句俗话。王八。真没想到你竟被俗话说中了。可见你也是个俗而又俗的俗物。"

"好。骂得痛快。我早就知道我连给你提鞋都不配。但我没有食言。是倪九十九命令我结婚的。"

"为什么。"

"因为他不许别人独身。"

"为什么。"

"他说。'这人独居不好。'"

"为什么。"

"不为什么。"

"这真是太奇怪了。陛下要你跟谁结婚。"

"长安郡主。"

"是我姐姐。真是太好了。要不是你发过誓。我倒是赞成的。除了她。也没人配得上你。这么说姐姐是为了这事才伤心的喽。可我每次回王府整天跟她说的都是你。姐姐可是很崇拜你的呀。她为什么要这么伤心呢。"

"因为她是被迫的。上个月王后不是死了吗。陛下要郡主来做新王后。亲王也帮着一起逼她。郡主无力反抗。就谎称已经爱上了我。"

"这……这不可能。王八。你胡说。"

"这是真的。陛下为了惩罚她。就要她马上跟我结婚。"

"这怎么能算是惩罚。难道你还配不上我姐姐吗。但这事对你倒是很严重。你不得不违背誓言了。"

"不。这个惩罚对她来说确实比我更严重些。"

"王八。你错了。难道还有比背誓更严重的吗。"

"没有。确实没有了。但我是不可能背誓的。你难道真的不知道吗。"

"不知道什么。"

"好了。是到了把一切都告诉你的时候了。世遗。你听我说。我原是大西国的王储。我十七岁去国求道。二十一岁得到上帝的启示。要我来传播祸音。'天国远了。地狱近了。大祸就要临头了。凡信奉上帝的。就不要在这世上留下后代。因为时间不多了。当那时候。怀孕的和奶孩子的有祸了。使人怀孕的和使人奶孩子的有祸了。正在奶孩子的又再次怀孕的有大祸了。使正在奶孩子的又再次怀孕的有大祸了。'可是没有人信我的话。人们说天地不会废去。我的话却要废去。但愿真的是我错了。但不管怎么样。绝不能使人因为我而怀孕。所以我斩除了自己身上那条男人的祸根。这样魔鬼就无隙可乘。无缝可钻。无孔可入了。要知道魔鬼本是无孔不入的。而像我这样的凡人。经常有意志薄弱的时刻。若非如此。恐怕我早就破了一百次戒了。就这样我有恃无恐地开始传道。世人从此把我当成圣人和先知。其实我知道自己不是什么圣人。更不是什么先知。我第九次环球旅行的时候。得到上帝给我的最后启示。上帝要我向东方来迎接弥赛亚。走到王城。我又听到谣言。说上帝死了。而当今国王倪九十九宣布他就是活着的上帝。于是我就进了宫。倪九十九受到我的启发。就以我为样品。把三分之二的男人都给修理了。因为世界上男人已经比女人多出了三倍。现在你该明白我为什么永远不会违背自己的誓言了吧。"

"王八。我姐姐知道这一点吗。"

"'尽人皆知。汝则不知。无人知之。唯汝知之。'"

"那她肯定不在乎。她爱的是你的灵魂。"

"不。她爱的不是我。"

"那她为什么……"

"这是上帝假手于她来召我回去。在我停止的地方。就是你开始的地方。你将要离开这里。然后再回到这里。你从哪里来。也要回到哪里去。你将看到一切丑恶和不幸。因为只有充分认识这个世界的丑恶。才能充分认识这个世界的美丽。"

这时一个小黄门匆匆跑来。"奴才给殿下请安。傻子。陛下要你赶快去。"

25

世遗和王八走进倪九十九的侧殿。倪丘和倪虹已经在里面了。

倪九十九笑道。"傻子。你是个先知。你猜猜我叫你来有什么好事。"

王八眼睛一闭。大头一仰。"还能有什么好事。"

"哈哈。猜不出来吧。"

"好啊。妙啊。"王八拍手撒欢道。"岂止是好。简直是妙不可言。"

"咦。又让你猜着啦。"

"猜是猜着了。可我有些奇怪。"

"奇怪什么。"

"陛下。本来我卖绿帽子。你买破鞋子。我是卖出。你是买进。咱们是隔行如隔山。井水不犯河水。可今天你为什么突然改了行。要破天荒地送我一双新鞋子呢。难道是为了报答我前一阵子批发给你的那几打便宜帽子吗。要是那样的话。你和我还不如合伙开个鞋帽公司呢。"

"傻子。别胡说八道。什么破帽破鞋的。我早就知道你不是什么先知。只是碰巧给你蒙对了几次罢了。我告诉你吧。是长安郡主要屈尊下嫁给你。你可别太高兴了。"

可是王八却高兴得跳了起来。而且一跳跳到了大殿的横梁上。

世遗说。"陛下。屈尊的是王八。虽然姐姐……也是最好的。"

倪丘斥道。"世遗。不要插嘴。"

倪九十九道。"傻子。你也高兴得太高了。你今天是怎么啦。"

王八坐在梁上荡着两条短腿乐滋滋道。"陛下。我是个矮子。坐在这里可以居高临下地尽情欣赏这个空前绝后的伟大时代呀。"

倪九十九皱眉道。"傻子。你是说这个时代不伟大吗。"

"伟大。怎么不伟大。小遗老。你说这个时代伟大在什么地方。"

"因为有你王八。"

"不对不对。"王八大摇其大头。"亲王殿下。你说这个时代伟大在什么地方。"

"因为有你这个跳梁小丑。"

"不对不对。你们想不到这个时代竟然伟大到了这个地步。一个高贵的郡主。有口皆碑的'妙人儿倪氏少女'。居然不肯当王后。而宁愿下嫁给一个太监。"

倪九十九大怒。他本想要倪丘和倪虹出出丑。没想到王八竟敢当场揭他的疮疤。"大胆。来人。把这个疯子给我拿下。"

王八继续得意洋洋地说。"所以。我直到今天才知道。一个人人都说伟大的时代。充其量只是三流的时代。陛下。你猜猜为什么是三流。"

倪九十九气急败坏地对冲进殿来的卫士大叫。"还不快让他住嘴。"

王八眼一闭。头一扬。撇撇嘴道。"量你也猜不出来。我告诉你吧。首先。这个时代让人羡慕得流口水。其次。这个时代叫人兴奋得流鼻涕。最后。这个时代使人伤心得流眼泪。这还不过是上流社会的情形。至于下流社会到底流些什么。不必我说。你们最清楚了。"

倪九十九狞笑道。"傻子。可你却忘了最重要的一点。这个时代流得最多的。其实是鲜血。"

王八大笑道。"补充得太正确了。举一反三。孺子可教也。那我又何妨随随大流呢。"说着。王八短腿一缩。从横梁上跳了下来。昂首四顾那些刚才还在仰视他现在却已开始俯视他的御前卫士。毫不介意地嘻嘻笑着。

倪九十九怒极反笑。"好你个王八。很好。看来我倒是失敬了。既然如此。王……先生。那我就成全了你吧。"对卫士们一挥手。

王八狂笑道。"义不容辞。哈哈。当仁不让。"大摇大摆地走出大殿。走到门口。王八摘下他那顶绿呢帽子扔到倪九十九的脚下。"陛下。留着做个纪念吧。"

不一会儿。王八那颗硕大的头颅被放在一个托盘上端了进来。王八的右眼依然睁着。流露出无限的嘲讽。倪九十九恶意地对倪虹笑道。"郡主。他是你的了。"

倪虹脸色惨白地走过去。把颤抖的嘴唇贴在王八那只圆睁的眼睛上。王八的眼皮缓缓地吻合了。发出一声长长的叹息。这声长叹轻微得几不可闻。但大殿剧烈地摇晃起来。倪九十九从王位上冷不丁被掀了下来。摔了个狗啃泥。倪虹眼前一黑。软软地倒在抢上一步的世遗身上。大殿里一阵混乱。太监和卫士们急忙把倪九十九扶回寝殿。倪丘和世遗带着倪虹也随众人一起逃出侧殿。回到了王府。

这座侧殿从此谁也不敢走近。太监和宫女们都说远远地就能听见王八那叫人汗毛凛凛的叹息声和狂笑声。

26

"王先生就这么……哦不……王八先生就这么死了吗?"

"是的。王八死了!"

尚且突然害怕起来："王先生，您……不是王八吧？"

"不是。"

"哦不对。"

"什么不对？"

"我是说我问得不对。应该这么问：'王先生，您曾经是王八吗？'"

"哪有这种问法！"

"糟糕！越问越不像话了。对不起，王先生！我没有倪世遗的提问天才，您可别生气。该这么问：'您是王八的鬼吗？'"

"可惜不是。但这与刚才那一问又有什么不同？"

"当然有很大的不同。假如您曾经是王八的话，现在王八死了，您就不是王八而是王八的鬼。"

"似乎是这样。可这到底又有什么关系？"

"关系太大啦！这对我尤其重要，我可不能冒这个险，还是把细点好。"

"为什么？"

"假如您是鬼的话，我现在记下来的就全是鬼话了。幸亏您不是！不过到底谁是王八呢？"

"王八就是王八，王八是独一无二的。真是多此一问！"

"王先生，您可真是的！我是问王八到底是什么人？"

"我怎么知道？连他自己都不知道！"

"那么谁知道？"

"鬼知道！"

"真的有鬼吗？"

"我可没说有。"

"那就是没有喽？"

"我也没说没有！"

尚且跺脚道："到底是有？还是没有？"

"这就难说得很了。鬼是从人过渡到神的中间状态。你的担心也许不是多余的。说不定我真的是鬼。甚至是当今世界上硕果仅存的鬼。或许这就是我跟这座疯人院里的所有疯子唯一的区别。"

水曜日之梦

27

中秋节一早。急匆匆赶去上班的人们在街头巷尾为了争夺《王城晚报》免费赠阅的特大号外。几乎使王城的交通陷于瘫痪。据第二天《王城晚报》的不完全统计。由此引起的五十七起车祸。共造成了四十九人死亡。二十五人受伤。其中六人终身致残。使几十户人家的团圆饭从嘻嘻哈哈变成了哭哭啼啼。但更多的人至死都坚持说这辈子再也没有第二个这样快活的好日子。这种难以言传的极乐随着岁月的流逝愈发使未曾亲历的年轻人感到难以置信。以致后人一口咬定这只是一个愚人节的恶作剧。龙钟悖晦的老人们开始犹疑这件事究竟是否真的发生过。更多的人吃不准它到底是发生在中秋节还是愚人节。甚至有人说。那天既不是中秋节也不是愚人节。而是另外一个什么节日。反正现在节日多得谁也记不全。一年至少有五百来个节日。一天里很可能就撞上几个。诸如喷嚏节。结巴节。手套节。老鼠节。芝麻节。绿豆节。甚至还有一个节日节。更叫人吃惊的是。竟然还有一个反节日节。真是大千世界无奇不有。总之。这是一个节日的时代。而王城父老记忆中的那一天。是节日中的节日。它标志着狂欢节的节节胜利。已到达结结巴巴的辉煌顶峰。

中秋节前一个月。也就是鬼节那天。《王城晚报》在第三版右下角登载了一条不起眼的消息。声称"著名诗人王子先生与本城名媛绝代佳人施青青小姐不巧奇遇。日前王先生偕美同行抵京观光。这是王先生对王城的首次访问。另据消息灵通人士透露。王先生与施小姐现正双双下榻于王城宾馆。并将于近期择吉完婚云。"

王子见报顿时大怒。立即拨通《王城晚报》的电话。

"喂。叫你们社长听电话。"

"钱社长不在。我是本报总编胡悦。有什么话对我说吧。嘿。你是谁呀。"

"我是王子。胡总编。谁允许你们刊发那条关于我的消息的。"

"您是倪……你呃不不。王先生。根据王家法律。我们有新闻自由。"胡悦对着话筒满脸堆笑。但声音里没有一丝笑意。使他的面部肌肉一番抽搐归于徒劳。"王先生。如果您有什么要补充说明的。尽管说。我还想请求您允许本报对您进行一次独家采访。照个相什么的。扩大您的影响力。提高您的知名度。您看是不是现在就约个时间。"

"真见鬼。"王子生气地挂断了电话。

胡悦不悦了。见鬼。你才见鬼呢。唔。这样说不妥。他要是见鬼。我就成了鬼了。不过还好。他其实并没有见到我。我也没有见到他。可我们居然还说了会子话。谁要是真的见过鬼。倒可以向他约一篇稿。肯定轰动。可惜没听说有人见过鬼。也可能见过的人不肯说。这说明他们心里有鬼。

这时电话铃又响了。胡悦拿起话筒。"你是谁。"

"总编。是我。"

"总编是我。怎么是你。"

"对对。总编。是你。不是我。什么。我不是我。总编。你搞什么鬼。我是王丰。"

"哦。对……对不起。"胡悦更不悦了。这是今天第二次有人把他跟鬼联系在一起。但他却不敢生气。"原来是你呀。王丰。对不起。刚才……神走了。呃不不。是我……走神了。都是你这冒失鬼。打断了我的思路。什么事大惊小怪。"

"总编。好消息。死了人啦。有个崇拜王子的女大学生自杀了。"

"太好了。她为什么自杀。"

"大概是听说王子要结婚吧。乖乖不得了。吃了两百多片安眠药。刚刚在医院里翘了辫子。"

"好极了王丰。听着。我们不能让她白死。要为她发一篇大特写。为爱情而死。真是太伟大了。你赶快回来。我给你留着版面。"

"你别急呀。我打电话就是要你先留着版面。可我先得把她的遗书抄下来呀。我现在正在医院里。遗书实在太精彩了。你绝对不会想到。一千多字的遗书全都是用王子的诗句组装起来的。非常滑稽可笑。你听听。'人死了什么也没有。什么也没有也没有什么。为你死了也没有什么。'像不像绕口令。好了。不念了。待会儿你就能看到了。"

胡悦放下话筒。满意地笑了。这回的笑是实实在在的。从左脚的趾尖一路向上。翻过他那因过早谢顶而闪闪发亮的头顶心。然后一路向下。势如破竹地传到右脚的趾尖。线路畅通地圆满打了个哆嗦。胡悦一跺右脚把笑声收住。踌躇满志地来回踱着方步。

上半年《王城晚报》销路锐减。钱社长差点要把胡悦撤了。胡悦使出浑身解数来取悦社长。总算争取到三个月时间让他戴罪立功。但胡悦对改善目前新闻出版界的不景气根本无能为力。他知道三个月以后还是得滚蛋。这怎么能怪我呢。现在压根儿就没什么新鲜事。就连故意大惊小怪地制造轰动效果也已经翻不出什么新花样了。现在连人咬狗的事也变成老生常谈了。老百姓早就对报纸上的鬼话一句也不信了。

正当胡悦绝望苦撑之时。王城第一大报《彼岸日报》意外地被倪九十九查封了。胡悦福至心灵。抢先约请《彼岸日报》的当家笔杆子王丰吃饭。

王丰是新闻界出名的鬼才。据说没有任何秘闻是他那削尖的鬼脑袋刺探不到的。各报关于同一事件的报道总是他的那篇最引人入胜。能道人所未道。发人所未发。嫉妒他的同行说那是他添油加醋编造出来的。崇拜他的人赞美他是杰出的新闻烹调大师。没有人敢对他口诛笔伐。因为没有人是他的对手。他不仅动笔动口又快又好如有鬼助。而且尖酸刻薄世无其匹。

但他对胡悦却一向很客气。在一次新闻界同行聚会时。王丰一边摸着胡悦光溜溜的头顶一边对众人说。"你们千万别信有两个下巴的人说的话。那肯定是鬼话。但胡老总的话你们可千万别信。因为他可不是那种只有双下巴的人。我仔细数过了。胡老编一共有七个下巴。因此他说出来的话大有分量。字字千钧。而且胡编先生有一个自己也不知道的良好习惯。说话的时候喜欢摸着自己的下巴。根据我的观察。每当老胡托住自己下巴的时候。他必有惊人之语问世。注意。胡老其他的话并非毫无价值。"

胡悦仗着这点交情。终于捷足先登。抢在其他报社之前把王丰挖了过来。王丰吃完饭。抹抹嘴对胡悦说。"恭喜你。胡总编。你现在有八个下巴了。"

果然。王丰一来。《王城晚报》奇迹般地起死回生了。胡悦踱着方步。摸着下巴。打着饱嗝。满意地笑了。没想到今天真的有人见鬼去了。可惜她一去不回了。不过她临死前能留下一些活人编的鬼话。说明她具有很强的新闻意识。到底是受过高等教育的。

28

王子搁下电话正生着闷气。他担心姐姐见到这条消息后会来找他。这里住不得了。得尽快离开这里。他站起来。这时候有人敲门。打开门他舒了一口长气。来的不是姐姐。是一个干瘪的瘦汉。他的麻脸上。仿佛一百只鸡刚刚开完宴会。

"麻子。是你。我派人送去的钱你收到了吗。"

"收到了。"王麻子说着就走进了会客室。打量着房间的每个角落。

"你有什么事。"

王麻子咳嗽一声。"嗯嗬。我……我是来……来把钱还给你的。"但他说归说。并不把钱拿出来。

"这是为什么。我们不是早就谈妥了吗。"王子立刻就懂了。"你是嫌钱太少吗。你还要多少。"

"我老婆呢。叫她出来。我要带她回去。"

"痛快点说吧。你到底还要多少。"

王麻子不吭气儿。王子随手开了一张支票给他。王麻子伸手就拿。王子突然把手抽回。"等等。你先和青青去把离婚手续办了。"

"你凭什么要我去。"

"你想反悔吗。罢了。跟你这种人还能订什么君子协定。但你既然想反悔怎么还要这张支票。"

"是你自己给我的。你给。我就要。我可没答应你什么。"

"说得对。是我弄错了。你带她走吧。"

"你叫她出来。"

"她不在这里。"

"她出去了吗。"

"不。她住在第九层。九一二房间。这是七十五层。这里安静。"

"别逗了。王先生。现在整个王城已经没人不知道她和你住在一起。报纸上说的还会有错吗。你别想糊弄我。"

王子不理他。拿起电话。"服务台吗。请通知九一二房间的施青青小姐。让她马上到我这里来。"

"得了。王先生。你是想拖延时间。好让她从边门溜出去。再装模作样地从外面进来。好像你们并没有住在一起。其实你又何必瞒我呢。"

"王先生。请你放尊重一些。我说她不住这儿就是不住这儿。"

"王先生。我真没想到你会这么面嫩。按说你也是个风流人物。不会看重这种小节。我又不是没见过世面的人。你是怕我勒索你吗。既然你不肯叫她出来。我自己进去找她。"

王子大怒。"你敢。"

"怎么。她衣服也没穿吗。可我现在到底还是她丈夫。看见……也没什么。"

王子见他越说越不堪。不愿再多说。厌恶地挥了挥手。"那就请看吧。"

王麻子见王子气定神闲若无其事的样子。倒踌躇起来。莫非青青这会儿真的没在里面。我可不能冒这个险。万一里面真的没人。我一进去就让他掌握主动了。看来今天来得不是时候。没把他俩堵住。但也没准还是在里面。他在跟我硬撑。不管是真是假。我先跟你耗着再说。"得。王先生。我信你就是了。她怎么还不出来。"

王子也奇怪了。"是啊。她也该上来了。"

王麻子见王子神情古怪。猛醒过来。这小子一会儿不让我进去。一会儿又让我进去。虚虚实实。故示大方。莫非在诓我。他大概料定我一定会上当。可我偏不上当。偏要进去看一看。报纸上都那么说了。报纸怎么会有错。当然。现在进去青青肯定已经溜走。但我只要发现另有门路。就算拿住了他的把柄。要是里面真的没门。我宁可一分钱不要。

他走进。青青确实不在。他把每一面墙都仔细摸了一遍。什么旁门左道也没有。卧室里只有一张单人床。衣柜里别说是女衣。简直就是空荡荡的。但王麻子至少有了一个重要发现。王子是个疯子。

他举起双手啪啪啪啪在自己脸上狠狠地抽了四个巴掌。该死。我什么不能赌咒。偏偏要跟钱过不去。财神爷在上。我王麻子不是人。刚才的话不算。钱我还是要的。

可就在王麻子推开门走进卧室。弹簧门又恢复原样的同时。施青青从会客室的壁橱里蹑手蹑脚地走了出来。王子简直不敢相信自己的眼睛。

"青青。你是什么时候进来……呃不。什么时候进……进去的。"

"王子。你不知道我早就已经来了吗。你刚才往壁橱这儿看了一眼。我以为你早就发现我来了呢。"

"不。我怎么会想到。到底是怎么回事。"

"我一个人在房间里气闷得很。我就上来了。我从门缝里见你正在卧室看报。刚要进来。你起身到这屋里来打电话。我想吓你一跳。就躲进了壁橱。我刚要出来吓你。臭麻子就来了。我想这下吓不成你了。就想走出来。谁知麻子要进卧室去。你却偏不让他进去。一说僵了。我只好暂时不出来。后来你让他进去了。这麻子发神经。偏又不进去了。气得我直想骂人。谢天谢地。臭麻子不知道什么毛病。突然又进去了。我这才自由了。"

王麻子自怨自艾地从卧室出来。对施青青视而不见。

"王先生。这套房子真不错。"

王子理也不理他。施青青横了王麻子一眼道。"走吧。"

王麻子一愣。"走。上哪儿去。王先生。您可别把我刚才的话当真。您就当我是放屁。我可不是真的要她回去。您和小青郎才女貌。才是天生的一对。"

施青青怒道。"放你的麻子屁。谁说跟你回去啦。王先生才不会跟你这号人一般见识呢。"

"那……那你叫我上哪儿去。"

"上法院离婚。这是我们早就说好了的。你这个无赖。竟敢向王先生要钱。真不要脸。"

"小青。你别生气。我这脸本来就没什么长处。要不要倒无所谓。噯。王先生。我跟您说好的。您给钱。我就跟她离婚。我还跟您说定。这事不让小青知道。是不是。"

"是啊。"

"您怎么告诉她了。"

"我并没有告诉她。"

"那她怎么知道了呢。"

"你刚才说的话她都听见了。她就在壁橱里。"

"啊哈。王先生。你要了我。干得太漂亮了。王先生。我王麻子这辈子走南闯北。只有我玩人家的。还从来没有我被人这样玩得连方向也没有过。我算是服了你了。可是我倒不懂了。你为什么要告诉我。"

"告诉你什么。"

"告诉我她刚才就躲在壁橱里呀。"

"咦。我为什么要瞒你。"

"王先生。你别掩饰了。智者千虑。必有一失。你把我玩得团团转。一得意就漏了嘴。其实本来就不必瞒我。再说瞒得了别人也瞒不了我。我就是什么把柄都找不到。也不信你会开两套房间。九一二房间什么的。只能骗三岁小孩。退一步说。就算你钱多得来不及花。真的开了两套房间。也不过装装样子。卖卖野人头。这怎么骗得了我。要知道卖人头我可是行家。小青不可能真的住在那个什么九一二房间。我知道。你这么做是给我留点面子。毕竟目前我还是她丈夫。王先生。我王麻子可不是不识好歹的人。这件事我绝不会张扬出去。你尽可以放心。"

王子大怒。"麻子。你说完了没有。我说的句句都是真话。信不信由你。现在我请你和你太太出去。"

青青知道现在要是跟王麻子一起被王子赶走。她跟王子的事就算完了。"臭麻子。你到底在搞什么名堂。"

"王先生。您别发火。我也没别的意思。是我不会说话。惹您生气了。其实我也是好心。我是想为您节约一笔不必要的开支。我是说。这个……如果这笔开支用在更合适的地方。岂不更好。否则的话。这个……那个……多这笔开支。一年两年。十年八年。也是一笔不小的花费。您说呢。"

"你到底想说什么。"

"好吧。好吧。既然小青已经全知道了。我就直说了。王先生。您是有眼光的人。您应该知道像小青这样的人天底下找不出第二个来。我王麻子本就不配消受她。您给个数目。咱就一拍两散。"

"你给我滚。"王子倏地站起来。

"等等。王子。"青青急了。"麻子。你闹什么玄虚。你到底还要多少钱。"

王麻子竖起两根精瘦的指头。

青青道。"二十万。"

王麻子有恃无恐地大摇其头。

青青吃惊道。"两百万。"

王麻子嘻嘻一笑。

"麻子。你疯了吗。"

"不。小青。你别低估了自己的价值。"

施青青一下子愣住了。回头看着王子。王子铁青着脸。一言不发。

王麻子转身朝门外走去。"那就走着瞧吧。整个王城已经没有人不知道。有一个叫王子的要跟小青'择吉完婚'。王先生既然又不愿意了。以后我倒可以冒充冒充王子了。"

王子心里一动。喝道。"站住。"

王麻子转过身来。摆出一副绝不让步的姿态。王子俯身迅速写了一张支票。递给青青。青青又惊又喜地接过去。不敢相信地看了看。走过去塞在同样惊呆了的王麻子手里。王麻子迟钝地把支票举到眼前。茫然地瞪视良久。脸上的四两瘦肉猛抽几下。他本以为针对他的漫天要价。王子会就地还钱。现在他意外地发现。他得到的已经大大超出了自己的希望。一刹那间。他以为这是在做梦。也可能无止境的贪欲突然使他以为奇货可居。而他原来没有充分意识到这一点。以至于他的狮子大开口其实不过是樱桃小口。总之他一下子神志不清了。他突然烫手似的一甩手。看着支票晃晃悠悠地向地上飘落。但没等它落到地上。王麻子惊叫一声哭了出来。转身夺门而出。双手乱摇着狂奔而去。嘴里高喊。"不卖了。我不卖了。她是我的。她永远是我的。"

声音在长长的走廊里回荡不息。"我的……我的……我的……"

等施青青从惊愕转为愤怒追出门去。走廊上已经空无一人。

29

施青青径直来到王城头号大律师柳依桥的事务所。委托他打离婚官司。

说起这位柳大律师。可是个不同凡响的人物。据说他的辩才无碍已经达到了真正的自由境界。任何一个案件。如果他替被告辩护。被告自然百分之一百地无罪释放。但如果反过来。由他替原告出头起诉。原告照样无一例外地胜诉。反正正义和真理永远站在他的嘴边。呼之即来。嘘之即去。为此。假如法官对某案已有定见。会事先跟柳依桥打招呼。希望他不要插手此案。受害者因此而诽谤他是上帝和魔鬼的双重敌人。受益者却反唇相讥。称颂柳先生是上帝和魔鬼的共同朋友。

柳依桥承办过的许多案例都曾名噪一时。轰动王城以至外省。法学院的教科书固然已经选用了柳先生的大量案例。但由于柳依桥一再地打破常规。迭出新意地于绝无可能之处出奇制胜。甚至把历史上许多著名的铁案重新回炉熔化。或点铁成金。或削铁如泥。于是教材乃至历史不得不一再地频繁改写和重写。直到整个诉讼史和法学史到处留下了柳依桥的唾沫星子。才尘埃落定。

但真正使柳依桥足以名垂青史傲视真理的。是"鹦鹉案"和"预言家案"。

30

鹦鹉案的原告是全球动物保护协会。被告是小猫小狗党。

动物保护协会的主控人是著名的语言大师孙大羽。孙大羽原来精通八大洲的五百多种人类语言。自从倪九十九统一了全球语言以后。孙大羽的一肚子话再也没人要听。他一怒之下开始跟动物说话。不出三年就弄懂了地球上现存的两百多种动物的全部语言。尤其精通各种鸟类的语言。他认为鸟类的语言是一切语言中最优美的语言。是天国的语言。上帝的语言。人类应该学习鸟类的语言。而不是像现在的小猫小狗党那样。反过来教鹦鹉学习人类的邪恶语言。

孙大羽在起诉书中。控告小猫小狗党长期以来有计划地干涉摧残虐待动物的滔天罪行。尤其是近来由该党倡导推广并使之泛滥成灾的豢养鹦鹉运动更令人发指。虽然该党几千年来对小猫小狗自由生存权利的剥夺已经使阿狗阿猫们丧失了本性。但由于其假仁假义的怀柔政策掩盖了他们的险恶用心。以致使人真假莫辨而无从指摘。但奸谋得售后的得意忘形终于使他们开始明火执仗地公然践踏起神圣的生命自由。他们居然用剪刀——注。杀生武器之一种。女性自杀时尤喜用之。阿猫阿狗们不以这种自杀专用武器结束自己多余而无用的罪恶生命。却残忍地剪开鹦鹉那娇滴滴的舌头。使鹦鹉的舌头像魔鬼的远祖——毒蛇那样分为两叉。以便学会人类邪恶的语言去诱惑更多的天使堕落。

孙大羽最后警告说。一旦所有的鹦鹉都有了一条魔鬼的舌头。鹦鹉们就会忘却天国的语言。一旦所有的鸟类都忘却了天国的语言。人类将会永远失去与上帝对话的可能。

法院立案前。担心此案干系重大。万一小猫小狗党被告倒。该党众多的拥戴者以及民间的鹦鹉学舌者集体发起难来非同小可。于是在得到柳依桥"绝不为动物保护协会出庭"的亲口允诺后。法院才决定正式立案。小猫小狗党立刻派人去请雄辩术大师吕回回担任该党的辩护人。吕回回起初不同意。但经不住小猫小狗党的重金诱惑。最后还揭出了他的老底。威胁说。"你祖上三代开磨坊。有长期虐待驴子的前科。如果我党败诉。你也得坐十年大牢。"吕回回才不得不走驴上任。

谁知吕回回只会博士卖驴。纸上谈兵。他的雄辩术在孙大羽义正辞严的指控下竟丝毫没有招架之功。眼看小猫小狗党败局已定。法官立即宣布休庭。正在小猫小狗党苦于找不到更好的辩护人时。柳依桥挺身而出。主动请战。这是他平生第一次不请自出。

于是又重新开庭。

柳依桥说。"根据王国宪法首章首条首款。每个人都有神圣不可侵犯的言论自由。既然动物保护协会的先生们以令人敬佩的同情心为动物们争取与人类同等的生存权利。那么鹦鹉先生或是鹦鹉小姐也与人类一样。有同等的言论自由。帮助鹦鹉先生或鹦鹉小姐掌握人类的语言正体现了我党泽被万类的大慈大悲之心。"

孙大羽说。"柳先生。请别忘了言论自由包含了两个方面的自由。说的自由和不说的自由。而鹦鹉们对待言论自由这个合法权利的一贯态度就是不言论。你们强迫鹦鹉说话正是严重侵犯了鹦鹉不说话的意志自由。"

旁听席上挤得满满的鹦鹉党徒一阵骚动。

柳依桥赞道。"说得好。孙先生。看来你对鹦鹉非常了解。我对此毫不奇怪。因为根据你们的信仰。人和动物本来就是同类。"

孙大羽说。"是的。"

"所以你和鹦鹉也是同类。"

"是的。"孙大羽意识到可能已经钻入柳依桥的圈套。马上补充一句。"你也是。"

柳依桥摆摆手。"你太客气了。"

"我没有跟你客气。"

柳依桥脸色一沉。"那你就太不客气了。"

孙大羽有些生气。"我不是这个意思。"

"没关系。没关系。你一点也没有冒犯我。请听我往下说。所以我感到惭愧。我认为你确实比我更了解鹦鹉。"

"是的。"

"那么。既然你和鹦鹉是同类。而你又认为鹦鹉对待言论自由的态度就是不说话。那你为什么还要站在这里说三道四呢。"

"你……你……"

"对。你。我说的就是你。难道你不热爱自由吗。"

"法官。我抗议。"

没等法官说话。柳依桥问他道。"你抗议什么。"

"你侮辱了我。我并不是鹦鹉。"

"你又客气起来了。"

法官道。"抗议成立。"但法官自己也忍不住和旁听席上的几万名听众一起笑了起来。

柳依桥继续说。"好吧。客气完了。该下结论了。总而言之孙先生。我认为你是狗拿耗子多管闲事。我相信鹦鹉们并没有主动要求你做它们的代言人。既然动物保护协会认定小猫小狗党侵犯了动物们和鹦鹉们的权利。而许多鹦鹉也已经在所谓的强迫灌输之下学会了人类的语言。那么为什么迄今为止人们从未见到过任何一只鹦鹉上这里来。为自己也为所有千百年来受到迫害的动物们说上几句。谈谈它们的不幸遭遇呢。"

孙大羽怔住了。久久说不出话来。

全场听众哄堂大笑。柳依桥从容地戴上礼帽。优雅地对法官鞠了一躬。没等法官说话。他就走出了法庭。法官这才想起宣布驳回起诉。宣判被告无罪。

小猫小狗党大获全胜。柳依桥一夜之间几乎成了所有鹦鹉心目中的英雄。

31

至于预言家一案。就更加离奇了。

王城有一个古老的家族。据说这个家族的远祖是倪氏王朝的始祖倪大雨的马夫。由倪大雨赐姓为马。这位马氏祖先临死前对倪大雨说。人类将在猴年马月狗日灭亡。倪大雨十分震怒。斥为危言耸听。但念其为大汗赶马多年的汗马功劳。不予追究。只是严令他不许泄露天机。于是这个预言就在马氏家族中秘密地代代相传了下来。马氏家族总算托赖祖荫。历尽沧桑而香火不绝。但在兵连祸结之中也终于衰落了。那个可怕的预言却依然秘而不宣地铭刻在马氏后人的心里。

时当倪九十九朝。人类大同。狂欢无尽。而马氏嫡裔却仅存马大可和马大哈孪生兄弟俩孤苦伶仃。相依为命。

这大可与大哈两兄弟的模样虽说一般无二。以致家里根本不必备镜子。但性情却大不相同。马大可端谨严肃。沉默寡言。是王城大学的哲学教授和王宫幼儿园的客座讲师。但马大哈却跳脱疲沓。口没遮拦。是王城剧院的喜剧演员和王城大马戏团的首席小丑。马大可虽多次告诫马大哈。言多必失。祸从口出。但马大哈都不以为意。马大可知道本性难改。也对他无可奈何。只好一再关照马大哈。千万不可泄露祖传预言。马大哈起初一笑而罢。但马大可千叮咛万嘱咐。终于把马大哈惹得不耐烦起来。于是故意把这个预言作为戏子的戏言在茶余酒后屡屡提及。消息传到王丰耳朵里。王丰喜出望外。立即找到马大哈。略施手段尽得其秘。这个预言经过王丰的精心烹调。刊登在《彼岸日报》的头版头条上。顿时朝野大哗。群情惶恐。以其言之凿凿。令人不能不当回事。所谓宁可信其有。不可疑其无。

倪九十九大怒之下就要惩治马大哈妖言惑众之罪。律当斩首。马大可大惊。想到手足情深。来不及埋怨。连夜叫马大哈逃出王城。马大可自己略作盘算。自信有了死中求生之道。于是顶缸投案自首。

倪九十九亲自提审。

马大可侃侃言道。"陛下。自古应验的预言也多的是。招摇撞骗之徒固然不少。但真正的先知确是有的。上帝有好生之德。所以让先知预先示警。如果任意屠戮先知。灾祸立至。若修德改过。尚有逢凶化吉之道。陛下若真要治臣之罪。山人绝不敢偷生。反正人人都已被判了死刑。我只不过是早走一步而已。你们只不过是缓刑两年罢了。如果陛下赐臣不死。我必将竭尽全力为陛下和天下黎民找到一条不死之道。死以死报。生以生报。陛下可一言而决。"

倪九十九听了将信将疑。不禁踟蹰为难。"马大可。这样吧。你另外预言三件事。如果三件事都应验。我就赦你不死。"

"陛下。我预言十七年又三个月零七天后。王城将要毁灭。"

"这太遥远了。这样你至少还能活十七年。说说近一些的事。"

"好。陛下。我预言九年又四个月后的第十五天。王城将要毁灭。"

"放肆。你竟敢愚弄我。一会儿十七年。一会儿又变成九年。难道王城会毁灭两次吗。"

"不。陛下。第一次被我襀解了。"

倪九十九大怒。"大胆刁民。我料你也不是什么先知。不过君无戏言。我让你把第三个更可笑的预言说完。立即推出去处斩。"

"陛下息怒。陛下大概喜欢更具体的预言。我预言陛下的弄臣王八六天之内必死。六天以后如果王八还活着。死的就是我了。"

倪九十九冷笑道。"好。我让你死而无怨。先寄下你这颗脑袋。"

可是倪九十九贵人善忘。一转身就把这件事抛到了脑后。等到六天后他盛怒之下杀了王八后才猛然记起了马大可的预言。倪九十九不得不吃惊了。马大可怎么知道我会杀了王八。莫非他真是先知吗。早知道他是先知。我就不让倪虹跟傻子结婚了。现在弄得也没人给我说笑话了。妙人儿也不妙了。我和老二兄弟间也生分了。世遗又不知去向了。于是他让人把马大可带来。

马大可低着头用眼角的余光一扫。知道瞎猫撞上了死老鼠。不等倪九十九开口。他抢先说道。"陛下。我有一个弟弟生性诙谐。足以代王八之职。"

倪九十九肃然起敬。他竟然知道我的心事。当即喜道。"先生原来是天外高人。我倒错怪你了。"传旨厚赏。马大可坚辞不受。倪九十九越发刮目相敬。

过了几天。马大可派人把躲在城外的马大哈叫回来进宫侍奉。这一下马氏兄弟因祸得福。竟然平步青云。马大哈学了乖。再也不提那个预言。只是整天把倪九十九哄得欢天喜地。马大可更巧妙地把世界末日说得如同一个尽欢的周末。但马大可除此以外对什么都以先知的口吻断然地预言其吉凶。俨然是一个空前绝后的大预言家。他的预言坑害了不少人。终于怨声载道。传到了倪九十九的耳朵里。马大哈悄悄告诉了马大可。马大可这下着急起来。唯恐一旦预言家的牌子砸了以后。两兄弟同时遭殃。马家就真要空前绝后了。马家唯一的一个远房族叔马儿杀死偏偏又是个虔诚的独身主义者。这时已临近马大可的一个预言兑现的日子。

王城有一位叫麦冬的民众领袖。已近百岁高龄。麦冬以历史的过来人自居。经常冷言冷语地讽刺朝政。针砭时弊。倪九十九对麦冬一向头痛得很。但苦于他品行高洁。毫无瑕疵。一时找不到可以置他死地的合适借口。虽说欲加之罪何患无辞。但麦冬已经成了一个传奇人物。在几代王城人中都有影响力。倪九十九不愿为此闹出乱子来。况且这老头也没几天可活了。那天倪九十九随口问马大可。"麦冬那个老不死寿数是否尽了。"马大可为了哄倪九十九高兴。也随口说。"三十八天后的晚上。老家伙必死。"把倪九十九喜得手舞足蹈。马大可满以为陛下过后就忘。这老家伙重病缠身。近年来深居简出。已经极少发表怪论。他活着跟死了也没什么两样。不料麦冬是倪九十九的心头之患。这回倪九十九对马大可的预言牢记在心。屡次提起。马大可知道这下非露馅儿不可。

那个该死的预言兑现的那天刚过。倪九十九立即命夏凡去核实。夏凡回报。麦冬果真于昨晚死了。据验尸官报告。连时辰也分毫不差。倪九十九大喜。立刻封马大可为骑士。还要重赏大可。马大可受封而不领赏。倪九十九益重其德。

麦冬的逝世使王城市民陷入巨大的悲痛之中。有人偶然想起了马大可的预言。消息扇动着惊骇和疑惧的双翅飞快传开。一传十。十传百。人们传言麦冬是被马大可用巫术和咒语治死的。群情开始耸动。有人提出处死马大可来告慰老人亡灵。一贯以人民喉舌自居的柳依桥立刻闻风而动。亲自出马进行调查。

很快就真相大白。老人家是被人谋杀的。作案现场留有明显的证据。只是由于案发时人人都被马大可预言的惊人准确震慑住了。而麦冬也确实已去死不远。所以谁都没有细想老人究竟是怎么死的。都想当然地以为麦冬是寿终正寝。

顿时举国狂怒。人们疯狂了。

倪九十九正在宫里和马氏兄弟举杯庆贺麦冬的死和马大可预言的准确。夏凡进来报告。"陛下。近百万市民正聚集在寂寞广场上。要求对马大可进行公开审判。柳依桥已被推举为公诉人。指控马大可是谋杀麦冬的凶手。王城法院迫于民愤传唤马大可到庭。送传票的人正在宫门外等候陛下的恩准。"

倪九十九惊呆了。马大可对马大哈使了个眼色。站起来就跟夏凡出去了。

寂寞广场的公审大会上。柳依桥对马大可进行了洋洋洒洒痛快淋漓的怒斥——这篇精彩的檄文立刻被作为补充教材印发到了每个法学院学生的手里——在千百万人的喝彩声中。大陪审团一致判决马大可死刑。立即执行。

马大可刚走出王宫。马大哈就拍手笑道。"陛下大喜。"

倪九十九失惊道。"什么喜事。"

马大哈满脸堆欢道。"麦冬是陛下的心腹大患。这老不死终于死了。这是第一大喜。但麦冬是民众领袖。他死了。老百姓必然要闹事。现在有我哥哥做替罪羊。老百姓发泄了怒气。也就平安无事了。这是第二个大喜。难道不是可喜可贺吗。陛下大喜。"

倪九十九还是不解。"但大可毕竟是你哥哥呀。他眼看就要死了。你为什么这么高兴。"

马大哈正色道。"我是为陛下高兴。我哥哥的生死。是微臣一己的小事。陛下常保喜乐。是天下万民的至福。陛下对臣等兄弟恩逾父母。臣等万死不足报其一。我又怎敢让陛下为微臣的小事而不痛快呢。陛下。让我最后再给你说个笑话吧。"

倪九十九吃惊道。"等等大哈。怎么回事。你哥哥这事做得确实太鲁莽。叫我也不便保全他性命。但你一向恭顺。我绝不会株连到你身上。也不允许别人加害于你。这你尽管放心。再说我离了你也没法过日子。"

马大哈跪下磕头道。"陛下对微臣的隆恩殊遇。臣五内俱感。但臣兄弟俩是同日孪生。任何一个死了。另一个也必同日而死。"

"有这种事。"

"陛下责备得太对了。我哥哥这件事确实做得太欠周到。只因为他深知麦冬一天不死。陛下就一天不能心安。所以才出此下策。他作案前曾对我说。那麦冬的阳寿还有三年零七个月。而且临死前将会不利于陛下。所以他决意舍命为陛下除去这块心病。只可惜他从来没有杀过人。竟然露出了马脚。这下反而给陛下添了麻烦。不但我也要同一天死去。陛下今后少了两个排忧解难的人。反倒事与愿违了。但这还是小事。更糟的是近年来活动猖獗的一个秘密邪教很可能会利用我哥哥被处死的机会。借口为麦冬招魂而趁机闹事。因为麦冬也是邪教中的重要人物。他们一定会说。我哥哥暗杀麦冬是受了陛下的密旨。借此跟陛下为难。这倒是很棘手的。我听说。柳依桥好像也跟这个邪教有些瓜葛。"

倪九十九大惊。"是不是那个叫作什么独身主义的异端组织。"

马大哈一脸天真道。"微臣一心在宫内侍奉陛下。对外面的事情不太清楚。陛下知道的自然比我多。"

倪九十九大怒。"这个邪党早就被我镇压了。没想到还在活动。这可不行。你哥哥不能死。大哈。要不是你提醒。我险些错怪了大可。我立即下令特赦。那个姓柳的律师既然也不老实。就说他是真正的凶手。他侮辱了大可。把他杀了就是了。也算是替大可出气。"

"陛下请三思。我们兄弟的生死事小。陛下社稷的安危事大。陛下若如此行事。恐怕要出大乱子。你想那老不死和柳依桥都是名重天下的人。两人的信徒都很不少。陛下为了救大可。又把柳依桥杀了。恐怕老百姓要说陛下太偏心。须知众怒难犯。万一两人的信徒联合起来。这个……"

倪九十九束手无策了。"那依你该怎么办。难道真的把大可杀了。"

"我的愚见是。让一个和麦老头有同等威望的人为大可翻案。凡夫俗子们都是没有思想的人。只要翻案的人有足够的说服力。他们就会心平气和。但这个人却不容易找。"

倪九十九突然大喜过望。"有了。"

马大哈佯装失惊道。"谁。"

倪九十九得意道。"解铃还须系铃人。"

32

谁也没有想到马大可居然还敢上诉。更没有人相信他有本事翻案。柳大律师定的案子。没有人翻得了。谁都知道这只是过过场。上诉是马大可的权利。但这个权利跟没有也差不多。

开庭的时候。旁听席上只有七个王城最出名的闲汉。法官和陪审团的先生们懒洋洋地准备例行一下公事就回家睡午觉。

法官一见柳依桥也来了。说道。"柳先生。何必劳您的大驾。您派个助手来应个景也就行了。谁有能耐翻您的铁案。"

柳依桥笑道。"只有我。"

法官也乐了。"是啊。除了您。还能有谁。"

"所以。我来了。"柳依桥说着话。走到了被告的辩护席上。略感好笑地看着法官和陪审团的十二位先生一张张瞌睡未醒的肥脸。"我是来为马大可辩护的。"

所有在场的人都大吃一惊。连马大可本人也没有想到。他对上诉并不抱任何希望。只不过想多活几天。那七个闲汉立刻来了精神。庆幸没有错过这场好戏。更庆幸来旁听的人如此之少。当法官惊惶宣布暂时休庭。延期到下午再重新开庭的时候。没等柳依桥为白跑一趟而生气。闲汉们早就破口大骂起来。因为休庭使他们失去了今后两个星期的吹牛材料。

法官立刻打电话给孙大羽。告诉他报一箭之仇的机会来了。孙大羽一听。马上应命而来。他心想。柳依桥真是疯了。大概他赢腻了。想输一回尝尝失败的滋味。

开庭时间还没有到。放弃午睡闻讯而来的王城市民早已把王城大法院挤得跟马蜂窝似的。审判结果当然是柳依桥易如反掌地再次获胜。孙大羽就像被柳依桥那魔鬼的语言催眠了一样。从头至尾竟哑口无言。结果倒成了柳依桥最忠实的听众。除了那七个闲汉心里窝涩嘴上嘀咕以外。所有的市民都被柳依桥气吞江河唾沫飞溅的长篇演说说得心服口服。激动不已的人们这天晚上不得不口服了两片安眠药才勉强睡着。但法学院却不再增发讲义。因为所有的人都像忘不了噩梦似的能够把柳依桥的辩护词滴水不漏地背下来。

鉴于王城人已能倒背如流。也鉴于辩护词实在太长。因此这里只能摘要摘录其中的部分精华。未能躬逢其盛又有兴趣培养广长舌的年轻人。可以到王城图书馆去查阅当年的《王城晚报》特大号外。那上面刊登了辩护词的全文。

柳依桥是这样说的。

"预言家是上帝的杰作。预言的准确率达到百分之一百更是闻所未闻的奇迹。马大可先生的预言至今没有任何一个不应验。这是上帝眷顾我们王城的明证。我们完全有理由相信。王城就是上帝之城。王城是不可毁灭的永恒的城市。这是每个王城市民的莫大福祉。让我们为此感谢仁慈的上帝。

"马大可先生预言的惊人准确已无须我在这里多费唇舌。无数的人已经或亲身经历。或亲眼目睹。或亲耳听闻了无数这样的事实。仅以这次马大师预言麦冬之死为例。他预言麦冬什么时候死。麦冬就真的什么时候死了。不管麦冬死于什么原因。总之麦冬死了。如果麦冬命不该绝。马大师也杀不死他。由此可见马大师是替天行道。正因为他是替天行道。他才不屑于掩盖所谓的证据。如果不公正地处死这样一位伟大的预言家。世界末日就在眼前。我们只有盼望马大仙万寿无疆。才有可能在灾难来临之前洗耳恭听他为我们预先报警。我们只有祝愿马大仙寿比南山。才有可能在灾难来临之时竭诚祈请他为我们消灾解祸。否则。杀死上仙就是杀死上帝。杀死仙人就是王城人集体自杀。谁敢冒这个险。

"我们只能拭目以待。只有等他的某个预言失灵了。或者有足够的证据证明他是个伪预言家。是卡珊德拉。而不是阿波罗。只有这样。我们才能有恃无恐地处死他。

"至于我今天的话与上次的话有矛盾。这毫不奇怪。也不能说明我上次说得不对。这仅仅表明我们对真理的认识又加深了。更进一步了。人类的本性和真理的本质就是自相矛盾。当代文化的最高结晶就是相对论。一切都是相对的。世界上过去没有。现在没有。将来也永不会有任何绝对的东西。所以。我过去没有错。现在没有错。将来更永不会错。我敢说。如果从今以后马大仙有任何一个预言没有应验。你们可以先处死我。就这样定了。"

孙大羽突然意识到这是他有生以来最大的失败。倪九十九统一了语言。他仅仅是一肚子话没人要听。现在他却是一肚子真理无法倾吐。因为柳依桥似乎已经统一了真理。

"等一等。"孙大羽终于在最后关头抓住一根救命稻草。"柳先生。你说'一切都是相对的。世界上过去没有。现在没有。将来也永不会有任何绝对的东西。'你这样说是不是也太绝对了。"

"是的。因为唯一能够绝对肯定的是。世界上绝对只有相对。却绝对没有绝对。"

"至少有一个。以柳先生的博学不会不知道。王城有一个尽人皆知的'绝对'——'妙人儿倪氏少女'。你敢说这位妙人儿不太妙吗。"

柳依桥一下子蒙住了。他没想到孙大羽会以其人之道还治其人之身。用魔鬼式逻辑来将他一军。他脑子急转。嘴里一边应付着拖延时间。"这个嘛……相对来说……大概……可以算……算是一个'绝对'。妙人儿很妙啊。谁说不妙啦。倪……倪是国姓。自然妙得很……那个……很得妙。是不是……国姓……你也不配姓。你并不姓倪。是不是。你不过姓孙。孙先生。我看你倒是有点不太妙啦。"

王城人眼看柳依桥今天要当场出丑。立刻兴奋得大叫。"妙啊。妙啊。"他们突然发现柳依桥又口齿伶俐起来。并且面露得色。马上又大喊道。"不妙啦。不妙啦。"

柳依桥狂笑道。"孙先生。依我看。'妙人儿倪氏少女'也算不上什么'绝对'。至少有一副下联可以跟她'相对'。而且恰好应在你孙先生身上。那就是——'臭小子孙辈自大'。"

人们惊愕片刻。突然爆发出哄堂大笑。孙大羽一口气透不过来。一声没吭就跌倒在地。柳依桥礼貌地对法官鞠了一躬。扬长而去。

于是马大可欢天喜地地进宫谢恩。马氏兄弟高兴之余。只是觉得柳依桥把话说得太绝了些。只要马大可的某个预言不应验。他随时都有杀身之祸。尽管除此以外未必有更好的办法能够让马大可起死回生。但这么一来。活着也未免有些朝不保夕。正在发愁。柳依桥派人送给马大可一封信。

大可兄。

圣人曰。言而无信。不知其可。言者不信。信者不言。故圣人立不言之教。无言则不落言筌。无言则不法常可。

语云。可乎可。不可乎不可。无可无不可。无不可无可。此之谓大可乎。

或曰。信口开河之人。必淹死于所开之河。言尽于此。性命交关。莫谓言之不预也。

小可 柳依桥

羊年猪月狗日

马大可顿时醒悟。柳依桥让我从今往后装聋作哑。不但不作预言。最好什么话也别说。自然不会祸从口出。这下我彻底得救了。

第二天。孙大羽在医院里不治身亡。而登载灭世预言的《彼岸日报》。不久就被夏凡查封了。

33

柳依桥目不转睛地盯着施青青。不禁暗暗地喝一声彩。心想这回王丰子倒没有吹牛。这施青青果然美得叫人昏厥。王丰子说她一定会来找我办离婚。竟被他说着了。这小子说那个王子大有来头。或许也没撒谎。王丰子还说。我要是胆敢碰施青青一根指头。那位王先生会要我好看。狗日的。这不是要我白当差吗。好吧。我就相信他这一回。只要那位"王先生"不是王丰本人。我就买他这个面子。要是王丰子敢耍我。哼。我就要他好看。

等施青青陈述完与王麻子的婚姻经过。柳依桥笑道。"施小姐……"

施青青道。"柳先生。不要叫我施小姐。请叫我王太太。"

柳依桥很意外。敢打断他说话的人还不多见。但他并没有不高兴。马上赔笑道。"好的好的。王太太。我已经有很多年不受理初审案件了。终审案件一般每年也顶多受理两三个。费用自然不低。因为生命是无价的。但如果当事人确实是冤枉的。我就不收费。因为他们的性命并不是我给的。我也不敢居功。无功不受禄嘛。但是差不多每个打官司的人都觉得自己是真正的受害者。所以几乎每个人都以为我会免费为他服务。其实这样的大好事不可能天天有。更不可能人人都有机会撞上。但你的案子我不仅包办到底。而且免费。三天以后。你就可以和王子先生举行婚礼了。"

"柳先生。那太不好意思了。真不知道该怎样感谢你才好。"

"你请我参加观礼就是最好的谢我了。"

"那是一定要请的。但这怎么能算是感谢呢。"

"你要是还觉得过意不去。就送我几份请柬。我请我的一些朋友也来——睹新人的绝世丰采。行吗。"

施青青仪态万方地媚笑道。"没问题。不过。柳先生。要是王麻子没完没了地上诉怎么办。"

柳依桥自负地向后仰了仰。"我受理的案子。初审就是终审。除了预言家一案。至今还没有任何例外。"

施青青闪动着长长的眼睫。"那么柳先生平时为什么不受理初审案件呢。我以为柳先生是嫌案子拖得太长呢。"

"不是这样。终审案件再翻过来难度大一些。所以更够刺激。"

施青青一走。柳依桥立即开动他的全部机器。根据施青青提供的线索。仅仅半天工夫就把王麻子的底牌摸得一清二楚。于是柳依桥把王麻子请来。

"王麻子。由于你长期以来肆意冒犯和亵渎了人类的尊严。你将被判处终生监禁。没收非法所得的全部财产。"

王麻子被吓慌了神。"柳先生。我……我干了什么。"

"据我目前掌握的确凿证据。你至少拐卖妇女三十九人。儿童二十七人。非法所得二十四万七千多元。你不否认吧。"

王麻子急得满头大汗。"柳先生。求您高抬贵手。放我一马。我早就改行不干了。"

"我知道。但我很奇怪。像你这样的人居然也会改邪归正。你告诉我。为什么不干了。"

"柳先生。您不明白。我们人口贩子和战争贩子是轮流坐庄的两个行当。每次战争结束。人就变成了抢手货。我们就生意兴隆。上次战争到现在已经二十多年了。现在什么都在涨价。但人的价码却跌得厉害。因为人实在太多了。我再干下去就要破产了。这些都是实情。不敢有一句谎话。"

"但你最近又重操旧业了。你试图以两百万元的价格出售自己的妻子。"

"可是柳先生。并没有成交呀。我及时中止了交易。这个……这个……"

"怎么。你想跟我狡辩吗。"

"得。得。柳先生。落在您的手里。我还说什么。您说要我干什么吧。"

"我要你把妻子卖了。"

"咦。柳先生。您……您也想要她。"

"谁不想。你就是要两千万我也干。可现在……现在不行。我……我这是受人之托。"

"哦。您是说王子。柳先生。您干吗替他出头。他不过是个外省的蹩脚诗人。如果您想要小青。我一分钱也不要。白送。"

"行了麻子。这事你就别管了。你就当是我要。给你两万块钱。喏。在这里按个手印。你的事就算一笔勾销了。"

"柳先生。那……那不是便宜了那个乡巴佬吗。那不行。"

"怎么。你还想跟我讨价还价。"

"不……不敢。既然这样。柳先生。这两万块钱我也不敢要。"

"嗯。你要我柳某人把说出口的话再收回去吗。"

"该死。我真该死。那我……我还是拿着吧。多谢柳先生。"

"不谢。"

34

中秋节前一天的午后。王子和施青青前往市政厅办理结婚手续。嘉宾们在王城宾馆顶楼九十九层的旋转大厅里。静等新人亮相。柳依桥喜气洋洋地代为张罗着。下午三点。有电话叫柳依桥。是施青青打来的。原来节日期间市政厅放假三天。施青青急得快要哭出来了。柳依桥安慰她道。

"别急别急。在那里等着。我保证半小时之内就有人来。"

柳依桥立即打电话到市长家里。市长当即答应让婚姻登记处的全体工作人员临时加班。柳依桥志得意满地对大家说。

"出了点小差错。没什么大不了。这不过是吊一吊诸位的胃口。好戏总不会那么容易就开场的。我敢夸口。大家不会白等的。你们将会一饱眼福。但也仅限于一饱眼福。就像展览馆里常说的。'欢迎参观。请勿动手动脚。'哈哈。"

王丰也得到了施青青酬谢柳依桥的请柬中的一份。他向柳依桥讨请柬时。柳依桥奇怪道。"丰子。你怎么还来向我要请柬。按说你跟他们的交情要超过我呀。"

王丰说。"柳兄。我并不认识他们。你知道。记者只有耳朵。没有眼睛。就像你们律师只有嘴巴。没有肚脐。我给你揽了一桩好买卖。你也该让我开开眼吧。"

柳依桥吃不准王丰搞什么鬼名堂。只好给他一份请柬。他也有求王丰的时候。

王丰与在座的王城名流寒暄一通。互道仰慕之后。见这里暂时没戏。就在王城宾馆里到处打探起来。在七十二层的另一个宴会厅里。他发现一对奇特的男女也在举行婚礼。

新郎名叫万如玉。新娘名叫王如方。王丰不知道什么地方有些别扭。稍一琢磨。不禁失笑。新郎和新娘的名字要是对换一下。不就没什么不妥了吗。王丰来了兴趣。向左右来宾一刨根问底。竟发现新郎和新娘是第二次结婚。因为他们俩已经结过一次婚。后来又离了婚。但这次却并非复婚。倒可以说依然是第一次结婚。

王丰听了半天没有听懂。心里嘀咕。人们叫我"丰子"。今天我可真的要被这对不男不女的狗男女逼疯了。

35

自从全球广泛开展国王的游戏以来。发生了不少趣事。起初。从十六岁到六十岁的男人踊跃报名参赛。每个赛季结束时的幸存者就算优胜者。

因为这个游戏是最严格的优存劣汰。每个赛季刚结束时。人口虽有预期中的下降。但减少的主要是男性人口。妇女却并未减少。不过无论如何人口总数得到了有效的控制。但令人迷惑不解的是。一年后人口却又奇迹般地大幅度反弹。

著名生态学家马儿杀死经过多年研究。得出科学结论。由于比赛消灭的仅仅是男性人口。所以本质上无法控制人口增长。而且奏凯归来的英雄们再次显示出以一当十的非凡能力。他们在下一个赛季开始前的几个月里。几乎使所有的女人都成了孕妇。因此在下一个赛季里。妇女们的肚子并没有闲着。而是蒸蒸日上。生意兴隆。当新的赛季结束。新的英雄们又荣归故里时。她们恰好又虚怀若谷地等待着被再次充实。

为了使问题的实质更一目了然。不妨做一个理想实验。在第一种实验状态下。有一千个女人。但只有一个男人。姑且撇开死亡。孪生和不育等因素。那么到第二年。人口总数就在一千零一个到两千零一个之间。实际增长可能是一千个。

在第二种实验状态下。有一千个女人。也有一千个男人。到第二年。人口净增长与第一例相等。

第三种实验状态与第一例恰好倒过来。有一千个男人。但只有一个女人。那么到第二年。人口总数就在一千零一个到一千零两个之间。实际增长可能只有一个。

马儿杀死据此建议。为了使国王的游戏能更有效地控制人口。必须解放思想。打破只有男性才能参赛的陈规陋俗。改为全部由女性参赛。这场革命一旦成功。人口问题将永远不再成为问题。

可是马儿杀死的科学理论遭到了普遍反对。即使许多对游戏早已腻烦透了的男人也不得不表面上作出一副反对的姿态。以免被妇女们讥笑缺乏男子气概或是被怀疑是阳痿患者。但也没有人能否认这个理论的真理性。于是有人说。这个理论的致命弱点在于形而上学和目光短浅。严重违背了"量变到质变""否定之否定"的哲学常识。更没有领悟"此亦一是非。彼亦一是非"的相对论精髓。只要国王的游戏更深入更广泛地开展下去。男性公民会更进一步地减少。比如说。当一个男人面对的不是一千个女人。

而是一万个。两万个女人。到那时他就无论如何也忙不过来了。人口自然就会得到理想的控制。游戏的爆炸性效果就会逐渐地显现出来。像一朵美丽的蘑菇一样茁壮成长。

于是近年来游戏的规模越来越大。男人越来越少了。但是却产生了两个始料不及的问题。首先。一万个或是两万个女人开始反抗一个男人的压迫。女权运动开始兴起。女人们说。"大多数人不应该被少数人奴役。""应该少数服从多数。""多数人压迫少数人才是合理的。"等等等等。

男人们反唇相讥道。"物以稀为贵。真理总是掌握在少数人手里。""多数人总是愚蠢的。""男人天生就该骑在女人身上。"等等等等。

早期女权运动就停留在这种无谓的口舌之争上。于是一位杰出的女权运动领袖认为女权运动已经走火入魔。变成了一会儿男人骑在女人身上。一会儿女人骑在男人身上的反复折腾。其实翻过来倒过去都是折腾。折腾只要快活就行。现在。女权主义者处处跟男人比高低。说男人能行的女人也能行。这还是在以男人的标准刁难女人。结果弄得女人不像女人。男人不像男人。女人变成了男性化的女性怪物。男人变成了女性化的男性怪物。女权主义者忘记了女人真正有别于男人的伟大标志是生育。只有母亲才是真正的女人。因此女权运动必须正本清源。拨准航向。驶入母权运动的港湾。女权运动仅仅是使少数女强人分享男性统治集团对极大多数女人的统治。而母权运动将推翻父权制社会。建立一个女人全面统治男人的理想社会。

女权运动虽然式微了。但母权运动也前途黯淡。因为。为了充分控制人口。一夫一妻制被用法律强行建立起来。在一万个女人中。只有一个幸运者才能嫁给那个称孤道寡的男人。剩下的九千九百九十九个女人将无法成为合法的母亲。而成了修女。尼姑。老处女。同性恋者。性幽闭者。独身主义者。那个万中选一的母亲的夫君如果在游戏中一去不回。她就被要求守寡。她自己反倒成了寡人。女性中的母亲比例极小。人口减少到了令倪九十九吃惊的程度。于是国王的游戏暂停数年。人口再次迅速回升。国王的游戏重新开打。男人再次成为稀有动物。能成为母亲的女人依然微乎其微。母权运动依然毫无市场。而法律又严禁独身主义。眼看倪氏王朝就要灭亡。

于是。一种新的巧夺天工的尖端技术应运而生。这项尖端技术在申请专利时写明。"变性技术的主要服务对象是那些嫁不出去的女人。补充一下。嫁不出去的原因绝非不温柔或不美丽。而是由于男人太少。这项技术的主要价值正是在于弥补男人之不足。同时充分人道地减少一些会生孩子的肚子。"

八年前。为了及时加入狂欢者的行列。也为了逃避参加国王的游戏。英俊少年王如方先生和窈窕淑女万如玉小姐喜结良缘。三年以后。王太太万如玉依然没有加入母亲行列。万如玉为此很生王如方的气。但也无可奈何。当该年度的赛季结束以后。英雄们雄赳赳气昂昂地在寂寞广场上接受王城妇女们拥抱的时候。人群中的万如玉忽然得到启示。急忙回家力劝王如方报名参加下一年度的比赛。没想到王如方死活不依。万如玉一怒之下自己去做了变性手术。临走之前留下一封遗书。说"我到另一个世界去了。我们今生无缘。下辈子再聚头吧。"王如方见了痛不欲生。嚎啕大哭道。"是我把她害死的。我是个无能的男人。窝囊废的男人。"再一想。可是做男人也太难了。我要是再结婚。我依然是个没用的丈夫。要是打光棍就不得不去参加国王的游戏。王如方绝望了。

再说万如玉改头换面夺胎换骨以后。留起一部雄伟的大胡子。报名参加了国王的游戏。几年内他的英名传遍八方。他的英雄业绩极富传奇性。因为万如玉曾经是个女人。他对男人的一切弱点了如指掌。所以他总是能在濒临绝境的最后关头找到每个对手的特殊弱点。运用不可思议的战术反败为胜。但每个赛季一结束。当王城妇女们急切地盼望着那个可爱的大胡子到来时。他却不知躲到哪里去了。似乎不屑一顾理应归属于他的金苹果。据说他独自隐居在大西洲的水仙岛上。因为他最爱水仙花。而不是苹果花。直到下一个赛季开始。他才再次出现在非非洲。仿佛他就是为了游戏而生的。似乎活着就是游戏人生。

去年夏天。万如玉独自去比基尼海滨度假期间。与著名的畅销书女作家万王之王邂逅并一见倾心。万如玉以自己的十字勋章相赠。万王之王以自己的新著《忒瑞西阿斯如是说》回赠。万如玉一看扉页上的副题"两性世界揭秘"就暗暗好笑。随手翻了几页。竟越看越惊。对这位女作家更加敬慕。就请她题字。万王之王略加思索。提笔在扉页上写道。

一阴一阳谓之道。

万如玉觉得这字迹非常眼熟。万王之王问道。"万先生。你叫什么名字。我可以题赠。"

万如玉笑道。"你的笔名不太像女作家的笔名。我的真名也和我的大胡子有些名不符实。我叫万如玉。"

万王之王惊叫起来。迟疑片刻。她强作镇定地写道。

万如玉先生惠存

王　　　敬赠

驴年骡月狗日

万如玉一看万王之王只写了笔名的最后一个字。似乎是个昵称。有些兴奋。就得寸进尺地要求道。"万小姐。能否把你的真实姓名写上。"

万王之王犹豫了一下。深深地看了万如玉一眼。笔尖颤抖着在"王"字后面补写上"如方"两个字。

万如玉惊跳起来。大胡子一掀狂吼道。"王……王如方。你……你真是我丈夫吗。"

已经羞得满脸通红的王如方声如细丝地低头道。"你……你真是我妻子吗。"

原来王如方绝望之后。也去做了变性手术。他变成她以后。居然风情万种。但她不敢再待在王城。就移居到大西洲去了。她本来就是个大美人。加上大西洲的男人也有喜欢洋娃娃的通病。因此虽然大西洲像全球各地一样女人过剩。可追求她的男人还是多如蚂蚁。但王如方以前受过太多女人的气。现在她都变本加厉地发泄在向她大献殷勤的男人身上。结果青春蹉跎误了嫁期。只好用写作来打发漫漫长夜。没料到她对男女两性的特殊见解使她一举成名。成了大受读者欢迎的畅销书作家。

王如方的笔名"万王之王"曾一度引起了王城警察当局的注意。误以为她是一个危险的煽动性作家。因为这个笔名似乎直言不讳地泄露出极大的政治野心。夏凡认为这是对当今国王的直接挑战。从万王之王的作品来看。他的特殊才能就是擅长于蛊惑男女两性疯狂的本能热情。因此比任何一个作家都更危险。何况民间盛传大西洲人阴谋建立一个所谓的"理想国"来分裂甚至取代倪氏王朝。夏凡确信"万王之王"是一个颠覆集团的头子。

一个秘密行动小组立刻前往大西洲进行侦查。特工人员一听说万王之王不是一个秘密组织的领袖。而是一位千娇百媚的女作家时。简直不相信自己的耳朵。但这更引起了他们的高度警觉。毫无疑问。这是极其幼稚的障眼法。或是相当古老的美人计。但是全面的调查一无所获。有充分的理由相信。万王之王只是一个性变态者。但夏凡却命令行动小组立即逮捕万王之王。她的全部作品被列为禁书。

万王之王一入狱。她的作品立刻被广泛盗印。在《王城晚报》的全球畅销书作家排行榜上。她立刻从第五位跃居榜首。最具权威的三大文学基金会争相为她授奖。她被誉为"第十位文艺女神。活着的缪斯"。

万王之王被秘密递解到王城。夏凡亲自主持了审讯。她的口供如下。

"我原是王城男性公民王如方。我前妻也是王城公民。她叫万如玉。她抛弃了我。但我仍然爱她。她已经不属于我了。但我永远属于她。我写作是为了表达我对她绵绵无尽的爱。她姓万。我姓王。所以我的笔名中。她的万当然在我的王之前。但我并不姓万。我姓王。所以我的笔名叫万王之王。寓意就是。曾经与万如玉合为一体的无能的丈夫——王如方。永远属于万如玉的卑贱的女仆——王如方。"

夏凡在王城警察局的市民档案里查到。"万如玉。男。曾用名。无。曾用性别。女。""王如方。女。曾用名。万王之王。曾用性别。男。"这才如梦方醒。"这不男不女的怪物是个不折不扣的疯子。"于是把"万王之王"王如方当场释放。

现在。大英雄万如玉和女作家王如方面面相觑。百感交集。回想以前的陈年老账和恩恩怨怨。真是恍若隔世。两人此刻心意相通。只觉得此生已别无所求。唯愿跟眼前的冤家厮守在一起。但两人对异性的奥秘无所不知。又怕一旦形影不离会重起战火。于是会心地相视一笑。掉头各奔东西。

一年后的同一天同一时刻。两人同时来到王城的寂寞广场。于是两人认命了。

36

王丰意外地抓到这条奇闻。急忙找个清静地方奋笔疾书。一篇轻薄浮夸花里胡哨的妙文一挥而就。王丰略加思索。加了个标题。

颠鸾倒凤二世为人　阴差阳错再生之缘

王丰得意地笑了。他揣起稿子赶到顶层。旋转大厅里已经空无一人。

原来柳依桥们又干等了一个多小时。还不见新郎新娘到来。柳依桥的朋友开玩笑道。"柳先生。看来新人迫不及待地私奔了。"

柳依桥又打电话到市政厅去问。市政厅的门房老头说。婚姻登记处的办事人员临时加班。来过又走了。

柳依桥放下电话。干咳一声。"诸位。嗯咳。非常抱歉。由于某种不便相告的原因。婚礼将改期举行。届时请诸位凭原请柬再次光临。"

这是柳依桥第一次说话不那么理直气壮。大家也只好在空空如也的肚子里装满牢骚悻悻而散。

37

傍晚时分。施青青一个人回到王城宾馆。在底层大厅等候多时的王丰手持请柬迎了上去。"施小姐。"

"什么事。"

"我是来恭贺施小姐和王先生大喜的。"

"对不起。婚礼取消了。"

"为什么。"

"你是什么人。我并不认识你。你的请柬是从哪里来的。"

"我是……我是王子的朋友。你当然不认识我。"

"胡说。所有的请柬都是我发出去的。他……他一个朋友也没有邀请。"

"噢。是这样。我的请柬是柳依桥给的。他也是我的朋友。"

施青青走进电梯。王丰也跟了进去。施青青在自动控制板上摁了一下"九"。厌烦地瞪了王丰一眼。"你跟着我干什么。"

"难道我不能乘电梯吗。"

"不。请便。"

电梯在九楼停住。电梯门打开。施青青抬腿要走。王丰伸手拦住她。"施小姐。你不必出去。"

青青愕然道。"为什么。"

王丰笑容可掬道。"你和我一样有权使用电梯。"

"你胡闹什么。我的房间在九楼。让开。"

王丰让开了。可是电梯门已经自动关上。又开始上升。

青青气坏了。"你这人简直是岂有此理。"

王丰赔笑道。"别生气。施小姐。上去了还会再下来。"

电梯在九十九层停住了。王丰摘下帽子按在胸口。一哈腰。"施小姐。既然上来了。何必急着下去呢。我敢打赌。你肯定还没有吃晚饭。来吧。我请客。不要请柬。"

施青青在百无聊赖中被好奇心引出了电梯。

一看见施青青。顶楼宴会厅的鲍经理连忙迎上来。"施小姐。你订了宴席。怎么人却不来。"

施青青触动心事。怔怔地答不出话来。王丰抢着道。"这不是来了吗。"

"什么。三十桌酒席。单单你们两个人吃吗。"

"别啰嗦。施小姐喜欢清静。不愿意有人在旁边打扰。所以把这个厅全包了下来。有什么大惊小怪的。快上酒菜。"

鲍经理听得一愣一愣的。不相信似的看着施青青。迟疑不去。青青情绪低落地摆摆手。"照他说的办。"

鲍经理得着这一声。领了圣旨般诚惶诚恐地退下。青青淡淡地笑了。

"我刚才以为你的请柬是从门外捡来的。现在我信了。你有资格做柳先生的朋友。"

"施小姐。你发的请柬谁会扔掉。其实柳依桥并不是我的朋友。他是我的学生。"

"一见风你就狂了。柳先生都能当你爸爸了。"

"能者为师嘛。而我是有教无类。"

一群侍者排着队把酒菜送了上来。鲍经理摆上两只大酒杯。亲自斟酒。王丰制止道。"嗳。一只酒杯就够了。"

施青青有些失望。"怎么。看你人模狗样的。竟不喝酒。"

"我当然喝。你不喝。"

青青生气了。"你这人真无礼。你问也没问我。怎么知道我不喝酒。"

"我是照顾你。怕你待会儿下不了台。惹人笑话。"

"笑话我什么。"

"笑你这个大美人不够聪明。女人什么都可以跟男人比。就是不能比喝酒。"

"谁说我要跟你比酒量啦。"

"你这么通情达理。我倒是白担心了。经理。给我斟酒。"

青青被激怒了。"好。我今天就跟你比个高低。经理。替我倒满。"

王丰满脸惊恐地连连摇手。"不比不比。我认输。你要喝就喝。行了吧。"

青青失笑道。"刚才还在夸酒量。现在又害怕成这样。"

王丰心有余悸地叹道。"我当然害怕。我才放出来不久。不想再去坐牢。"

青青奇怪道。"我离开王城才半年。又出笼了什么新法律。难道现在连酒都不准喝了。"

王丰一脸愁苦。"不不。你听我说。有一回我跟人比酒量。那人明明醉了。偏不认输。结果醉死了。法官念我不是故意杀人。又是初犯。只关了我三年。这回……这回……要是……要是……"

青青大怒。"浑蛋。你……你敢咒我死。滚。快滚。"

王丰撒腿就跑。青青气得眼泪都下来了。王丰走到电梯口又折回来。青青以为他是回来向自己赔罪。别过头去不理他。王丰拿起故意忘在桌上的帽子。慢慢戴上。然后小心翼翼地伸长脖子。从帽檐下偷偷乜了青青一眼。那表情就像是在瞻仰遗容。王丰猛地一惊。一缩脑袋。叹了口气。无奈地摇摇头。含糊不清地嘀咕着走了。青青被激得火势一蹿一蹿。眼看王丰就要走出宴会厅。青青跳起来喝道。"狗才。你给我回来。"

王丰走得虽急。闻声却立即收住脚。茫然地转身走回来。"你叫我吗。我是鬼才。酒鬼的鬼。不是狗才。不过狗肉下酒最好。可惜今天匆忙。来不及准备。"

青青骂道。"你就是这样招待客人的吗。"

王丰抱歉道。"失礼失礼。请多包涵。"

青青斥道。"我看你还没有开喝就已经醉了。"

"是是。"王丰微笑着端起酒杯。"既然施小姐愿意舍命陪君子。请。"

青青冷笑道。"我看你也不像什么君子。所以我死不了。"说着把满满一杯红葡萄酒一口气喝干。嘲弄地看着王丰。王丰暗暗吃惊。竟忘了喝酒。青青鄙夷地咂咂鲜红的嘴唇。把杯子推到捧着酒瓶看傻了的鲍经理面前。鲍经理连忙又倒满。青青看也不看王丰。又端起了酒杯。王丰猛醒过来。再不喝酒真的该滚蛋了。一仰脖子灌下去一杯急酒。两只酒杯一慢一快地同时递到鲍经理手边。

鲍经理照例要给青青先倒。王丰一伸手拦住。喘过一口大气说道。"先……先给我倒。"倒了大半杯。酒瓶空了。王丰捡了个便宜。忙不迭地喝了。脸色已经通红。青青佯装不见。

鲍经理又开了一瓶酒重新替两人倒满。青青依然不疾不徐地一口喝干。眼中隐隐浮起一层迷雾。王丰呆了半晌。僵着手。把嘴凑到杯子边上。喝一口说半句话。

"施小姐……喝酒之道……一斟一酌……一饮一啜……娓娓清谈……方

能渐入佳境。"这杯酒他分了五口才喝完。

青青嫣然一笑。"这算是认输吗。"

鲍经理又要倒酒。王丰夺过酒瓶对鲍经理说。"你去吧。多上些菜。"回头对青青道。"我是好男不跟女斗。"

青青脸一沉。"那你滚吧。"

王丰一窒。"施小姐。我只是想。这样牛饮太辜负了这桌丰盛的宴席。"说着不等青青回答。馋鬼投胎似的狼吞虎咽起来。

青青自管自倒满一杯。一仰头又干了。

王丰垫了些菜底。只得又陪了一杯。他本想用吃菜来缓一口气。没想到施青青竟是海量。王丰心想。这样下去终究不是办法。自己烂醉如泥事小。婚礼为何取消这个闷葫芦就没法打破了。施青青不提。他当然不能先问。一问就没戏了。

施青青只管一杯接一杯地喝酒。根本不吃菜。王丰也只好一杯接一杯地硬撑。他也豁出去了。三瓶酒喝完。王丰突然告罪一声。跑到洗手间里用手指一掐嗓子眼。喉咙一痒。一阵翻江倒海。眼睛一闭。酒菜飞泻而出。排空了胃。含半口冷水在嘴里。仰起脖子。抽搐喉间的小舌头。"嗬嘞嗬嘞"把冷水煮沸。吐了。再来一遍。又用手把冷水"噗噗噗噗"拍在脸上。张大了嘴"哈哈哈哈"喘了半天。才觉得神志略清。

王丰强打精神回到桌上。只见施青青已把第四瓶酒快喝光了。王丰一咬牙。连灌两杯。大着舌头赞道。"施小姐。好……好酒量。"

青青心里一酸。凄然一笑。"我也是借酒浇愁。"说着又喝了一大口。

王丰精神一振。又惊又喜地陪了一小口酒。故作淡漠地问道。"施小姐。你还能有什么不如意的事。"

"你不要叫我施小姐。要叫我王太太。"

王丰吃惊道。"你跟倪……你呃王子……结婚了吗。那……王……王子呢。"

"不。我永远不会跟他结婚了。"

"那你为什么让我称你王太太呢。"

青青火了。"难道我不嫁给他就不能再当王太太吗。告诉你。我早就是王太太了。而不是什么小姐。"说着气忿忿地一口喝干了半杯酒。

王丰不知是故意逃酒。还是真的忍不住笑。一侧头把一大口酒喷在地上。笑得直打跌。"真想不到你施小姐。呃。对不起。王太太。想不到你具有如此坦率的个性。你以非凡的勇气证明了我们这个时代依然是一个诚实的时代。这么说你和王子只是暂时有些误会。不久就能重归于好。再结良缘。"

"我已经说过了。我绝不会嫁给她。"

"那你为什么要自称王太太。"

"什么自称不自称。"施青青又被激怒了。"我是不是王太太和嫁不嫁给王子没有任何关系。正相反。如果我和他结了婚。我倒做不成王太太了。我到现在还不懂。他怎么会不姓王呢。他既不姓王。又不姓施。真是不可思议。我怎么会想得到呢。我总以为所有的男人都是姓王的。他不姓王应该早点告诉我。现在突然地要我不再做王太太。我一下子怎么接受得了。你说这能怪我吗。可是他倒比我更生气。说我不可理喻。他也不管人家有多么伤心。"施青青的眼泪下来了。

王丰越听越糊涂。"等等。王太太。呃不。施小姐。都怪我不好。不该叫你王太太惹你生气。但我还是不懂。你和王子到底为什么……"

"你还叫他王子。他不姓王。王子只是他的笔名。直到他填写结婚证书的时候我才知道。"

王丰身体向后仰了仰。伸伸腿得意地笑道。"施小姐。你以为他不是王子。就不跟他结婚了是不是。不。你错了。"

施青青的心狂跳起来。"我错了。真的。"

"错了错了。他确实是王子。"

"他真的姓王吗。"

"什么姓王。他是真正的王子。但他的真实身份只有我知道。"

"什么身份。"施青青惊疑不定。

王丰诡秘地压低了声音。"实话告诉你。我和王子是大学同学。有一阵子他和我很投机。就把身世告诉了我。但他要我千万别告诉任何人。"

"他的什么身世。快告诉我。"

王丰刚才为了让青青重视他。顾不得利害。现在却突然害怕起来。"不。不行。这可不能随便乱说。弄不好要掉脑袋的。施小姐。你还是不知道的好。"

"你这家伙。一会儿坐牢。一会儿杀头的。又在撒谎了。"

王丰急了。"不骗你。这是真的。你要是不信。我也没办法。"

施青青一腔热情顿时熄灭。冷冷道。"那你知道他叫什么名字吗。"

王丰知道。如果一点事实都不吐。青青就要下逐客令。咬咬牙。"他叫……他叫倪世遗。"

施青青倒意外了。"看来你真的有点鬼名堂。你为什么不早告诉我。"

"早告诉你。什么时候。"

"在我决定跟他结婚以前。"

"可是……我们才认识呀。"

施青青窘住了。嗫嚅道。"我就是早知道了。也没用。不过。我还是愿意听你多说些他的事。"

王丰又得意道。"你信我了吧。他可真是个奇人。有一回上哲学课。老师正在讲述人类悠久的哲学传统。我悄悄问倪世遗。'什么是传统。'他一愣。仿佛被我问住了。略一沉吟。从笔记本上撕下一张纸。折成一个小纸包。纸包里面什么也没有。我不明白他又要弄什么玄虚。只见他在纸包外写上'传下去'三字。递给我。努努嘴。示意我传给后排。我莫名其妙地照办了。后排的人打开一看。嗤嗤笑了。以为是个恶作剧。于是照原样包好。再传给另一个人。另一个人打开一看。也忍不住咯咯笑了。依然小心翼翼重新包好。再传下去。就这样。这个空空如也的纸包传向一个又一个人。每人看了都捂着嘴偷笑。又都原封不动包好。传给下一个人。

"传递活动引起了越来越多人的好奇。除了教授。每个同学都已知道有个神秘的东西正在传来传去。处在传递链越靠后的人好奇心越大。期望值越高。面对空空如也之时。被愚弄的感觉也越强烈。越会无法控制地发笑。传到后来。根本没人知道是谁传出来的。我正奇怪这个空空如也的东西为什么会给人们带来如此巨大的欢乐。竟有人故作神秘地又把它传到了我的手里。

"我刚想自作聪明地嘲笑那个传给我的人。突然醒悟了。刹那间我明白了人们欢笑的原因。肯定——我敢与上帝打赌——肯定有人在里面写了什么有趣的东西。我充满好奇无限期待地把它打开。谁知还是空空如也。只有包着空空如也的那个绝对命令。传下去。传下去。传下去。可笑的不是空空如也。可悲的是没人抗拒这一至高无上的绝对命令。我顿时歇斯底里地放声大笑。霎时。所有的人。包括那些尚未加入传递链的人。全都一起歇斯底里放声大笑。在经久不息的大笑声中。我收起纸包。藏好。

"下课以后。同学们纷纷猜测那个纸包是谁传出来的。又为什么突然失踪。大家又一起莫名其妙地放声大笑。教授问我们笑什么。一个同学把空纸包的传递游戏告诉教授。教授也莫名其妙大笑。教授又把这件事讲给其他教授听。所有教授也莫名其妙大笑。整个校园里。到处在莫名其妙大笑。但是从头到尾。只有一个人没笑。倪世遗没笑。我发现。笑的人是疯子。不笑的人更是疯子。笑的人莫名其妙。不笑的人更莫名其妙。"

"你也莫名其妙。"施青青嗔道。"我要你给我讲讲他的趣事。你却尽说些跟他不相干的事。"

"可是他根本就不是一个有趣的人。他就是一个莫名其妙的人。最莫名其妙的是临毕业前。倪世遗突然离开了学校。从此谁也没有再见到过他。然后就看到许多署名'王子'的书一本接一本地在世界各地出版。其中最古怪的是那部哲学小说《一个疯子眼中的世界》。王太太。你读过这本古怪的书吗。不过那对你来说肯定也是无趣的。它讲的是一个疯子隔着疯人院的铁栏杆看外面世界的故事。外面的人看疯子。自然认为是疯子被关进了铁栅栏。没想到疯子的看法正好相反。疯子认为整个世界都被铁栅栏围住了。整个世界就是一个大疯人院。这个荒诞离奇的故事既是一个大悲剧。也是一个大喜剧。更是一个大寓言。我一读到这本奇特的书。就猜测是我这位老同学的手笔。上个月你和他一住进王城宾馆。我就打听到了——吃我们这碗饭的都明白。宾馆里最能找到新闻人物——当时我就得了证实。知道王子就是倪世遗。但我估计他暂时不愿见任何人。就没敢来打扰你们。本以为今天能见到这位老同学。没想到他又走得不知去向了。这都怪你自己不好。他跟你结婚后。一定会把一切都告诉你的。"

青青怒道。"既然他姓倪。我才不管他是不是真的王子呢。我也实话告诉你吧。我出生在圣河上游的一个古老民族。我的第一个丈夫姓王。是个顶天立地的大英雄。但新婚之夜他不知为什么和全体族人一齐自杀了。我吓得逃出来。被人口贩子王麻子拐到王城。他见我长得美貌。竟不卖我。要我做他的妻子。他既然也姓王。我就依从了。虽然他是个无赖。"

王丰奇怪得好像见到了水星人。"就因为你的第一个丈夫姓王吗。"

"你不懂的。按照我们的族规。我们施族姑娘命中注定只能嫁给姓王的人。"

"这太难以理解了。"

"你们王城人不是也说什么'好女不事二夫'吗。还说女人要守名节。失名就是失节。我不愿做坏女人。所以我永远只嫁给姓王的。别人就会永远管我叫王太太。"

王丰听得目瞪口呆。又不敢笑。

施青青继续说。"今年春天。我和王麻子在比基尼海滨度假的时候。遇见了王子……"

王丰吃惊道。"又是比基尼海滨。看来我也该到那里去走走。"

"我一见到王子就疯狂地爱上了他。他好像也被我迷住了。但我并不在乎他是否真的爱我。只要他肯娶我就行。"

"可惜白马王子无福消受当代第一美女。"

"你说错了。是我无缘做他的妻子。"

"这只怪他姓得不好。"

"那么你姓什么。"

"我姓王。"

38

王丰连夜赶稿。《王城晚报》的全体工作人员加班忙了一个通宵。终于赶在中秋节早上印出了特大号外。全体人员又到各个街头免费分发以扩大影响。号外上赫然八个大字标题。

白马非马　王子非王

王城最著名的建筑工程师王一土。中秋节早上也抢到一份号外。到家后他越看越乐。连忙招呼妻子罗兰一起来看。两人越看越稀奇。笑成一堆。佣人王妈正里外忙活。见他们乐成这样。也好奇地支棱起耳朵听他们议论。这王妈也煞是古怪。才来几天就说要换一户人家帮佣。王妈虽然一头白发。手脚却麻利。人也干净。王一土没有孩子。本来不想请佣人。可是三天前王妈敲开他们家的门。死乞白赖要留下。而且要求很低。只管饭不要工钱。罗兰勉强答应了。才两天她又嚷着要走。王一土好说歹说她才答应过了节再走。王一土也不避王妈。当着她的面和罗兰说笑。王一土指着施青青的照片对罗兰说。

"这位王太太人倒长得挺标致。王丰说得也够鬼的。'一顾倾人城。再顾倾人国。此之谓青青。'瞧他说的。哈哈。可惜。太漂亮的女人往往不会下蛋。就像我家这位王太太。"

罗兰嗔道。"莫非你也想入非非了。这位王太太可是专嫁姓王的哟。"

"这可真是太奇怪了。最奇的是她竟以为天下所有的男人都应该姓王。真要那样的话。大概所有的男人都可以做她的丈夫了吧。那就真的'人尽可夫'了。嘻嘻。嘻嘻嘻。"

罗兰生气道。"人尽可夫。也有你的份了。我看你真的来劲儿了。"上去就拧王一土笑得合不拢的嘴。夫妇俩正闹成一团。王妈一把夺过王一土手上的报纸。"让我瞅瞅。"

王一土趁机躲开罗兰。笑道。"王妈。你凑什么热闹。你又不识字。"

王妈神情异样地死死盯着施青青的照片。突然迸出一句话。让王一土和罗兰大吃一惊。"她是我侄女。"王妈兴奋得站立不稳。手一松报纸落在地上。王一土连叫她两声。王妈都听而不闻。只顾自言自语。"青儿既然在王城。我儿子八成也在王城。"

王一土笑道。"这老婆子失心疯了。一会儿侄女。一会儿儿子的。她一个人孤苦伶仃。也难怪。”

王一土捡起报纸。又接着看。"啧啧。这万如玉不想做女人也罢了。这王如方竟然连男人也不愿做。真是给我们姓王的丢脸。"

王妈倏地站起来。颤巍巍地瞪视着王一土。"你……你说什么。"

王一土取笑道。"王妈。莫非你也做女人做腻了。想尝尝做男人的滋味儿。但你变成个老头子又有什么意思。"

王妈哆嗦着嘴。"女人能……变成男人吗。"

"是啊。你说在王城待了二十年了。怎么连这个也不知道。"

王妈按住胸口。一字一顿道。"那么男人……男人也能变成女人喽。"

"当然。这种事儿太多啦。王妈。可能你就是男人变过来的吧。嘻嘻。"

王妈脸色陡变。抬头望着天花板。"大神啊。救救我。救救我儿子。不要让他变成女人……"话还没说完。腿一软。昏倒在地。

王一土和罗兰面面相觑。以为活见鬼了。

39

一个星期以后。《王城晚报》登出特大广告。

本报新任总编王丰先生定于明晚七点假座王城宾馆顶层大宴会厅与名门淑女施青青女士举行婚礼。届时敬请各位心照不宣之嘉宾惠然拨冗光临为荷。请柬恕不另发。云云。

柳依桥谨启

由于所有王城公民都有巨细无遗地每天通读《王城晚报》的良好习惯。第二天晚上。中秋前夜的全班贺客无一缺席地按时前来观礼。唯一的区别是原贺客之一王丰顶了原新郎的缺。全体贺客几乎产生了历史又在循环重演的错觉。而且他们再次饿了肚子。因为所有的人都被新娘的绝代风华震慑得痴痴迷迷。遗忘了口腹之欲。为了掩饰这种窘态。只好或恭维王丰双喜临门。或艳羡王丰独领风骚。更有人忿忿不平地责难王丰道。"美应该属于全人类。"

王丰满面春风地对答如流。"同喜同喜——现在看来。我不必再大老远地跑到比基尼海滨去了——关于美学问题。我今天不准备讨论。实际上我已经与各位分享了赏心悦目。至于那赏心乐事嘛。嘻嘻。却不敢请任何人代劳。"

美学家见话不投机。转过头去与柳依桥搭话。"柳先生。你说话一向是乒乓响的。这回可有些言过其实了。"

柳依桥尴尬地说。"怎么。汪先生。难道新娘不漂亮吗。"

"新娘是没话说。绝了。新郎却跟你的广告差远啦。"

柳依桥顿时语塞。上回若不是王丰向我暗示了那个什么王子的神秘背景。我可绝不会让送上门来的施青青完璧归赵。没料到后来横生枝节。王丰这小子李代桃僵。我倒成了替王丰子当差跑腿的了。哼。此仇不报。我柳依桥枉称柳铁口。倒该叫马口铁了。只是在还没弄清那个王子的底细以及王丰跟他的关系之前。我只好暂且忍一忍。现在柳依桥被汪先生无意间触到痛处。又不便发作。只得仰天打个哈哈。

"汪先生。名花易主也是常有的事儿。自古郎才女貌。王丰是我的朋友。自然差不到哪里去。再说六十年风水轮流转。你汪兄也是王城有名的探花郎。说不定下一回就轮到你了。只可惜你姓汪不姓王。多了点水分。哈哈。"

"说得也是。柳先生。高见。嗬嗬高见。"

正热闹间。侍者突然高声唱名道。"王子先生到。"

全场顿时安静得没有一点声音。大多数人幸灾乐祸地准备看好戏。倪世遗走到惊疑不定的王丰身边。递给他一张贺帖。王丰惶恐得忘了跟老同学叙叙阔别之情。只是机械地打开贺帖。上面写着。

不要把我的身份和住址告诉任何人。

没等王丰作出反应。倪世遗转身递给施青青一个猩红色礼盒。

"王太太。这是我一星期以前准备好在你的婚礼上送给你的礼物。请收下。"

施青青茫然地接过礼盒。倪世遗一出现。她的心脏就停止了跳动。自从上星期赌气和王子分手后。她一直隐隐觉得自己可能错了。如果倪世遗重新回来。她不敢肯定自己是否会不顾宗教禁忌跟他结婚。但此刻她却完全慌了神。

"王子。你……你……倪先生。"

倪世遗打断她的话。微笑道。"王太太。请打开。"

青青轻轻掀开盒盖。一道炫目的光焰直冲夜空。人群"哦"的一声骚动起来。这是一串价值连城的钻石项链。所有的人都屏住呼吸。谁也没有注意到倪世遗说了声"告辞"就抽身而去。所有的目光都贪婪地死死盯住那串项链。

施青青惊喜万分。对王丰道。"快替我戴上。"

倪世遗快步走出大厅。在门口险些与一个人撞上。倪世遗急闪身站定。只见一个白发苍苍的老太太正用近乎疯狂的目光看着他。倪世遗刚要道歉。老太太惊叫一声。

"明萱。我的儿。是你吗。你……你没死。"

"对不起。老太太。你认错人了。"

"不。你不是明萱。你是明萱的弟弟。你是我的儿子。儿子。你别走。"老太太张开双臂扑了过去。但倪世遗一侧身让开。立刻走进了一扇门。老太太腿一软。跌倒在地。

项链戴到青青的脖子上。人群再一次"哦"的一声赞叹。青青抬起头正要向王子道谢。这才发现他已走了。青青和王丰急追出来。青青一看见门口那个坐在地上的老太太。顿时惊骇地后退一步。

王丰喝道。"喂。走开。怎么讨饭讨到这里来了。"

老太太猛抬起头。双目如电。逼射出难以抗拒的威严。王丰不由自主地打了个寒战。"疯……疯婆子。你……你想干什么。"

青青恐惧得浑身僵住了。冷不丁"啪"的一声脆响。青青猛甩手一记巨大的耳光。把王丰打翻在地。老太太的视线移到青青脸上。眼中的慈和与嘴角的赞许一现而没。青青怯生生地垂眉敛手。直挺挺地跪了下去。

"圣母。您……您老人家怎么……来了。"

王母缓缓地站起来。长长地叹了一口气。

"罢了。青儿。明萱的死。我就饶了你吧。"

青青抱住王母。泪水夺眶而出。但不敢哭出声来。王母伸手扶在青青的肩上。走向电梯。王丰捂着脸远远跟着。其他人不吱声地看着。汪先生和柳依桥交换了一个欢快的眼色。青青壮着胆问道。

"圣母。您既然饶了我。还要带我上哪儿去。"

王母道。"青儿。我是来找你的。没想到大神却借你的手引我找到了他。"

"谁。"

"我的儿子。"

青青一阵强烈的心悸。这时已走到电梯口。王母命令道。"青儿。敲门。"

青青不知王母有什么深意。也不敢问。只好在电梯门上敲了敲。王母见青青敲得心不在焉。门又不开。愤怒地自己举起右手打门。但她的手却拍了个空。电梯门自动开了。电梯里空无一人。施青青实在不愿意走进电梯。她正在犹豫不决。突然感到王母的左手重重地压在她的肩膀上。同时发现王母越来越剧烈地战栗起来。青青自己也不明白为什么。一阵寒意从后脊梁传上来。她也不自禁地颤抖起来。

王母对着空空荡荡的电梯绝望地嘶声喊道。"大神啊。你答应过让我死的。你为什么要这么捉弄我。我亲眼看见他走进这间屋子的。现在却不见了。难道真的是明萱吗。明萱。是你吗。你为什么不肯认我。明萱。我是你母亲啊。"

青青吓坏了。"什么明萱。圣母。你看见明萱啦。他……他不是死了吗。"

"对。死了。都死了。是被你害死的。他来找你索命了。他看见我来了。他就走了。他以为我会阻止他。明萱。你出来。把这贱人杀了。我不拦你。"

"圣母。圣母。你神志不清了。"

"胡说。我看见他穿着黑色的丧服。从大厅里走出来。我叫他。他不理我。他生我的气。以为我护着你。我亲眼看见他走进了这间鬼屋。可是现在不见了。没有人在里边。门却自己开了。大神啊。让我们一起死了吧。"

王母疯狂地大笑起来。所有的人都感到毛骨悚然。青青的眼前突然叠现出明萱和王子的脸。两张脸竟是如此酷肖。青青骇呼道。"明萱。不是我害死你的。"大叫一声。一头栽倒。

王母拖住青青软软的身子。大踏步走进电梯。王丰顾不得害怕。狂叫道。"疯婆子。快放下她。"在电梯门合上前。王丰一闪身蹿了进去。

王母冷笑道。"你愿意陪她一块儿死。很好。"电梯飞速地向着深渊掉落下去。"哈哈。我们下地狱了。老大。我来了。"王母突然意识到。王老大和王施部落的人都在天堂里。一下子心力衰竭。昏了过去。王丰吓得脸都青了。颤抖着手连摁了几次才把控制板上的"九"摁亮。

电梯到了九楼。王丰抱起青青。犹豫了一会儿。又拖着王母。来到九一二房间。见两人没有性命之忧。连忙强作镇定地再坐电梯上到顶层。在电梯里。他仿佛感到自己真的在逃离地狱。直奔天堂。

他匆匆把柳依桥等贺客送到底楼。除了赔罪不回答他们的任何问题。又急急上来把两人救醒。王母睁开眼睛。打量着布置一新的洞房。

"怎么。地狱竟会这么漂亮。"

王丰恨不得自己的一条舌头分叉为两条。甚至希望自己真的有八个下巴。好不容易才让王母弄明白电梯不是鬼屋。王母倒也乐于相信。"这么说。那个后生真是我的小儿子。"

"圣母。"青青惊奇道。"你怎么还有一个儿子。"

"青儿。这事你不知道。他是个祸胎。所以族里没人敢提起他。再说他刚生下来就让神使带走了。也不知他现在是死是活。明萱要是不死。我也不会来找他。"

青青道。"我也不会逃走。"

王母厉声道。"胡说。我叫明萱到神堂去找你的时候。你已经逃走了。他见你已经不在。才自杀的。否则他怎么敢不听我的话。"

"不。圣母。不是这样。明萱撞开门时。我正在神堂里闭着眼睛接迎大神。等我睁开眼睛。我看见明萱的眼神已经散了。好像没看到我的样子。圣母你是知道的。在没有得到大神的祝福以前。我是不能跟他说话的。他拔出佩刀的时候。我以为他要杀我。我刚要叫喊。他却把佩刀插进了自己的肚子。我吓坏了。我看见神堂外面全是死人。我以为所有的人都死了。就从窗口爬出去拼命地跑。那天夜里那么黑。我又从来没有出过门。我迷了路。我以为我也要死了。吓昏了过去。等我醒来。我看见在我的上空。是一张黑漆漆的麻脸……"

青青不敢再说下去。王母早已脸色惨变。喃喃道。"原来这样。原来是这样。你明明在神堂里。大神却不让明萱看见你。难道为了一个不该出生的孩子。大神真的要让我们灭族吗。可他……他也是一个苦命的孩子啊。我……我甚至连他叫什么名字都不知道。孩子有什么罪。难道出生真的有罪吗。冤孽。冤孽啊。"王母陷入极大的恐惧和深切的忏悔之中。不禁老泪纵横。

青青突然惊呼道。"天哪圣母。如果他真是你儿子。他……他就真的姓王。或许连他自己也根本不知道。"青青因极度的兴奋而难以自持。"我可以嫁给他。我可以嫁给他。"青青发疯似的跳起来。"他可以娶我。他可以娶我。"施青青的眼睛亮了。这是一双比星星还亮的眼睛。但她的目光一落到冷冷地瞪着她的王丰身上。顿时呆住了。王母却莫名其妙。

青青顾不得王丰。"圣母。是他。一定是他。他肯定是你的儿子。"

王母惊疑不定。"是吗。青儿。你怎么能这样肯定。"

"圣母。他就是王子呀。难怪我见了他就像着了魔似的。圣母。你知道上个月我差点要跟他结婚的事吗。"

王母一愕。顿时喜出望外。"什么。他就是本来要跟你结婚的那个后生吗。"

"是啊。圣母。是他。正是他。"

王母心里一宽。"那就好。那就好。"

施青青立刻晕生两颊。狠狠瞪了王丰一眼。心道。既然圣母都已应允。我还怕什么。

王母慈爱地抚摸着青青的头。"青儿。明萱的事我错怪你了。这回我能找到明萱他弟弟。也多亏了你。我算是熬到头了。我这些年在王城也算没白吃这么多苦。我总以为王城跟咱王村一样。家家户户都是姓王。以为人人互相认识。没想到压根儿不是一回事。我只好专找姓王的人家帮佣。盼着大神能指点我找到我那苦命的儿。这些年我三天两头换来换去做过的人家少说也有三五百家。那天我现在的东家王一土看报。说起你和王子结婚没结成的事儿。我就觉着纳闷儿。这个王城姑娘的心思怎的跟我乡下老婆子差不离呢。我一瞧报上的照片。可不就是你吗。第二天一大早我就奔这儿找你来了。可管门的不让我进来。我寻思你和那王子闹崩以后。大概已经走了。只得回去。我又想。咱王村算是毁了。可天下也就巴掌大一点地方。我和你离了王村。都到王城来了。我那孩子自然也在王城。姓王的不奔王城来还能上哪儿去。我几十年几百年都等得。就不能再等他三天五天吗。我从王城宾馆回到王一土家。收拾东西要换一户人家帮佣。王一土却非留下我不可。原来他们两口子成亲这么些年。屁也没生下半个。偏是我到的那天就有了喜。王一土说是我给带来的喜气。这倒不假。我到谁家帮佣谁家就会添丁添口。但谁也没有强留过我。再说想留也留我不住。我得找儿子呀。但王一土留我。我就留下了。因为我问了大神。大神没有反对。我琢磨着我在王一土家知道你的准信儿。合该还着落在他这儿找到我的儿子。果然今儿晚饭后王一土对我说。'王妈。嘻嘻。你的那个……那个侄女。这会儿又当新娘啦。'我一听就赶紧来了。幸亏上一回来过。才没在路上耽误。要不然黑灯瞎火的叫我上哪儿找王城宾馆去。可见什么事儿都让大神安排好了。我今儿进来也没人拦我。我问准了王一土。知道你在九十九层。我却不知道那鬼屋……那鬼屋叫什么来着。电梯。我可不知道那鬼屋能自个儿上下来回地倒腾。我就这么一层一层地攀了上来。可苦坏了我老婆子的两只小脚。我爬了一个多钟点。歇了十七八回。把你也埋怨了足有七八十回。我心想这死丫头干吗要跑到这么高的地方来结婚呢。不是存心折腾我老婆子吗。青儿你想。我还能有好气。好容易到了上边。我的腿就软了。那……那孩子。你瞧没名字多不方便。那孩子风风火火地从大厅里直奔出来。差点把我撞倒。我连气还没缓过来。偏又叫不上他的名字。哪里跟他说得明白。眼睁睁看着他走进那鬼屋。我就瘫倒在地上了。我满以为他既进了屋子就飞不了。等我缓口气儿再去叫门吧。那当口你就出来了。我倒给你闹了笑话。等我明白了那鬼屋原来不鬼。我那孩子竟真的飞走了。不过。知道他还活着。而且没有变成女人。我就放心了。既然大神开始重新显灵了。我迟早能找到他。这是大神叫我再多受些苦楚来赎我的罪呢。我倒是没料到我那孩子就是上回要跟你结婚的那个后生。青儿。这回你的功劳不小。大神该是也让你将功补过呢。好啦。青儿。我也歇得差不多了。快带我去找他。"

王母心里憋了二十多年的话。从来没个体己人可说。这会儿一口气吐了出来。眼看儿子就要找到了。顿时精神大振。满头银发和毫无皱纹的脸上闪耀着奇异的光辉。施青青却惊惶起来。

"圣母。我不知道王子他……他住在哪里。"

王母脸色一变。沉吟半晌。她会过意来。"青儿。你是要我答应你跟他的婚事吧。好吧。只要你帮我找到他。大神也不反对。我就依了你。祖宗传下来的规矩。本来就有兄终弟及这一条。明萱的死既然不是你的错。只要我那孩子愿意。这也不是不可以。走吧。"

施青青急道。"圣母。我真的不知道。他从来没告诉过我他是什么人。住在什么地方。"

王母倏地站了起来。缓缓举起手掌。五指曲张如爪。"青儿。你不想活了吗。你们都快要结婚了。你怎么会不知道他住在哪里。"

施青青急得眼泪都下来了。"圣母。知道我干吗不说。我敢跟您老人家讨价还价吗。再说。您都已经答应了。我也想快点见到他呀。圣母。您细想想。啊。"

王母一愕。莫非大神还不肯让我见他。我的罪孽真有那么深重吗。心里这么想着。高举着的手掌却没有立刻放下来。

施青青知道此刻自己的性命悬于一线。圣母一念咒语。我就没命了。她急中生智。突然一指王丰。

"圣母。他……他知道。他是王子的同学。"

王母猛地转身。顿时一脸杀气。"你怎么在这儿。你是谁。你竟敢偷听我们说话。"

王丰又气又怕。这疯婆子搅了他的婚礼。让他出尽洋相。又在他的洞房里当着他的面跟他的新娘谈婚论嫁。竟然不知道他是谁。还问他为什么在这里。要不是看在青青的分上。她又装神弄鬼透着一股子邪气。不得不有所忌惮。他早就要发作了。现在见王母问得可笑而又无礼。他也豁出去了。

"这是我和青青的洞房。我是她丈夫。我也不爱听你们说话。你要是说完了。就请吧。"

青青大急。"王丰。你疯了。"

王母倒没生气。竟放下了手。缓了缓语气。"你真是他的同学吗。"

"是又怎样。"

"你知道他住在哪里。"

"我……我不知道。"说着。王丰下意识地瞄了一眼桌上那份贺帖。

王母手一指。"青儿。那是什么。"

"那是王子刚才送来的贺帖。"

"拿来。打开看看。"

青青一看就傻了。王母问。"怎么啦。青儿。"

"圣母。太奇怪了。贺帖上写着'不要把我的身份和住址告诉任何人'。"

王丰得意地冷笑道。"大娘。我那老同学是什么身份。怎么肯跟你这穷婆子攀什么亲戚。我看你趁早还是死了这条心吧。"

王母颤声道。"是……是真的吗。我那孩子嫌我穷。连我这个亲娘都不肯认啦。他怕我给他丢脸吗。孩子。你是怪我不该扔掉你不管。是吗。我……我……"王母几乎承受不了这个打击。摇摇欲倒。青青连忙扶住。她扑闪着大眼睛。

"圣母。他知道你在找他吗。他怎么会预先送来这份帖子。太不可思议了。"

王丰听了一怔。他也一时猜不透其中的奥妙。但事到如今。他只有尽可能把水搅浑。才能阻止她们找到倪世遗。尽管他丝毫不信倪世遗会是这个疯婆子的儿子。他干笑一声道。"这有什么奇怪。青青。我早就告诉过你。倪世遗是个先知。料事如神。他可不是那种只会唬人的牛鬼蛇神。"

王母惨然道。"这么说。他刚才是故意躲我来着。"

"是啊。要不然我和青青结婚。他也没什么光彩。他干吗要自己跑来送什么礼物。"

其实王丰自己也对倪世遗此举大惑不解。刚才事变迭出他也来不及细想。此刻随口胡诌一通。想不到竟这样合情合理。但这么一来。他也不禁对倪世遗的先知先觉大为惊诧。

施青青听王丰这么一说。也觉得难以辩驳。刚才王子送她一份厚礼。她还以为王子对她难以割舍。不禁陶然欲醉。现在看来他是君子断交不出恶声的意思。显然他躲的并不是圣母。他真正要躲的倒是我。这么一想。又不禁芳心欲碎。

王母喃喃自语道。"即便带走他的神使把他的身世告诉他。他也不会知道我正在王城找他呀。除非是大神告诉他的。但大神既已答应帮我找到他。却又给他通风报信。叫他避开我。究竟有什么深意呢。难道是逗着我们捉迷藏玩儿吗。罢了。大神既然想玩。我也只好陪着他玩。等大神玩腻了。他就会让我见到儿子了。否则大神一生气。我就永远死不成了。"

想通这一点。王母不再沮丧。她抬起头平静地对王丰道。"王先生。你要是不带我们找到倪世遗。你只有死。你要是乖乖的。我就不计较你刚才对我的顶撞。"

王丰见无路可走。眼珠一转道。"倪世遗是我的老朋友。你要我出卖他。哼。"他见王母脸色有变。忙道。"除非……除非答应我一个条件。"

"什么条件。"

"你要青青发誓。绝不嫁给他。"

施青青跳了起来。王母看也不看青青。"好。我答应你。走吧。"

王丰冷笑道。"你答应管什么用。"

王母怒道。"你敢不信我的话。青儿。我的话你敢不听吗。"施青青暗暗叫苦。王母又道。"再说儿子是我的。我绝不让他娶青儿就是了。"

王丰道。"那好。老太太既然说得干脆。我答应你。明天一早就去。"王丰心想。只要能够销魂一夜。哪怕天亮了杀头也干。施青青这样的尤物。我本来就没指望她会跟我一辈子。想到这个。他眼角瞟着施青青。嘴角不觉浮起一丝笑意。

王母大怒。"你这下流的小贼。要挟我我也忍了。竟敢辱我。我倒不信。有名有姓的倪世遗。没有你。我就找不到吗。青儿。跟我走。"

施青青猛醒过来。圣母明明知道没有王丰也能找到王子。却还是答应了王丰的条件。显然圣母还没有完全原谅我。尽管我不会受王丰的约束。但圣母说出的话。要叫她改口可不容易。不由得把王丰恨之入骨。而王丰此时也把倪世遗。王母。施青青。乃至整个世界恨得牙痒痒的。但王丰也实在没想到这老巫婆竟人老性烈。一语不合立刻翻脸。事到如今。后悔也来不及了。只得走一步看一步了。叫他吐出这块已经含在嘴里的羊肉。他可实在是万万不甘心的。于是王丰连连打躬。

"好好。老太太别发火。这就走。这就走。"

40

一路上。王丰不敢再跟王母说话。只好对施青青道。

"青青。我上次告诉你。倪世遗是货真价实的王子。你不信。我也不敢多言语。因为这事干系不小。倪世遗一再嘱咐我绝不可告诉任何人。我虽然不明所以。但总是少说为妙。这事除了你。我只对柳依桥一个人隐隐约约提起过。那也是为了帮你和倪世遗的忙。让你摆脱王麻子。想必他知道了也不会说什么。但柳依桥也只知道个大概。在那份号外上我故意把王子的事一笔带过。现在我可以告诉你了。你知道他是谁吗。他是当今陛下倪九十九的御弟白马亲王的独子。"

施青青和王母同时吃了一惊。王丰继续道。"我现在就是带你们上亲王府去。三更半夜的去惊动王爷。要是把王爷惹恼了。我们就都玩儿完了。但老太太既然执意要去。我又怎敢叫她老人家不痛快呢。不是我王丰夸口。你到王城的大街小巷去打听打听。看看有没有人知道倪世遗是谁。你想想。哪个平头百姓会知道王子殿下的尊讳。"

施青青道。"王丰。你别在圣母面前捣鬼卖乖。你不带圣母来。也没你的好果子吃。这王城上上下下。谁不知道倪是国姓。我就不信。没有你我们会找不到他。这事真要有什么干系。怪罪下来你也跑不了。你以为我不明白你这会儿猴着脸巴结圣母是什么用意。哼。"

但王母却不言语。她在想。我儿子怎么会到王府来的。突然她心底一亮。问王丰道。"王先生。当今陛下是不是被称为活着的上帝那位。"

"好像是有这么一说。"

那就是了。王母心里暗喜。上帝和大神是一回事。那神使把我那孩子带走。不带他到上帝这儿还能带他上哪儿。他在大神身边长大。不料事如神才见鬼呢。

说着话已到了王府。王丰见不能把王母吓退。只好送佛送到西。硬着头皮叫门。没想到偌大一个王府竟连个值夜的卫士也没有。过了很久。才远远地看见一个使女提着灯笼穿过草坪。睡眼惺忪地娇喝道。

"谁在那儿叫嚷。不要命啦。这是亲王府。不知道吗。"

王丰赔笑道。"小姐。劳驾。我们求见小王爷。有……有要紧事。"

使女疑心道。"求见小王爷。你认识小王爷吗。"

"怎么不认识。今儿晚上才跟他见过面。是……是小王爷让……让我们来……来见他的。"

那使女后退两步。冷笑道。"狗强盗。你想骗我开门。你们到底要干什么。"

这下王丰倒意外了。他存心要讨好王母。没料到竟被这个姑娘瞧出了破绽。但见不到倪世遗。自然正中他的下怀。但他又不能不装出着急的样子。"姑娘。这……这……嗳嗳。你别走啊。你听我说。"

王丰这么一嚷那使女更害怕了。转身就走。施青青突然开口道。"姑娘。你们小王爷是不是叫倪世遗。"

那姑娘站住了。"你怎么知道。"她听见年轻女人的声音。心神略定。"你们真的认识我们小王爷吗。"

王丰心里暗骂。贱人。嫁了老公还在想旧情人。那使女走近些举起灯笼打量王母等人。突然叫道。"王先生。怎么是你。"

王丰一愣。"姑娘。你是谁。"

"我是柳叶啊。对不起。刚才我还以为……"

"柳叶……柳……叶……咦。柳叶。你怎么会在这里。"

"王先生。你真的见到小王爷啦。"

"是啊。哪……哪有假的。"

"可小王爷没回来过呀。你等等。我去禀告郡主。王先生。你们千万别走啊。"

王丰又喜又忧。忧的是王母和施青青眼看就能找到倪世遗了。喜的是找到倪世遗自己功劳不小。王母答应的话大概不会反悔。

王母刚才一直不停地在向大神祷告。但大神不理不睬。眼看就要被拒之门外。突然又柳暗花明。不禁对这位侄女婿有些刮目相看。施青青却生起气来。

"王丰。这女人是谁。你跟她是什么关系。快说。"

王丰苦笑道。"青青。你这是干什么。她是柳依桥的大小姐。我在柳依桥那儿见过几回。我以为她早就出嫁了。原来却进了王府。我倒没料到柳依桥还会玩这一手。"

"你别推得一干二净。还装作不认识呢。"

"青青。你这不是冤我吗。刚才黑咕隆咚的。又隔了这么些年。开始她不是也没认出我来吗。再说这王府我也是头一回来。没事谁跑到这里来玩命。"

青青笑道。"圣母找了多年的人还没有找到。你找了多年的人儿倒先找到了。以前你没事不来玩。以后你就可以常来玩了。"

"你看你看。越说还越没边了。"王丰心想。只要你不往这儿跑。就算我王丰祖上积德了。

这时柳叶急匆匆地出来开了门。"王先生。郡主有请。快跟我来。"

41

再说那天王八死后。倪世遗对倪九十九的厌恶和对倪丘的反感达到了极点。于是决意离开王宫。离开王府。也离开王城。倪丘也非常担心倪九十九因王八的事迁怒到世遗。更害怕世遗惹出祸来殃及自己。就悄悄地打发世遗到大西洲乌有国虚托邦的白马城堡去读书。倪丘知道自己迟早会失去倪九十九对自己的恩宠。所以在世界各地悄悄地置了许多地产。准备到时候告退养老之用。这个白马城堡就是其中之一。

世遗因王八之死。部分由倪虹引起。也不能原谅姐姐。没跟倪虹告辞就离开了王城。等倪虹发现后去问父亲。倪丘只说。"世遗周游世界去了。"其他一概语焉不详。装聋作哑。

几天后倪九十九遣小黄门来问倪丘。"长安郡主何时进宫。"

倪丘对倪虹一说。倪虹竟以死相胁。"我生是王八的人。死是王八的鬼。"

倪九十九大怒之下。逼着倪虹抱着王八的牌位成亲。谁知倪虹竟欣然从命。紧接着倪九十九又知道了世遗出洋游学的事。夏凡趁机纠集党羽参了倪丘一本。弹劾白马亲王有欺君慢君轻君辱君等十大罪状。倪丘风闻后慌忙上奏自请削爵罢相。

倪九十九念他有功于国。又是世遗的父亲。若是贬为庶民。将来不便立世遗为储。所以只收下相印。却保留了倪丘的爵号。倪丘想不到会再一次因世遗而幸免于祸。心里明白陛下还不知道世遗已有异心。世遗一旦回来。父子三人危在旦夕。立刻派王府总管倪福秘密前往白马城堡。告诫世遗千万不可轻易回京。没事也不必来信。以免陛下闻风寻访。他自己也远离王城。无诏不归。

夏凡接了相印。把国王的游戏开展得更加轰轰烈烈。倪九十九的九十九个王子已经长大成人。人人垂涎欲滴地觊觎着王储之位。个个处心积虑地培植势力。志在必得。其中虽然不无薄具歪才略有低能者。却都难以服众。更与世遗无法比肩。所以倪九十九竟无一中意。倪九十九这才知道狂欢给自己带来了无穷隐患。自己一死。王国必将四分五裂陷入战乱。于是下旨以原先的两个王宫幼儿园为番号。把九十九个王子编成两队开赴非非洲赛场。用国王的游戏来竞选王储。优胜劣汰。胜者为王。败者为鬼。

第二幼儿园因倪世遗不在。只有四十九个王子。为了使比赛更加公平合理。倪九十九令朝臣简拔一人补缺。夏凡等人公推倪九十九的远祖倪五十二的第二十五世孙倪采。称赞此人"文武双全。是个超人"。

于是比赛遵旨安排在下一年的秋季。圣旨一下。众王子加紧操练。练得人人弓马娴熟。个个刀枪不入。那倪采却优哉游哉。每日采菊东篱之下。

每夜探花西楼之上。

谁知在第二年的赛季里。倪九十九的九十九个王子竟无一幸免地埋骨非非之洲。绝了那黄袍加身的非非之想。那倪采优哉游哉地回京复命。一副九九归一非我莫属的神情。但倪九十九嘉许之余并不提起册立太子的事。倪采也不着急。依然每日每夜采菊探花东篱西楼之下之上。忽一日不上不下卡住了探花橛。不下不上卡住了采菊杵。得了半身不遂之症。赶紧延请王城名医夏秋冬诊治。夏秋冬口出大言。"只须经春历夏。秋收冬藏。自然百花齐放。百无禁忌。"于是倪采安心在家静养。一时不来打扰倪九十九。

倪虹见世遗和倪丘都杳无音信。壮士老汉一去不返。便把王府的侍卫仆佣尽数遣散。仅留下柳叶等几个心腹使女和乳娘王妈。过起心如止水的未亡人生涯来。

42

王丰和王母青青到了书房。柳叶把王丰引见给郡主。

王丰道。"这是内子王太太。这是内子的姑太太。"

倪虹好奇地打量着三个人。视线扫到施青青时。她的心脏突然停止了跳动。扫到王母脸上时。她却奇怪地心猿意马起来。倪虹摆手让坐。王丰就恭恭敬敬地讲起与倪世遗结识的始末来。

倪虹并不开口。只是用鼓励的目光注视着王丰。全神贯注地听着王丰讲述有关世遗的一切。王丰在倪虹的注视下不敢撒谎。一一如实述说。好几次王丰表示已经讲完了。倪虹收回悠远的目光。沉默无语地看着王丰。王丰只好又结结巴巴搜肠刮肚地描述甚至编造下去。讲到王子和施青青的事。王丰开始择要简述。倪虹又注视着王丰。似有责备之意。王丰避开她的视线。惴惴地问道。

"郡主殿下看过中秋节那份《王城晚报》吗。"

倪虹摇了摇头。一直到现在。她的表情始终是淡漠的。但这时开始不安起来。目光焦急地盯视着王丰那两片薄薄的嘴唇。在幻觉中。这两片嘴唇放大。再放大。直到巨大得狰狞丑陋之极。倪虹难以自持了。把目光猛地瞥向施青青。王丰尽可能小心翼翼地委婉说明倪世遗和施青青鸡飞蛋打好事成空。倪虹才浑身一震。恢复了淡漠的表情。

王丰及时打住。起身告罪道。"本不该黉夜造访。只因内子这位姑太太急于要见到王子殿下。只得冒昧前来打扰。望郡主殿下勿怪。"

倪虹好奇地看着王母。王母道。"青儿。你和王先生在外面等着。我要单独和郡主说话。"

两人应命对倪虹行礼后退出。王母对柳叶说。"姑娘。你也出去。"柳叶有些不悦。但见倪虹不以为怪。示意她照办。只得也退了出来。茶点待客。

过了许久。倪虹拉了拉铃。柳叶进去了一会儿。出来传话说。"郡主留老太太住下了。二位请回吧。"王丰得了大赦似的跳起来要走。施青青却执意要见王母。被柳叶拦住。施青青急得喊起来。

王母走出来喝道。"青儿。你嚷什么。"

青青眼泪汪汪道。"圣母。我……我这是为你着急呀。到底是不是……是不是他。"王母神色黯然地摇摇头。青青奇道。"那你干吗留下。"

"我和郡主特别投缘。所以住几天再回王一土家。你和王丰先去吧。"

青青不信道。"怎么会不是呢。别是那郡主使什么障眼法。"

王母不悦道。"青儿。不许瞎说白道。郡主知书达理。凭什么要撒谎。我信得过她。这事打头里起我就觉着是活见鬼。哪有这么凑巧的事。一天里就找到了你们两个人呢。看来大神也有闹着玩儿的时候。再说。他是男是女我还不敢说呢。合该我还要多受几年老而不死的活罪。"

43

尚且满脸迷惘："王先生，我可越听越糊涂了。"

"怎么？"

"我觉得我越来越不明白你到底是谁了。"

"你可真够糊涂的！"

"那我问你，你是谁？"

"'你是谁?'咦!你怎么问我你是谁?你应该问你自己呀!"

"王先生你又来了。好吧!你这样问自己:'我是谁?'"

"'我是谁?'我……是……谁?我怎么知道我是谁?你知道吗?"

"我一直以为我是知道的,但我现在也给你弄糊涂了。你乱梦颠倒,先是出来个王子,我以为是你。却是个假的!后来又冒出个王如方,我又以为是你。竟变成了女的!我也学了乖。什么王麻子啦,王丰啦,王一土啦,我看也都不是你。那个王明萱的鬼魂,我差一点又以为是你。"

"或许这回让你猜对了。我早就疑心世界上已经没有真正的人类了。我们都不过是人类的赝品,或者说,是人死了以后变成的鬼。你看看大地上这些拥挤游荡的幽灵,还有一丝一毫万物之灵长的高贵超逸之气吗?空气中是触鼻欲呕的福尔马林气味,这实在是一个鬼气森森的世界,但或许鬼的世界也比这个世界更美好呢!阎王殿的判官们是公正而且铁面无私的。鬼也有鬼的秩序、鬼的法度和鬼的尊严。我们很可能连鬼也比不上。"

尚且惊奇道:"那我们是什么?"

王先生沉默良久,艰难地说:"你要知道,鬼也是会死的。鬼死了以后变成鬼的鬼,鬼的鬼叫作聻。聻同样会死,聻死了变成聻的鬼,聻的鬼叫作魙。魙死了变成魊,魊死了变成魅,魅死了变成魁,魁死了变成魑,魑死了变成魖,魖死了变成魍,魍死了变成魑……永无下限;总之越变越下贱,越变越卑琐。这是一个无限堕落的过程。我真不知道人类已经堕落到哪一个存在阶梯了。如果我是一个真正的鬼,那我很可能就是天下第一鬼了。可惜人是无法自知的,任何一个阶梯的存在物都是无法自知的。我现在知道的仅仅是,问'我是谁?我从哪里来?我到哪里去?'已经毫无意义了。我可以是你,可以是他,可以是男,可以是女,也可以是任何人。我看不出王子、王丰、王麻子、王如方、王一土与其他人有任何区别。先知王八早就说过,'都差不多!这是大同之世。'当初上帝说'我就是我'的时候,'我'就是一切;现在说'我就是我'仅仅意味着,'我'什么也不是。所以现在该问问'我们是什么?我们曾经是什么?我们将会是什么?'谁能回答我?"

"只有你!"尚且无限殷切地说道。

木曜日之梦

44

倪世遗风尘仆仆地赶回王城。来到王府。穿过大草坪。远远地看见一具黑得发亮的巨大棺木。他走近前去。一身缟素的倪虹倏地站起来。两人一下子都惊呆了。八年不见。世遗已是略显老成的青年。心如古井的倪虹却如同红颜少女。

"姐姐。"世遗用浑厚的男中音激动地叫了一声。"你……你好吗。"

"世遗。"倪虹竭力控制着自己。"世遗。你……你什么也别问。先看看这个。这是……王爷……留给你的。"

倪虹递给世遗一个厚厚的大信封。世遗拆开就看。

45

世遗。

你读到这封信时。我已经不在人世。我不能再见你了。我也无颜再见你了。

我害死了你姐姐。

世遗惊叫一声。"姐姐死了吗。"下意识地一抬头。却见倪虹木然坐倒。脸上似喜似悲。但更多的是凄凉和绝望。世遗迷惑不解地继续往下看。

我又害死了你父亲。我请求你的宽恕。我不是你的亲生父亲。你原是圣河上游王施部落的王子。

世遗大吃一惊。激动地读下去。

二十三年前。我奉旨巡按全球。那次出巡的使命之一。就是找到王施部落。因为这是全球最后一个尚未归化的民族。而且陛下风闻施族美女艳绝天下。命我多选施族秀女进宫。但我巡遍世界各地也没能找到王施部落。却在回京的路上意外地发现了。

那天我们迷了路。我派我的助手王明去问回王城的路。一个老农说。翻过桃花山就到了。过了山一看。哪里是什么王城。竟是我们遍寻不见的王村。王村在桃花山下的圣河东岸。施庄在王村的对岸。

你的亲生父亲王老大。是王族族长和王施部落的大头领。我招安并册封了你父亲以后。要求你父亲马上送我们到对岸施庄去。因为我急于赶回王城复旨。但你父亲说。贵部落的大神严禁月圆日以外的其他日子王施两族交通。偏偏我们到达的那天刚过月半。你父亲要我们住下等三十天以后再到施庄去。等三十天倒也罢了。只是我到时候过河去选秀女。一天时间肯定来不及。一过月圆日。又得在对岸等三十天。我想最好有人能先过河去让施族人把秀女选好。那样我们就能当天赶回来。

于是第二天一早。趁你父亲王老大和你哥哥王明萱上山打猎。我就怂恿你十岁的姐姐过河去。那时你母亲正在对岸施庄等候分娩。按照你们部落的习俗。王族和施族互为外婚氏族。每个月圆之夜。王族和施族的成年未婚女子可以到对岸与情郎相会。但你姐姐尚未成年。不能在月圆日过河去。所以你姐姐已经半年多没见到母亲了。

听我这么一说。她非常想去。但是她怕你父亲生气。更怕大神的惩罚。我说。"我就是圣河上游的大神倪九十九派来的。昨天你父亲和整个王施部落已经归顺了大神。成了大神的臣民。现在大神命你过河去看望母亲。并且替大神把这封信交给施族族长。叫他们选十二个最美的姑娘献给大神。你父亲不会生气的。"

于是你姐姐高兴地跳入了圣河。谁想到还没游过一半河面她就支持不住了。她在水里挣扎着。眼看就要沉下去了。我的随从们就想跳下去救人。也是我一念之差。担心我的人如果公然破坏了贵部落的族规。很可能会闹出乱子。便不准他们下水。我们立即奔上桃花山。每人砍了一根长长的竹竿。等我们回到河边。你姐姐已经不在河面上了。我猜想她可能已游到对岸了。

这时你父亲赶到岸边。问我你姐姐到哪里去了。我说她到对岸去了。

你父亲二话没说。赶回村里拖来一只小船。夺过王明手上的竹竿就撑过河去了。找了几个来回没找到你姐姐。你父亲就疯了。我真没想到你父亲的爱女之情居然不在我之下。我劝你父亲上岸。劝了一夜他就是不听。

天快亮的时候。你母亲抱着刚刚出生的你。坐在你父亲的小船里回到王村。你母亲劈手夺过我手上的圣旨。把圣旨垫在你的屁股底下。你母亲有一种我从未见过的不可抗拒的奇异力量。我当时吓坏了。她这样蔑视和侮辱陛下的圣旨。还不知要怎样处置和惩罚我们呢。

谁知你母亲竟把你塞在我的手里。挥手要我快走。我死里逃生。急忙离开了王村。因为害怕到了极点。我和我的随从都忘了扔掉手里的竹竿。我仔细一想。这竹竿虽然救不了你姐姐的命。却救了我们的命。从此以后人们就在葬礼上手持哭丧棒。除了希望把死人从死神那里拉回来。主要是为了不让活人被死鬼一起拖走。

快到王城的时候。王明突然对我说。"殿下。我们没能选回施族秀女。并且圣旨遭到了玷污。回到王城必被陛下处死。"我们刚刚从王村的恐怖中解脱出来。又被王明的话抛进了王城的恐怖。我所有的随从立刻拿着竹竿四散逃命。只有王明的竹竿已被你父亲拿去当船篙了。

我权衡再三最终没有逃走。冒死回王城向陛下请罪。因为一来我逃走了就不能好好抚养你。这样我对贵部落的罪孽就更深重了。二来陛下对我恩重如山。我也不能背叛他。所以我决意妥善安置你以后一死以报陛下。但没想到我到达王城的时候。陛下正为盼望中的第一百个王子没有着落而犯愁。我反而因你而得福。我趁机对陛下说。关于施族美女的传说纯属桃花源式的无稽之谈。又斗胆请求陛下把那张圣旨赏给我。幸而陛下朝令夕改。早就把那圣旨当成了老皇历。就这样。因为你。我反而因祸得福了。

我回到王府。把我带回来的那根竹竿插在王府门前。每天早上举行一个特别仪式。在音乐的伴奏声中把圣旨升到竹竿顶上晾干。晚上再举行一个隆重的仪式把圣旨收下来给你做尿布。第二天早上洗干净了再升上去。晚上再降下来。这样既保持了对陛下的圣旨应有的尊重。也不违背你母亲把圣旨给你做尿布的意愿。更表达了我对贵部落的歉疚之心。

我天天亲手把圣旨升了降。降了升。陛下听说我不厌其烦从无懈怠。

直夸我忠心可嘉。但夏凡是不会放过攻击我的任何机会的。他指责我在搞巫术仪式。辛亏那时候陛下还很宠信我。不仅没有理他。还颁旨要全球各地仿效和推广这个升降仪式。这样我就把你的身世瞒过了陛下。

这时我开始后悔不该让我的随从们逃走。因为我担心一旦陛下知道了你的真实身份。你我都有性命之忧。所以我就在以后几次出巡的时候。一个一个细细探访到了他们的下落。并妥善地设法让他们永远保持沉默了。

事情如果到此为止。我本打算永远不让你知道你的身世之谜。我当时以为这样对你对我都有益无害。没想到几年以后当我再次巡视到王村和施庄时。我吃惊地发现王村和施庄已经成了一个巨大的墓地。整个部落已全部灭绝。一个活口也没有留下。

消息传到王城。新闻界和学术界对王施部落的神秘灭绝提出了种种猜测。各种观点争执不下。于是有人提议到现场开棺以定是非。让事实说话。我当即表示反对。因为我心里有一个可怕的猜想。我非常恐惧这个猜想被证实。但这种恐惧又不能让人知道。

我反对的理由是。墓葬的目的历来有两个。一是为了让后人考古。二是墓主囤积居奇。为其后裔或盗墓贼留下一份遗产。像任何收藏诸如集邮之类一样。但是只有五百年以上的古墓才有考古价值。从来没有谁是发掘新棺来考古的。另外。正如古人留下许多千古疑案让我们瞎忙乎一样。我们也有义务留一批闷葫芦给我们的后代解解闷。要是我们连当代的哑谜都不肯放过。甚至想把人类所有的难题都一下子解决了。那我们的后代还靠什么过日子呢。他们非憋闷无聊得发疯不可。我们不能不为子孙后代着想。况且。只有猜破五百年以上无人能解的哑谜才算有能耐。才稀罕。才轰动。当代的问题你解得再透也不算本事。因为根本没人爱听。再说。当你打开棺材的时候。摆在你面前的事实不过是一具腐烂的尸体。而不是一篇现成的考古学论文。但前者是不会说话的。因此任何古已有之的振振有辞。都不过是诗圣的笔法——杜撰而已。要是破天荒地从棺材里发现了一篇考古学论文。那么所有的考古学家恐怕只能改行去当未来学家了。何况问题的关键在于。从来只有盖棺论定。没听说过挖开棺材就能判定是非的。要能那样。我们就该请盗墓贼来当首席大法官了。

经过我振振有辞的据理力争。新闻界和学术界终于哑口无言。于是我为你保住了王施部落的全部墓葬。因为你是这个部落的唯一子遗了。

没想到好景不长。几年以后。陛下采纳我的建议。统一了人类的语言。并决定完成前人没能完成的千古梦想。建造通天塔。由于人口太多。实在找不到另外的空地。夏凡就提议在王村建造通天塔——尽管王村现在该改称王墓或王陵了——我虽然也表示反对。但这次却提不出强有力的反驳理由。

夏凡说。"现在木材奇缺。造通天塔需要的大量木材正愁没办法解决。在王村建造通天塔。正好可以就地取材。把王村地底下的棺材板挖出来。这样还能节省大量的运输费用。再说通天塔中心那根最大的通天柱。只有王村那棵参天大树最为合适。那圣树根据民间传说就是阿特拉斯变的。据说阿特拉斯站得久了。脚下就生了根。根须伸展到四面八方。把各处的地下水吸到阿特拉斯体内。水越积越多。阿特拉斯终于憋不住撒了一泡尿。这就是圣河的起源。而圣河又是我们现有文明的摇篮。但后来阿特拉斯小便失禁。过一阵子撒一泡尿。过一阵子又撒一泡尿。不仅造成了一次又一次的洪水泛滥。而且把地下水越抽越少。所有的大陆都开始下沉。大西洲眼看就要被淹没了。其他七块大陆也越沉越低。于是阿特拉斯伸直双手踮起双脚也够不着天花板了。这样天国和人间的唯一通道也断绝了。最后阿特拉斯把地下水全抽干了。自己就枯死并变成了化石。于是就有人传播邪说。说'天国远了。地狱近了'。其实天国不是远了。而是近了。越来越近了。只不过陆地下沉和堕落的速度比天国逼近和俯冲的速度更快一些。而且地下水抽完以后大地已经停止了下沉。所以阿特拉斯的额头又快要碰到天花板了。等通天塔一造好。天国和人间就再次沟通了。人类就能恢复失去的乐园。但如果把王村的大树锯下来运到别的地方建造通天塔。一来这么大一棵树搬运起来不容易。二来至少要把大树的三分之一打进土里做地基。那样通天塔还是离天国有一大截。顶多只是一幢摩天大楼。"

就这样夏凡不仅说服了陛下。而且使陛下怀疑起我的忠诚来。结果陛下不顾建造通天塔本来是我建议并由我扫除一切障碍这个事实。反而把通天塔督造总监这个肥差交给了夏凡。夏凡这奸贼就贪天之功以为己有了。

我开始逐渐失去陛下的宠信。我知道我的末日快要到了。王八一死。我更意识到在劫难逃了。

果然不出我所料。通天塔动工以后。传出一个惊人的消息。著名人类学家王子先生率领的考古工作者用无可辩驳的事实得出结论。王施部落的全体族人是在全球废除棺葬的实施日——那年鬼节——的前一天集体自杀的。这种不可思议的疯狂行为显然植根于一种古老的宗教信仰。即肉体的毁灭将使死者的灵魂不能进入天国。因此他们为了永生放弃了尘世的生命。

这个结论把早已不再相信永生的王城人惊呆了。而我立即就垮了。因为我的可怕猜想终于得到了证实。我又一次对王施部落犯下了不可饶恕难以弥补的罪行。是我建议陛下废除棺葬才逼着他们自杀的。又是我建议陛下建造通天塔。才导致他们用生命为代价试图得到的死后安宁也彻底落空了。他们的遗体被挖出来焚烧了。我的精神也崩溃了。

从此。无论白天黑夜。都有无数的游魂野鬼纠缠着我。向我索命。我对鬼魂们说。"你们自己轻信了你们大神的鬼话。怎么能怨我呢。你们的大神如果没有欺骗你们。你们早就应该升天了。现在。我请我们的大神造一座通天塔。正是为了让你们上天堂啊。"谁知他们仍然胡搅蛮缠阴魂不散。我只好向你们的大神祷告。请他告诉我鬼魂们究竟想要什么。你们的大神说。"让他们的姓氏彰显天下传之久远。"我这才猛醒过来。原来你母亲早就料到王族有此一劫。她把你交给我是要我戴罪立功。为王族保存一线血脉。但如果你不姓王。那么有你跟没你就没什么两样。于是我答应鬼魂们把你的身世原原本本告诉你。让你恢复本姓。鬼魂们这才不再纠缠我。但现在我的灵魂也快要离我而去了。恐怕我已不能亲口告诉你这些了。我只好留下这封遗书让倪虹交给你。

我已经把全部真相都告诉你了。假如你还有什么不明白的地方。我建议你不妨回头再重读一遍第一天的"月曜日之梦"。你两天前读的时候很可能还不知道王村的悲剧就是你的悲剧。如果你置身事外过于超然地看待这场悲剧。观感定会大不相同。所以我现在不敢再请求你的宽恕。因为当灾难降临在别人头上时。人们能非常轻易地原谅制造灾难的罪魁祸首。反之则否。但不幸既然已经发生。任何报复惩罚或自暴自弃都是于事无补的。

唯一应该做的是尽可能阻止更大的不幸发生。所以我只请求你在当今陛下倪九十九驾崩以前不要恢复本姓。因为这会危及你的生命。而那样我就万死莫赎了。

罪人倪丘绝笔
鹰年蛇月狗日

46

世遗神情恍惚地读完信。突然转过身。用力抓住倪虹的肩头猛晃着吼道。"姐姐。我不是……你的……亲弟弟。你……你不是……我的亲姐姐。"倪虹不忍心看见世遗这个样子。闭着眼睛点了点头。世遗失惊道。"你早就……知道啦。"倪虹哀号一声。泪如泉涌。世遗一摔手厉声道。"你……你为什么不告诉我。"

倪虹呜咽一声倒在地上。昏了过去。柳叶闻声进来把倪虹扶回她的卧室。世遗无动于衷地看着。狂怒变成了凄凉。他长叹一声。

罢了。罢了。我和王城再也没有任何关系了。我还留在这里干什么。如果这次不是父亲派倪福到白马城堡给我送信。说临死之前要见我一面。恐怕我根本就不会再回王城了。怎么。我还叫他父亲。他可是我的杀父仇人啊。

王城已经没有我的亲人了。姐姐也不是我的亲姐姐。很好。好得很。我可以无牵无挂地走了。李惠正在等着我呢。我答应她尽快赶回去的。她不让我来。她担心我到了王城就不会离开了。但是我说。父亲临终要见儿子一面。儿子不能不去。我回来了。才知道他根本不是我的父亲。他倒是害死了我的亲生父亲。

好了。现在你知道了真相。你可以走了。李惠在等着你呢。走吧。你还犹豫什么。或许。我至少应该去和姐姐道别一下。她毕竟是……我的好姐姐。至少。我会永远把她当成我的姐姐。世遗把信装进信封。放进贴身的口袋。

奇怪。姐姐为什么这么激动呢。她也感到负疚吗。可这又怎么能怪她呢。她是不愿意我走吗。她现在已经孤零零一个人了。要不是我已经有了李惠。我本来是应该留下的。不。不对。姐姐从小就知道我不是她的亲弟弟。她为什么一直对我这么好呢。不好。王八临死前为什么要对我说那些令人费解的话。他为了不和姐姐结婚宁愿去死是为了什么。莫非王八早就知道姐姐她……她……难道我是真的不知道吗。我离开王城难道仅仅是因为王八的死而不能原谅她吗。我一直把姐姐当成唯一的亲人。我为什么却不能原谅她。难道不是给自己找个借口躲开她。以免干出蠢事来吗。这么说我连自己也把握不定。我不仅在躲避她。也是在躲避我自己。我发誓绝不再回王城。可我为什么又会跟着施青青到了王城呢。难道我真的被施青青迷住了吗。但她和王丰结婚我为什么又感到解脱呢。我不爱施青青。却又打算和她结婚。这到底是为什么。难道不是想欺骗自己忘掉什么吗。如果我真的和施青青结了婚。或许我会装出一副坦然的样子来见姐姐吧。可我到了王城连王府也没来就逃回了白马城堡。现在我已经有了李惠。却还是一接到倪丘的信就不顾李惠的阻拦千里迢迢地赶来。这又是为什么。或许我现在确实是坦然了。我这次回王城不过是来还一个愿。除去童年时代不由自主套上的一副精神枷锁。好了。现在一切都结束了。她是我仇人的女儿。王八的妻子。我有我的阿惠。我那举世无双的天使。一切都了结了。真是再好不过了。

世遗走到倪虹的卧室门口。敲了敲门。没人来开。世遗又用力敲了几下。还是没有动静。世遗找到柳叶。"郡主在房里吗。"

"在。小王爷。我刚侍候郡主睡下。"

"把门打开。"

"是。小王爷。"柳叶取来钥匙。可是门打不开。门被从里面反锁上了。柳叶解释道。"郡主近来总要把门反锁上才能睡得着。还常常要我陪她睡。可她一向睡得浅。我轻轻动一下她就会惊醒。天天晚上都做噩梦。这些日子她太伤神了。整天就盼着小王爷回来。没睡过一个好觉。小王爷回来了。郡主总算可以宽宽心了。让她多睡一会儿吧。"

世遗不耐烦起来。他用力捶了两下门。见门还是不开。就对柳叶说。

"你告诉郡主。我走了。"转身就要出门。

柳叶大急。高声叫道。"郡主。快醒醒。小王爷要走。"

世遗停下。门里依然无声无息。世遗和柳叶对看了一眼。两人都明白发生了什么。世遗退后两步。猛冲上去撞开了门。

倪虹已经没气了。枕头旁边有两个倒空的药瓶子。世遗急忙抢救。一面叫人请大夫。大夫赶来忙了半夜。总算发现得及时。倪虹的心脏又跳动了起来。

世遗独自守着倪虹。不明白倪虹这是为了什么。倪虹总是让他感到难以捉摸。从小如此。

天快亮的时候。倪虹苏醒过来。可是一醒就哭。世遗怎么劝都劝不住。不管问什么她都不回答。世遗一筹莫展。可是他急于离开王城。他答应李惠绝不耽搁的。世遗心想。大凡自杀未遂的人都会被擦肩而过的死神吓得从此绝了死念。只有极少数自杀成癖的人才会义无反顾一而再再而三地找死。倪虹想来不是那种人。我还是走吧。再不走就要脱不了身了。世遗站起来。

"姐姐。我是来和你道别的。"倪虹立即止住了哭。世遗硬着心肠道。"我现在就走。"

倪虹突然道。"你……你为什么要救我。"

"你为什么要这样呢。"

倪虹不答。却又大哭起来。世遗有些恼火。一跺脚抬腿就走。倪虹恨声道。"走吧。走了干净。"

世遗站住了。万一她是自杀党里的死硬派顽固派。她死了岂不是我的过错。他又坐了下来。什么也不问。但也不再劝。倪虹渐渐止住了哭。抽泣着。慢慢开口道。"世遗。我好命苦。好不容易盼到了今天。我……我却不是你的亲姐姐了。"倪虹又歇斯底里地干号起来。

世遗怕她哭坏了身子。着忙道。"姐……姐姐。我……我还是把你当作我的亲姐姐一样看待。"

"不行的。不行了。已经太晚了。已经不可能了。"

"为什么不能。只要我愿意。倪丘是我的仇人。但我不把你看作倪丘的女儿。我只把你看作王八的妻子。王八是我的恩师。"

"不。不。不要再提起王八。永远不要再提起他的名字。"

世遗有些生气。"为什么。难道你认为王八的名字会贬低你高贵的身份吗。"

"不。不不。你不知道。王爷……倪丘他……他……叫王八真的做了王八。噢嗬。我不想活了。你让我死吧。"

世遗恐怖得惊跳起来。"不。不。不不。倪虹。你……你在撒谎。你……你们撒谎。整个世界都在撒谎。我不相信。我什么也不相信。我绝不相信这一切会是真的。"

世遗狂怒地抓出口袋里那封倪丘的遗书。撕成几片扔在地上。用脚狠狠地踩去。突然他怔怔地停住脚。死死地盯着地上。猛地扑到地上把撕碎的信封拼在一起。信封上的五个大字赫然跳进眼眶。

"王先生亲启"

世遗喃喃道。"'王先生'。'王……先生'。咦。这封信是给王先生的。不是给我的。是王先生。不是我。"他扑到床边。一把揪住倪虹的头发。把她从床上拖下来。把倪虹的头摁到地上。"你看。这封信是给王先生的。不是给我的。哈哈。你弄错了。今天的事从头到尾都搞错了。全错了。我不是王先生。我不知道王先生是谁。我也不想知道他是谁。反正我不是王先生。我不是。我是……我是……我是谁。我到底是谁。"他提起倪虹的头拉到自己的鼻子前。咬牙切齿地吼道。"你告诉我。我到底是谁。"

倪虹已经哭得噎住了气。"世遗……呃……世遗……呃呃……你怎么啦。"

"世遗。谁是世遗。是我吗。对了。哈哈。我想起来了。我是倪世遗。我不是王先生。我不要做王先生。"他站起来。仰天大笑。"谁也别想骗我。"

倪虹站起来。摇摇晃晃地走向世遗。"世遗。你冷静一点。"

世遗惊恐地退到墙脚。"不。不。不要逼我接受这一切谎言。"

倪虹哭道。"世遗。你是不要我……不要我这个姐姐了吗。"

世遗哇的一声哭了出来。"姐姐。你告诉我。这一切都不是真的。你是我的亲姐姐。我是你的亲弟弟。只有这才是真的。是吗。说呀。姐姐。说呀。你为什么不说。"

倪虹叹了口气。"不。世遗。这一切都是真的。我不能帮你欺骗自己。你必须接受这一切。"

世遗哭喊道。"可是为什么。这一切究竟是为什么。为什么又偏偏要落到我的头上。我做错了什么。为什么要我来承担这一切。"

世遗如痴如狂地冲了出去。冲到花园里。对着夜空狂吼。直到嗓子嘶哑。精疲力竭。可是没有人能回答他。

倪虹始终没有出来。倪虹知道。他已不是十一年前暴风雨中那个十二岁的小孩。他已不再需要倪虹为他遮挡风雨。此刻。倪虹更无法消除他心中的狂风暴雨。

此刻。他的心里空空荡荡。空得就像一座巨大的山谷。有一个看不见的人。正在悠悠地吹笛……

47

清晨。他走进倪虹的卧室。微笑着说。"郡主殿下。你觉得好些了吗。"

倪虹也笑道。"王子殿下。我好多了。谢谢你的救命之恩。"

他正色道。"不。郡主殿下。从现在起。我不是王子了。也不是倪世遗了。我是王先生。"

倪虹倏地抬起目光。他坦然地注视着她。目光清澈无比。

良久。倪虹的眼眶中盈满了泪水。倪虹一扭头在枕头上蹭去了泪水。"那好。王先生。我带你去见一个人。"

48

施青青满心指望王子就是圣母的儿子。结果却空欢喜一场。她想。一定是倪虹嫉妒我的美貌而故意不说实话。虽然倪虹当着我的面没说过一句话。倒是当着我的面跟王丰眉来眼去的。可我一见她那张假正经的寡妇脸就来气。圣母中了倪虹的诡计了。

圣母以为不说话的就是好人。一句话都不说。算是摆高贵端庄的郡主架子吗。"妙人儿倪氏少女"难道就真的妙不可言吗。你再妙不可言。还不是嫁了个没人味的臭太监。比我好光彩吗。

青青气呼呼地走出亲王府。王丰亦步亦趋地跟着。暗自后悔刚才自己不该过于猴急。打定主意多赔个小心。把青青哄得回心转意。王丰又不禁为这一场虚惊终于化险为夷完璧归赵而暗叫一声侥幸。想起这番历险直比命悬一丝到阴曹地府走了一遭又还过阳来还要恐怖狞厉。他尤有后怕。

王丰正在忐忑不安忧喜参半地患得患失。青青一声娇斥。"王丰。你鬼影似的跟着我干什么。"

"青青。我不跟着你还能上哪儿去。"

"我要你滚。"

"可我……我是你丈夫啊。"

"我要跟你离婚。"

施青青已决意在重新见到王子本人并且把他的身世弄个水落石出以前守身如玉。任凭王丰花言巧语死乞白赖地做出种种丑态。她绝不动心。于是柳依桥与王丰这两张天底下最滑溜的嘴皮子在王城大法院摆开擂台旗鼓相当地斗了整整三天三夜。

一个是口若悬河。滔滔不绝。一个是信口开河。唾沫飞溅。斗得昏天黑地樯倾楫摧。斗得万人空巷百废待兴。你离题万里。驴唇不对马嘴。我扬帆远航。男儿志在四方。君不见自古山不转水转。有道是君子动口不动手。

只因柳依桥事不关己。无后顾之忧。以己之短揭人之长。既然呼风唤雨。就攻得酣畅淋漓。可怜王丰子性命交关。有切肤之痛。授人以矛避之以盾。虽然风雨不透。却守得漏洞百出。最后柳依桥那边拱拱手。"王先生。承让。"于是王丰子这厢抱抱拳。"柳律师。领教。"竟双双携手而出。赢家兵不血刃。输者虽败犹荣。

原来两人同时想到。柳某人一张铁口。王某人一支钢笔。这响当当的王城两大绝活。为施青青这空前绝后的绝代佳人一番驱驰。到头来谁也没捞到半点好处。徒然只是为施青青扬了艳名。做了广告。不过是替他人作嫁衣裳。不禁相视一笑。同病相怜惺惺相惜起来。

施青青得了自由之身。本想一心一意等着王子。可她住在王城宾馆里开销太大。先是变卖了王子送她的那条钻石项链。勉强苦撑了一阵。最后不得不开始接受众多慕名而来的王先生们的供养。其中最慷慨激昂的供养人是王城首富王川。

日子久了。青青对王子的思念渐渐淡了。于是王川成了王太太的先生。

49

再说那天倪虹有意留王母在王府长住下去。但王母两天后告辞道。"小王爷既然不是我的儿子。我住在王府也是白耽误工夫。我还得到外面去找。而且我也活动惯了。享不了这个清福。郡主若真心待我好。哪天小王爷回来了。叫人知会我一声。让我再瞅他一眼。说上两句话也是好的。"

王母出了王府。心里琢磨。我儿子看来不一定姓王。我老在姓王的人家转悠也不见得就能找着。可我要是再像先前那样整天挪窝。那后生要是哪天回来了。郡主差来的人又一时找不到我。岂不是误了大事。这王一土家给我带来过好运。我还是守在那儿吧。于是王母又到王一土家当了王妈。开始伺候喜娘罗兰。

罗兰一朝十月临盆。生下一个女儿。王一土一腔欢喜化为乌有。发了三天愁。他突然开了窍。

原来王一土在娶罗兰之前青春蹉跎老大未婚。他偶然得到一个偏方。从此在家里养了许多小鸡小鸭阿猫阿狗。但一律都是雌的母的。这偏方果然灵验。不久王一土就奇遇罗兰。喜结良缘。他是土木工程师。常出远门。他和罗兰又都是小猫小狗党的成员。所以婚后这些雌儿也都留着。这样既表示饮水思源不喜新厌旧。同时罗兰独自在家时也不致闲得发慌。可以每天把松开的篱笆扎扎紧。防着有人偷鸡摸狗。前几年罗兰毫无出息倒也罢了。好容易有了喜。竟生下个丫头片子。看来是那些雌儿在作怪。王一土大彻大悟之后顿时大怒。一怒之下把所有可爱的雌鸡雌鸭杀了。又把亲爱的母猫母狗也赶了。罗兰吓得不明所以。王妈连叫罪过罪过。

第二天。王一土又带回来一大群小鸡小鸭阿猫阿狗。罗兰被弄得莫名其妙。王一土神秘地笑笑。原来这回的鸡鸭猫狗都是公的雄的。

刚坐完月子。罗兰又怀了孕。这回王一土信心十足。却也不敢过于托大。一再嘱咐罗兰要保重身体注意饮食。又关照王妈。今后买菜。母鸡雌鸭一概不许进门。鱼啊虾的。分不清雌雄的干脆不吃。

那天王一土回家后见到几个鸡蛋壳。立刻紧张起来。说话声音都有些变调打战。

"罗兰。你……你吃鸡蛋了吗。"

"是啊。怎么啦。"

"吃了几个。"

"四个。"

王一土顿时急得直冒冷汗。"糟了。糟了。你怎么能吃鸡蛋呢。你怎么不想想。蛋有公蛋母蛋之分。谁知道你吃下去的是公蛋还是母蛋。这……这……嘻。都怪我事先没想周到。这下完了。"

罗兰安慰他道。"一土。你先别着急。说不定吃下去的都是公蛋呢。"

王一土一脸懊丧。"哪有这么凑巧。"

罗兰想一想。脸色也变了。嗫嚅道。"但愿公蛋比母蛋多些。"

王一土暴跳如雷。"可是你吃都吃下去了。现在又怎么知道究竟是哪个多。"

罗兰赌气道。"没吃下去你就能分得出吗。吃都吃下去了。反正都是母鸡生的。"

一句话提醒了王一土。他跳了起来。"王妈。还有剩下的蛋吗。"

"有。"

"有多少。"

"一五……一十……嗯。都在这里了。一共十三个。"

"给我。都给我。"

王一土带上鸡蛋就冲出门去。到半夜才兴冲冲地回来。没进门就大叫。"罗兰。好险。好险。我请我的朋友生物工程师王十二替我把十三个鸡蛋用电烤箱快速孵化了出来。感谢圣母。全是母鸡。"

罗兰大吃一惊。担心地看着王一土。

王一土得意地说。"你别不信。我亲眼看着它们出的壳。"

罗兰结结巴巴道。"这这么说……我我吃下去的全全是母蛋喽。"

王一土满脸不以为然道。"嗳嗤。这个你就不懂了。雌雄的比例总是大致相等的。这些全是母蛋。你吃下去的肯定都是公蛋。这回算是侥幸。以后可不能再乱吃东西啦。能不能吃一定得先问过我。"

从此罗兰再也不敢乱吃东西。宁可饿着肚子。等王一土回家问过他以后才敢吃。

一天王一土回家迟了。罗兰饿过了头反而什么也不想吃了。到半夜却又饿了。罗兰见王一土睡得死死的。就独自起来吃了一些土豆泥又躺下。

王一土早上醒来见了餐具。赶紧追问。"罗兰。你晚上吃过什么东西啦。"

"土豆泥。"

"什么时候吃的。"

"大概半夜十二点。"

王一土一跳老高。"哎呀。你你……你怎么能母夜十二点钟吃东西呢。这样你不是又要生个母夜叉吗。"

罗兰争辩道。"什么母夜不母夜的。晚上十二点是子夜。"

"谁说的。"

"书上说的。难道还会有错。你的书架上就有一本书叫《子夜》。听说还是世界名著咧。你买那么多书难道从来不看吗。"

"哪有这本书。我怎么不记得。"王一土将信将疑。一找果然找到了。"嘻嘻。还真有。罗兰。你可别哄我。真是世界名著吗。没准是胡编乱造的呢。哪有这种怪事。同一个时刻竟有两种相互矛盾的名称。可把人给坑苦了。"于是又转忧为喜。

不几日。罗兰按时分娩。又是一个丫头片子。王一土万念俱灰。就主动向夏凡请命。到王村建造通天塔去了。

50

施青青和王川从蜜月一开始。就水蜜桃似的打得水深火热不可开交。施青青再沾雨露。真是久旱逢甘霖。两只眼睛又水淋淋地比水星更明亮了。简直浑身上下每一个毛孔都能漾出水来。她抖擞精神。哆嗦掉水珠。梳理一番羽毛。忍不住夸王川有一个好名字。果然有大江大河的汹涌澎湃。最难得的是能够后浪推前浪。一浪高过一浪。倒不是个浪得虚名的干瘪的瘪三。施青青浪笑道。"不过我可是能容纳百川的大海。"

青青暗自后悔。早知道王子真的一去不回头。我就不必干等着他。差点没把我干死。他难道不知道我在干巴巴地渴望着他吗。倒是王川这个宝贝让我痛痛快快地解了解渴。

但是春潮夏雨一过。蓝天无云。王川很快就秋高气爽起来。大海的鲜贝在响晴白日的曝晒下被吸干了水分。变成了咸津津的干贝。这"川贝"虽然一时也能冒充海味。却只能止咳不能止渴。王川只好干咳着赔着干笑。可惜越干越笑。越笑越干。

从此施青青把柳依桥王丰子王麻子找来。整日整夜地靠搓麻将打发日子。王川只得整夜整日地在边上干陪。干笑。帮太太理牌。青青哗哗地往外输钱。王川绝不皱眉。似乎这哗哗的洗牌声和哗哗的数钱声比哗哗的流水声要动听得多。

青青知道自己欠着柳依桥和王丰的情。现在他们又加班加点地陪自己玩。她就把输钱当作还人情债和发加班费。至于王麻子。青青倒并非领他最后终于同意离婚的情。更不是由于王麻子为了她曾经连两百万都不要。这也没什么稀奇的。不为我发疯的男人我还没见过呢。青青反而有点生气。他不要钱就愿意跟我离婚。倒好像我是不值钱的贱货似的。所以青青决意要输给王麻子两百万。以此证明自己并不是没有身价的。不过叫王麻子搓麻将是不必发加班费的。王麻子的全部欢乐就是麻将。

在柳依桥王丰和王麻子的集体哄抬下。青青的身价越来越高。最后。青青终于把王川的亿万家财输个精光。这时王川的盐碱地已经彻底沙漠化了。

青青冷笑道。"王川。我问你。柳依桥王丰他们跟你说话。为什么一口一声叫你汪先生。难道你现在还水汪汪吗。你到底姓什么。"

王川笑不出来了。"青青。什么汪汪汪的。你别听他们乱吠乱叫。他们都是狗日生的小猫小狗党。都是属狗的。"

青青笑道。"那么你是属什么的。"

"我……我……我也属狗。"

青青沉下了脸。"那你还赖在我这里干什么。"

王川急道。"青青。这房子是……是……我的。"

青青大怒。"你敢说我这里是狗窝吗。"

王川吓得脸色发青。不敢再说一个字。连夜逃出了王城。他知道如果再不跑。他的小命就要留在沙漠里了。

王川逃走的喜讯不胫而走。王城从十六岁到六十岁的王先生们蜂拥到王公馆门前求见王太太。施青青上了王川这狗日的汪王氏的大当。坏了名节。气得跑到王一土家。对王母一把鼻涕一把眼泪地哭诉。王母一听大喜。

"青儿。你说什么。有这么多王先生送上门来。那我能找到儿子了。快走。我搬到你那儿去住。你找丈夫。我找儿子。两不误事。倒省得我挨家挨户地去找。"

王母又抽空到王府。把自己挪到王公馆去住的事告诉倪虹。听倪虹说小王爷还没有回来。她更相信倪世遗不是自己的儿子。要不然大神不会把我引到王城来的。儿子肯定是在王城。王母于是一心一意对付王先生们。一忙乎。把想死的念头都差不多淡忘了。

51

倪虹和王先生到了王公馆。见门前整整齐齐排着上百人的长队。正依次等着施青青的接见。每个人都手捧一大摞足以证明自己从上帝创世以来就确确实实姓王的族谱。家谱。户口簿。身份证。工作证。介绍信等等。门内站着一个英俊潇洒的小伙子。

这小伙子半年前也曾是求见队列中的一员。轮到他的时候。青青例行公事地问道。"你姓什么。"

"敝姓陈。再姓陈。"

青青略感意外。但也不以为意。因为求见者中什么疯疯癫癫的人都有。"你不知道我这里只接待姓王的吗。"

"知道。"

王母心里一动。莫非他是来见我的。青青也来了兴趣。"知道你还来干什么。"

"我知道王太太只嫁姓王的。但我并没有这个非分之想。听说王太太很好看。我就来看看。我就喜欢看。"

青青嫣然一笑。"你看过了。可以走了。"

王母叫住他。"等等。你叫什么名字。"

"我没有名字。"

王母喜道。"说说为什么。"

"我父亲姓陈。我母亲也姓陈。我姓陈当然没有疑问。但我父亲和我母亲为了我这个陈到底算是跟父亲姓的还是跟母亲姓的吵得差一点离婚。结果我只好姓陈。再姓陈。这是符合男女平等的世界潮流的。"

王母大为失望。"你就叫陈陈吗。"

"对。这是复姓。我没有名字。"

青青笑道。"这真是名学的末日了。"

王母还不死心。"陈陈。我问你。你母亲是你的亲生母亲吗。"

"我听说是的。"王母一喜。陈陈续道。"我不可能亲眼看见我母亲把我生下来。现在连亲眼看见的事都不能完全相信。何况没有看见。所以只是听说而已。"

"那你父亲是不是你的亲生父亲。"

"这我就更不敢说了。只有我母亲自己最清楚。或许连她都不敢十分肯定。"

王母大喜。青青大怒。"圣母。这人是个疯子。你给我滚。"

王母因为青青没让她问明白就把人赶走而生了一夜的气。没想到陈陈第二天又来了。青青问道。"陈先生。你还没看够吗。"

"好看的当然看不够。不过我已不姓陈了。从今天起我也是王先生了。"

青青皱眉道。"你这是什么意思。"

"我回家一想。到底是我父亲的姓在前。还是我母亲的姓在前。依然是个问题。再说我也不甘心永远当个无名之辈。我想索性就改姓王吧。反正现在这个姓最流行。我也赶赶时髦。至于名字嘛。有人以神的名为姓。我就以自己的姓为名。所以我现在叫王陈陈。"

青青厌烦道。"可你这个王先生明摆着是假的。"

"王太太。门外排队的王先生又有几个是真的。我是真的假的。他们是假的真的。他们想娶你。我只是想看你。在我看腻以前。我倒可以顺便替你看看门。你不反对吧。"

青青看看王母。王母心想。这人半痴不癫的不会是我儿子。但他不姓王却来了两回。而且高深莫测神神经经。或许是大神遣来帮我找儿子的。就点了点头。

于是陈陈留了下来。他给青青和王母出了个主意。在王公馆门口贴出一张招聘启事。

凡欲应聘者须证明尊姓非假。日接见量以一百人为限。每日凌晨四点发放一百个号牌。持牌者听到叫号依次入内。等候期间务必秩序井然毋得喧哗。无牌者翌日请早。云云。

王公馆外交委员会

王太太接待办公室

鸾年凤月狗日谨启

52

倪虹问陈陈道。"这是王公馆吗。"

"是。"陈陈感到奇怪。他还没见过有女人上王公馆来。何况是这么好看煞人的一个女人。陈陈一时倒看呆了。倪虹不理他。与王先生往里就走。

陈陈这才看见王先生。顿时被他的非凡气度震慑住了。陈陈不由自主地闪开。让他们进去了。

王先生们立刻起哄。"嗳。怎么不排队就进去了。小白脸儿想捷足先登吗。"

"喂。出来。大爷等了一夜还没见着呢。"

"那小娘们儿也挺标致的。待会儿让咱也一块儿见见。"

"王先生。你这就不对了。不是说机会均等老少无欺吗。"

"他是陈先生。不是王先生。"

"你敢嘲笑我。"

"不不。我不是说你。"

"你敢吗。"

陈陈赶紧打圆场。"先生们。嘘。嘘。别嚷。王太太一恼。就谁都不见了。刚才进去的。那是……那是……王太太的妹妹和妹夫。"

倪虹和王先生穿过前庭。就见堂屋里施青青正在问话。

"王先生。你贵姓。"

"我姓王。叫王十二。"王十二觉得奇怪。哪有这种问法。称我王先生。又问我姓什么。他不知道青青用这法子试探出了不少假货。有不少人竟脱口而出。"免贵。敝姓赵。""不敢。我姓钱。"还有一个人更绝。青青冲他一笑。他看着青青的酒窝当场就醉了。"不。我不姓王。我是李先生。"

青青又问王十二。"请教贵庚多少。"

王十二道。"我今年二十七岁。二月二十五日亥时生。"

青青暗笑。又来 个。原来王母坐在边上通常不说话。一天有个叫王一士的人说是二十七岁。又是二月二十五日亥时生的。王母立刻喜形于色。把他拉到里屋去仔细盘问。结果又是空欢喜一场。同样空欢喜一场的王一士出门一说。大伙儿以为这个生辰与王太太的八字正合。于是从十六岁到六十岁的老少爷们立即都变成了二十七岁。而且是同年同月同日同时所生。仿佛这么多王先生是同一个母亲的孪生兄弟。也不想想他们的共同母亲肚量有没有这么大。

这一来把王母给忙坏了。但又骑虎难下。明知道假的比真的多得多。

也不敢疏神。这可是大神特意安排了让我找儿子的。万一有一个是真的呢。不盼一万。就盼万一。我可得有耐心。大神在考验我呢。

青青道。"圣母。你累了吗。"

王母道。"不妨事。"站起来对王十二说。"跟我来吧。"

这时倪虹走了进来。"老太太。您瞧谁来了。"

王母一回头。"哎哟。这不是郡主吗。"王母和王先生的视线突然交叠在一起。两人的心脏霎时都停止了跳动。王先生对倪丘和倪虹的话再也没有任何怀疑。抢上一步跪了下来。

"母亲。孩儿来迟了。"

施青青惊喜地叫了出来。"王子。我的王子。"就走上一步。见王先生瞧也没瞧她一眼。她一阵大窘。顿时羞得满脸绯红。

王母颤巍巍地挪步向前。"儿子。我的儿子。"王母突然站住了。"郡主。他……他真是我儿子吗。你可千万不能为了让我高兴叫小王爷来哄我。那是……那是不中用的。"

青青急了。"圣母。你……你不是想儿子都快要想疯了吗。管他是真是假。你就赶紧认了吧。"

王母斥道。"青儿。你别胡搅。你没听说王城人有一句俗话吗。'老婆是人家的好。儿子是自己的好。'"

倪虹上前搀住王母。"老太太。是真是假。您老人家和他到里屋去弄个明白吧。"

王母和王先生进了里屋。倪虹随手带上门。把要跟进去的青青拦住了。

青青怒道。"倪虹。这是我的王公馆。可不是你的亲王府。让开。"

倪虹笑道。"青青。这会儿老太太正在看他屁股上那块胎记呢。你也这么好奇吗。别忘了。你可是他嫂子。"

"别胡说。我是他未婚妻。有什么看不得。"

"看得。看得。"倪虹笑嘻嘻地让开了。"请进。"

"我……也不急着看。"青青一下子脸羞得通红。"咦。倪虹。我问你。你怎么知道他身上有胎记的。"青青满脸疑云。倪虹不紧不慢道。

"我是他姐姐。从小就是我替他洗澡换尿布。我当然知道。"

青青心里一宽。又隐约感到不安。一时也说不出什么。心里忽喜忽忧。这时。被撇在一边插不进嘴的王十二见王太太吃瘪。再也憋不住了。他无礼地对倪虹嚷道。

"喂。叫那小子出来。"

倪虹一愣。"你是什么人。在这里大呼小叫。"

"我嘛。我是王十二。老太太正要带我进去认我做女婿。那小子却抢在我前面赶着认起丈母娘来。好不要脸。我就不会叫吗。母亲。岳母大人。我愿意做您倒插门的女婿。您老人家就认了我这个儿子吧。"他一把推开倪虹就去拉门。"咦。真的把门倒插上了。喂。小白脸。有种你出来。"

倪虹又气又急。青青起初见王十二为了讨好自己而顶撞倪虹。颇为高兴。听王十二对王子无礼。就喝道。"王十二。"

"有。"

"你敢在我这儿撒野。"

"不敢。"

"快给我滚。"

"这……"

"你敢不听我的话。嗯。"

王十二不敢再说。垂头丧气地往外走。忍不住又回头乜了一眼俏脸含嗔的青青。青青娇笑着瞥了瞥倪虹。心想。你能把他治得这么服服帖帖吗。但倪虹心定神宁佯装不知。

两人各怀心事。谁也不说话。陈陈走进来问。"王太太。王先生们问。今天还见不见他们。"

倪虹抢着道。"见。"

陈陈一听。哟嗬。真让王先生们说中了。这妙人儿果然是上这儿来招女婿的。青青白了倪虹一眼。"陈陈。叫他们散了。我今天谁也不见了。"

陈陈去了一会儿进来。"他们问今儿发的号牌明天还管不管用。"

"什么明天。明天也不见。"

"后天呢。"

"让他们见鬼去吧。陈陈。把他们赶走。不许再来。"

陈陈去了一会儿又进来。"王先生们更不肯散了。好歹要请你出去让他们见上一面。要不然他们就闯进来。"

　　"快拦住他们。就说……说……我已经订婚了。"

　　倪虹脸色一变。陈陈也吃了一惊。"谁……谁……跟谁订婚了。我怎么不知道。"

　　青青红着脸啐道。"要你多嘴。"

　　陈陈结结巴巴道。"不……不是我多嘴。外……外面的王……王先生们……定……定有此……此一问。"

　　青青嗔道。"又关他们什么事。"

　　陈陈定了定神。看了倪虹一眼。突然一改俯首帖耳的神态侃侃说道。"王先生们一定会说。王太太既然早已订了婚就不该消遣人。既然王太太爱消遣而且今天已经消遣了不少王先生。就该把他们也一起消遣了。因为他们和王太太先前消遣的那些个王先生一样。都是如假包换的王先生。"

　　青青撇撇嘴。"哼。都是假的。他们以为我真不知道。"

　　陈陈不动声色。"你既然知道他们是假的。就更说明你本来就是为了消遣。他们为了让你消遣。昨天晚上带着干粮巴巴地赶来。今天早上好不容易领到了牌。编上了号。罪犯等判决似的等了大半天。现在你却说不想见他们了。"

　　青青忍不住扑哧一笑。"活该。这是他们自找的。"

　　"说得对。所以你不愿见他们。他们也只好自认倒霉。"

　　"还是的。他们还想怎么着。"

　　"他们还是非要见见你不可。"

　　青青奇道。"你说我不见他们。他们就认了。怎么还要见我。"

　　"他们会想出一个两全其美的办法。请你闭上眼睛。让他们排着队进来参观一下。"

　　青青怒道。"胡闹。他们竟敢消遣我。"

　　"'消遣人的必被人消遣。'这是先知王八说的。"倪虹闻言一震。

　　青青冷笑道。"我要是不同意。他们就要冲进来。就要暴动吗。"

　　"那倒不会。我敢担保他们每个人都是怜香惜玉的多情种子。不可能做出唐突西施的蠢事。"青青和倪虹都不明白陈陈这样颠来倒去地说了半天到底是什么意思。却见陈陈突然满脸怒容地说道。"但他们肯定要迁怒于他。因为是他叫他们吃了这个大亏。他们只好在他身上出出气。跟他过不去。"

青青失惊道。"谁。他是谁。他们要跟谁过不去。"

陈陈双手一摊。傲然道。"我怎么知道他是谁。这正是他们要问你的。"

青青缓缓地点着头。一字一顿道。"你很好。陈陈。我倒是小看你了。很好。这笔账以后再算。你先出去告诉他们。他是……他是……"

陈陈冷笑着打断青青。"我出去倒是真的。但有什么话你自己去对他们说吧。我并不想知道他是谁。"说完抬腿就走。青青气得一只眼睛冒水。一只眼睛冒火。

"陈陈。你……你给我回来。"陈陈理也不理。

倪虹突然开口道。"陈先生。请留步。"陈陈回过头来诧异地看着倪虹。倪虹有点窘。"陈先生。请等一等。我有话对你说。"

青青横了倪虹一眼。不便发作。心想。莫非你也看上他了。青青扁扁嘴。当面收我的破烂。也不害臊。但却恨死了陈陈。你这小贼临阵哗变。好没良心。这小寡妇有我美吗。哼。

陈陈纳闷。这美妇处处和施青青怄气。不知是什么来头。又有什么话要对我说。见倪虹并不说话。只是对陈陈淡淡一笑。这一笑虽没有施青青那样勾魂摄魄。却自有一种令人怦然心动的高贵风华。陈陈顿时明白了。是了。她叫住我不过是故意气气施青青。煞煞她的气焰。其实并不是真的有话说。不禁会心地回报了倪虹的微笑。也不说话。只是嘲弄地看着施青青。

倪虹想。这小伙子倒挺机灵。

青青气得耳朵直打哆嗦。你这小花狗竟敢在我面前跟这贱人眉来眼去。你这贱人瞪着我干吗。你知道我肚子里在骂你吗。你还不服气吗。你要真是清白的贵妇人。就别老是做出这种丑态。她见陈陈把视线移到自己身上又心花怒放。你才知道没有任何人比我好看吗。你现在后悔也来不及了。你可怜巴巴地看着我也没用。你现在就是跪着求我留下你。也别想要我答应。我的王子回来了。你当然得滚蛋。青青突然明白过来。哦。原来你是在吃王子的醋。我刚才怎么会没想到呢。我是给倪虹气糊涂了。青青笑了。谁说男人不像孕妇那样爱吃酸枣呢。越是文绉绉的男人越是酸溜溜的。醋熘酸丁可是我的拿手好菜。我还没见过不为我喝酸梅汤的男人呢。青青突然想到。王子大概是唯一的例外。他要是肯为了我跟人拼命。我就是跟他一齐死了也值。可惜他不会。他也不会像乌眼鸡那样盯着我心醉神迷。幸亏陈陈不用我打发就自己走路。要不然王子一怒之下又会把我撇下。其实普天之下只有他一个人不把我放在眼里。我为什么不嫁别人却非要等着他呢。

三个人演了半天哑剧。里屋门咿呀一声开了。王先生扶着王母走了出来。王先生依然不喜不怒。眉宇间挂着一丝若有若无的淡淡忧郁。王母却容光焕发。虽然眼圈红红的。倪虹抢上一步抱住王母就哭起来。青青没想到倪虹有这种本事。说哭就哭。

"老太太。王爷对不住您。我也对不住您。您……您能原谅我吗。"

王母不禁也流下泪来。"郡主。后来的事我都知道了。过去了你就别再提了。这都是大神的安排。王爷也过于自责了。何必为此自寻短见呢。王爷替我把儿子尽心尽力拉扯大也抵了他的罪过了。我还能再派他的不是吗。你又有什么地方对不住我啦。郡主。你帮我们母子团聚。我谢你还来不及呢。好了。郡主。别哭了。"

王先生也劝道。"姐姐。我刚劝住母亲。你又来引她。"

不料倪虹更伤心了。"老太太。我不该一直瞒着您。说他是我的亲弟弟。让您老人家多担了两年心事。"

王母道。"这也是命该如此。你一直待我很好。还要我搬到王府去住。你当时瞒着我。该是有什么不便说的原因吧。"

倪虹抹了抹眼泪。"老太太说对了。陛下早就有意立他为储。但一时又找不到他。所以一直到现在还没有册立太子。要是我当时就告诉您。老太太自然高兴。但您老人家一旦不再找儿子。或许会让外人瞧出破绽。万一让陛下知道他不是王爷的亲生儿子。不但不会再传位给他。恐怕他还会有杀身之祸。"

王母又惊又喜。"郡主。这么说。我们母子相认的事现在还不能让外人知道喽。"

倪虹说。"现在该由你们母子自己决定了。我当时为了怕出意外连您老人家也瞒过了。也是不得已。只盼您别怪我自作主张。"

王母忙道。"郡主。你这是好意。我怎么能怪你。"

施青青再也忍不住了。"圣母。你别信她。她在吓唬你呢。哪有不让嫡亲母子相认的道理。倪虹。你别红口白牙地在这儿卖痴撒娇。今天是我们王施族人团聚。究竟谁是外人。你应该明白。我们还有体己话要说。现在我请你和陈陈都出去。"

倪虹哭道。"全凭老太太作主。"

王母喝道。"青儿。你胡闹。"

青青也哭了。"圣母。这么多本来不姓王的人倒可以改姓王。王子本就姓王为什么却偏偏不能再改回来。"

王母道。"只要他是我儿子。暂时不改过来又有什么关系。"

青青更伤心了。"暂时。暂时到几时。他不姓王我又怎么……怎么能……别人又怎么知道……他是你儿子。"

"只要大神和祖宗知道王族没有绝了后就行。他一旦当了国王。就可以姓王了。"

王先生突然开口道。"母亲。我不想当国王。"青青一喜。

王母不解地看了看王先生。"孩子。我要你使王族复兴。你不是已经答应了吗。"王先生不说话了。王母慈爱地笑了。对倪虹说。"郡主。青儿说话不知轻重。你别往心里去。我绝没有把你当外人。"

倪虹楚楚可怜地说。"老太太既然不把我当外人。为什么还一口一声叫我郡主。这叫我怎么担待得起。以后住在一起。下人听了也不像话。"

王母喜道。"郡主也要搬来一起住吗。"

倪虹道。"他现在当然还得住在王府。老太太自然是搬去跟他同住。日后就是一家子。我从小就没了娘。您老人家要是真的疼我。就让我伺候您一辈子吧。"说着泪涟涟地跪了下去。

王母着了忙。"使不得。郡主。这可使不得。快起来。"

"老太太不答应。我就不起来。"

"答应。怎么不答应。虹儿。好孩子。"王母颤声道。"我以为今生今世不会再有儿女了。没想到今天一下子又全有了。"她抬头望着想象中的天堂。"老大。莫非你已经找到彼岸了吗。"

倪虹激动地叫了一声"母亲"。抱住王母喜极而泣。"母亲。我已经请青青也一齐搬去。还请了陈先生到王府当总管。您说好吗。"

青青和陈陈都吃了一惊。她什么时候请过我了。陈陈眯起眼睛盯着倪虹看。王母倒不知说什么好。

倪虹续道。"他们都已经答应了。"

青青和陈陈更大吃一惊。我什么时候答应过了。可是两人谁也不想否认。因为他们确实都想去。于是倪虹含着泪笑了。

王母也笑了。"虹儿。你想得真周到。"

青青越想越气。她从来没有被任何人这样随意摆布过。偏偏和倪虹斗智斗口时时处处都落下风。她一跺脚赌气进了里屋。陈陈不由得苦笑了。

倪虹笑吟吟地挽着王母。"母亲。我们走吧。"

王母道。"青儿呢。"

倪虹说。"她还要收拾一下。我明天派人来接她。"

于是王母。王先生。倪虹。陈陈四人一起出了门。门口一大堆人正在探头探脑。一见有人出来急忙缩回去整整齐齐排好队。却又推推搡搡地低声争执着谁前谁后。

王母一行四人出了门。走在最后的陈陈突然被七八只手同时拽住。

"王先生。你别走啊。王太太今天还见不见我们。"

陈陈用力挣脱出来。"快放手。我不是王先生。"他突然压低了嗓门。"先生们。现在正是王太太考验你们的时候。就看你们谁能坚持到最后了。"

一个人惶急道。"我呢。我呢。我……我还有没有希望。"

"你是谁。"

"我是王十二呀。刚才……刚才……"

"噢是你。你怎么还赖着不走。"

"我……我……我怎么能走。刚才被打断了。说不定……"

"那你等着吧。说不定王太太第一个想见的就是你。"

"可我的号牌刚才进去的时候被你收去了。"

"嗜。王太太已经认识你了。你还要什么牌子。"陈陈的一句戏言立刻把王十二变成了全体王先生的公敌。陈陈乘着众人群起而攻之的空隙。一溜烟地追赶倪虹他们去了。

53

倪虹为了避开停在前厅的倪丘灵柩。特意绕道从花园旁的角门回到王府。

倪虹先让王母到楼上自己的卧室里歇息。由王先生陪着母亲说话。自己退下来亲自给王母在底楼收拾出一间上房。又张罗着伺候王母用了饭。然后安顿王母早早地睡了。又把全府下人叫齐了。让陈陈接管了一切。这才挥退众人。对陈陈细细吩咐了明日要办的大事。一直忙到半夜。累得嗓子都哑了。才由柳叶侍候睡下。

次日一早。倪虹天蒙蒙亮就起来了。等她忙停当。天色已大明。她赶紧伺候王母起床洗漱。又替王母梳了头。然后照应王母用早饭。

王母道。"虹儿。你怎么不吃。"

"母亲。我已经吃过了。"

王母道。"虹儿。青儿一个人在家。我不放心。"

"母亲。一大早我已打发柳叶到王公馆接她去了。难得她这么个冰雕玉琢玲珑剔透的人物。偏又和我这么投缘。我自小又没有姐妹。巴不得她早来。就怕她嫌弃不肯来。"

王母喜道。"她哪有不愿意的。"

正说着话。王先生下楼给母亲请安。倪虹对王先生道。

"今天王爷出殡。陛下也要来。你也只好出去装装样子。"就站起来。"母亲。今儿前厅人多吵闹。昨天您劳了神。只怕还没有缓过来。您歇着吧。"就留下自己的乳娘王妈。陪着王母在后堂说闲话。自己同着王先生来到前厅。王先生一身黑衣服。倒不必另换丧服。

远远地就听传来了喝道声。倪九十九亲自祭奠倪丘来了。倪虹和王先生都在门口接驾。倪九十九下了辇。一见王先生顿时大喜。

"世遗。游学回来啦。"

"我昨天晚上刚到。"

"好好。回来就好。怎么一去就是这么多年。"

"陛下。因为我越学越糊涂了。"

"好。好。还是老脾气。要不是老二走得快。恐怕你还不会回来。你父亲真是个大忠臣。死也死得这么有价值。"就令夏凡开读祭文。

夏凡正在摇头晃脑。只见柳叶引着施青青从大门进来。倪虹连忙迎上去。亲热地拉着青青的手。走到倪九十九面前。

"青青。来。见过陛下。陛下。这是我的闺友。施青青小姐。"

倪九十九呃呃连声。眼睛早已直了。嘴张得大大的竟忘了说话。青青心里没好气。你一会儿王爷。一会儿陛下的。想把我唬住吗。对倪九十九非常冷淡。一双妙目只是眄着王先生。

倪虹向扮成孝子的陈陈丢了个眼色。夏凡一读完祭文。陈陈就似哭非哭嬉皮笑脸地扶着哭丧棒。指挥众人吹吹打打把倪丘的灵柩抬了出去。

倪虹吩咐柳叶。"领青青小姐到她房里歇息。"青青忍一口气。跟着柳叶走了。倪九十九不由自主地想跟上去。倪虹道。"陛下。请到书房用茶。"

倪九十九只好顾左右而不言她。心里寻思。看来这个施青青不像是倪虹那样的死心眼。但不妙的是似乎她对世遗心有所属。这倒有些难办。

倪九十九到了书房。对倪虹道。"郡主。这位施小姐真是你的闺友吗。我怎么从来没有见过。她是谁家的千金。"

倪虹笑道。"陛下还记得圣河上游那个集体自杀的王施部落吗。"

"当然记得。怎么。"

倪虹道。"传说整个部落近千人无一幸免。但这不是真的。"陪坐在侧的王先生一愕。倪虹又道。"这位施青青就是唯一逃出来的人。"

倪九十九大喜。"久闻施族美女艳名。我几次命老二前去征选。都没能如愿。引为平生最大的恨事。但毕竟没亲眼见过。还以为只是小民无知误传。没料到竟一美至斯。真是名不虚传。太好了。可惜……可惜……"

倪虹道。"是啊。可惜这样举世无双的绝代佳人只有一个。也不知我弟弟几世修来的福缘。竟然得到她芳心相系。以身相许。"

倪九十九大惊。"郡主。你……你刚才说她……是你的闺友。怎么……世遗。这是真的吗。"王先生皱皱眉头淡淡一笑。刚要说话。倪虹不紧不慢道。

"陛下。她住进亲王府。要是让外人知道她还只是世遗的未婚妻。岂不叫臣民们笑话。所以对外只能说是我的闺友。再说世遗一心求道。以天下为己任。现在又是王爷的丧期。所以他还没有打算结婚。"

倪九十九心里略宽。强笑道。"不错不错。世遗志不在此。自然不必让外人知道。哈哈。"于是站起身。叫世遗明日早朝陛见。就打道回宫了。

54

柳叶引着青青来到后堂。王母一见侄女。急忙把她叫到自己房里。关上门。立刻沉下脸来。"青儿。你没忘了当初我对王丰说的话吧。"

青青一听顿时急出泪来。"圣母。对那种人说的话。当然不能算数的。"

"胡说。我又是什么人。我说的话怎么能不算数。我告诉你。倪虹是个好孩子。难得她处处为我们着想。你要是敢在这儿胡闹。我就要你死。"

青青哇的一声哭了出来。"圣母。你至少也该问问王子他……他还要不要我。"

王母生气道。"这些儿女小事。还提它做什么。干儿现在只能有恨。不能有爱。他既不会爱你。也不会爱任何人。我要他。也要你记住。王城毁灭了咱们王村。大神让咱们三个人活下来。就是要咱们报仇雪耻。把王城也毁了。本来我以为这事不易办到。现在王儿眼看就要当上国王了。一个国王要拯救一个王国不容易。但要毁灭它却不难。"

这时。倪虹和王先生送走倪九十九回来了。王先生嫌人多闹得慌。告准了母亲。就独自到楼上自己房里吃午饭。随后就到花园里散步沉思去了。

倪虹和青青陪王母用过饭。伺候王母歇下。倪虹牵着青青的手。上楼到了青青的房间里。

"青青。你隔壁就是世遗的房间。向着花园。我的房间在另一头。你需要什么尽管对我说。也可以跟陈陈说。他本来是你的人。你更会觉得像在自己家里一样。"

青青抽回手。打量一下房子。见布置得精致周到。就看着倪虹冷冷地道。

"倪虹。圣母被你哄得团团转。把你当成了大好人。但我不信天底下有这样没来由的好人。你煞费苦心地把我们留在这里管吃管住。我猜不透你到底是为了什么。难道你只是为了留住一个不是你弟弟的弟弟吗。可他毕竟不是你亲弟弟呀。"青青突然被自己的一个念头吓住了。"莫非……莫非……你也爱他。"

倪虹坦然地笑道。"青青。你很聪明。"

青青结结巴巴道。"可……可他是……是你弟弟呀。"

"是的。所以我像爱弟弟一样爱他。"

"他……他爱你吗。"

"他一直像爱姐姐一样爱我。"

青青略微松了口气。"自然是这样。否则两年前他也不会打算跟我结婚。"

"青青。你不用提醒我。我不会忘记这件事。"

"倪虹。我请你记住。不是我要来。是你自己请我来的。而且我不会领你的情。因为你只是为了讨圣母的喜欢。所以你最好对我客气些。否则我随时会走。我一走。你的如意算盘就打不成了。"

"你是说。你一出王府就会把他的真实身份说出来。"

"你以为我不敢吗。"

"你敢的。但我可以告诉你。他肯定不会跟你走。"倪虹突然叹了口气。"只是他一旦暴露了身份。也不会再留在这里。青青。我和你都有所顾忌。而且……难道你没有看出来吗。他心里已经有人了。"

青青吃惊道。"谁。"

倪虹黯然道。"我也不知道她是谁。"

"那你怎么知道的。"

"如果他没有见到老太太。他现在肯定已经不在王城了。"

"他要去哪里。"

"没人知道。本来王爷是知道的。可他死了。还有王爷的心腹。王府的总管倪福也知道。王爷就是派倪福去送信把他叫回来的。但是他回来了。倪福却没有回来。他还没有到家。信却来了不少。信封上没有地址。也没有寄信人的名字。"

青青忍不住道。"你不会拆开看看吗。信里肯定有她的名字。"

"我想是的。"倪虹不屑地笑笑。"可我并不想知道她是谁。"

青青红了脸。掩饰道。"你把信都给他了。"

"没有。"青青又喜又惊。倪虹淡淡地说。"信封上写的收信人是'倪世遗先生'。可我不知道谁是'倪世遗先生'。"

青青急切地追问道。"那么那些信呢。你把它们扔了还是烧了。"

倪虹神情淡远地说。"我已经忘了。反正对我来说。收信人'倪先生'根本就不存在。对我弟弟来说。只要他不离开王城。那个神秘的寄信人也不存在。"

青青被弄迷糊了。

晚饭前。王先生进来了。略坐一坐。他站起来对王母说。"母亲。我回自己房里吃饭。"

王母道。"王儿。咱们母子好不容易才见了面。今晚咱们一块儿吃吧。"

"是。母亲。"王先生很勉强地答应了。他走到长桌一端坐下。王母在另一端坐下。无限爱怜地看着儿子。倪虹和青青坐在王母两边。殷勤地伺候着。

正说笑间。陈陈举着一个托盘走进来。一见王先生也在。他略显迟疑。随即把托盘高高地举起。"郡主。请……请出来一下。"

倪虹严厉地说道。"陈陈。有什么话不能说。"

陈陈吞吞吐吐地说。"有一封……给倪世遗先生的信。"

倪虹一窘。才明白陈陈为何古怪地把托盘举得那么高。只好强作镇定道。"把……把那个……给我。"

陈陈犹豫了一下。只好恢复了托盘的正常高度。走到倪虹面前。倪虹拿起信看了看。淡漠地说道。"陈陈。你要记住。我们这里只有王先生。没有倪先生。"说着。她把信举到桌上的烛台上。就着烛焰点燃了。倪虹的神情顿时兴奋起来。两眼放光。盯着手上跳动的火苗一眨不眨。她慢慢转动着手里的信。看着它被火焰完全吞没。才一甩手扔在陈陈手上的空盘里。然后把手慢慢地举到嘴边。轻轻哈着气。陈陈惊呆了。青青也吃惊不小。两人同时转过头看着王先生。但王先生脸上没有任何表情。

倪虹抬起头看着王母。王母赞许地点了点头。微微一笑。倪虹霎时两颊飞红。舒出一口长气。王母也转过头意味深长地看着儿子。

王先生站起来。良久。突然仰天哈哈长笑。笑声悲凉而疯狂。三个女人同时吃惊地叫道。

"王儿。"

"王子。"

"世遗。"

王先生止住笑。他的眼睛里已充满了泪水。在烛光下莹莹地闪着光。他竭力忍住不让眼泪掉下来。猛地一脚把椅子踢翻。转身冲上了楼。

倪虹的眼泪也下来了。

55

第二天早朝。倪九十九当着文武百官。命御史大夫领丞相事夏凡宣读诏书。

"白马亲王世子倪世遗接旨。"

圣天圣地允文允武神之护之鬼之助之国王陛下诏曰。

已故丞相倪亲王丘助朕一统天下。功高于国。赤胆忠心。不幸早逝。人天同悲。

所幸神天庇佑本朝。白马亲王世子倪世遗雄才大略尤胜乃父。汝父在日。朕已有意立汝为储。然汝父竭力谏阻。谓自古传嫡不传庶。传长不传幼。殊不知朕之九十九位王子皆朕临幸未满十月即过早降生。朕疑心乃敌国冤魂转世投胎。故容貌酷肖朕者几希。朕之铁打江山岂能拱手送与异族外姓。所谓非我族类。其心必异。此乃千古不易之至理也。

白马亲王一念之愚。遣汝远游。致使王嗣久虚。可谓愚忠误国。遂而罢相。竟郁郁而终。已而众朝臣请立太子。朕均未准。实乃虚席以待吾子。今万事皆备。国阜民丰。朕决意急流勇退。安享清福。然创业实难。守成惟艰。汝父为相卅载。尝助朕开古今未有之盛世。尚居安思危。拒不续纳王妃。今汝父已八年未摄相位。朝政弛懈。百废待兴。汝不日新承大统。宜光大父风。心无旁骛。勉乎哉。钦此。

龙年虎月狗日

这里正在早朝。两个小黄门已到王府宣施青青进宫面圣。倪九十九急急退了朝下来。一见青青已经到了。喜不自胜。

"施小姐。你知道我统一世界是为了什么吗。"

"为什么。"

"为了找你呀。我找遍天下没能找到你。又派白马亲王周游世界三四遍去找你。还是没有找到。先知王八为此感叹'踏破铁鞋无觅处'。白马亲王为此绝望得自杀了。但我见到你后。才终于明白了白马亲王自杀的真正意图。"

"什么意图。"

"用他的亡灵把你召来呀。他的忠心感天加上我的痴心动地。你和我就在他入土前最后一刻。在他的灵柩前奇迹般地相遇了。这样他就完成了我交给他的毕生使命。"

青青惊喜交集。看来我要找的王先生是他——一个真正的国王。让那些王先生的赝品见鬼去吧。这位才是真金足赤的王先生。我当王后岂不比当王太太强些。明萱要是不死。我也是个王后。我天生就是该做王后的。再说。他是古往今来最伟大的英雄。我是过去未来最漂亮的美人。我不嫁他嫁谁。他不娶我又娶谁。

倪九十九狂笑道。"让我们为这一伟大的历史性艳遇干杯。"

从来不醉的施青青陶然欲醉了。"干杯。"

王先生回到王府。王母和倪虹正焦急地等着他。王先生看着倪虹一字一顿道。"郡主殿下。愿意做我的王后吗。"

倪虹和王母对望一眼。惊喜得同时跳了起来。

56

尚且惊讶不已地搁下笔："王先生，这一切太不可思议了！我差不多已经相信您不是王子，也相信王子不是倪世遗。可是现在倪世遗又变成了王子，王子又变成了王先生。一切好像正在重演，而且是颠倒过来的重演，就像是倒放的电影。"

王先生眉头紧锁："是啊！要是能够永远这样颠过来倒过去该有多好！可惜快要倒到头了。"

"王先生，您是王先生吗？"

"我是王先生，又不是王先生；就像你既是你，又不是你，他既是他，又不是他一样。每个人都是我，每个人又都不是我。"

"王先生，您的话我一点不懂。"

"难道你没有从我的梦里看到真理吗？"

"真理？您的梦太荒诞了，比离奇小说还要离奇得多，简直叫人无法相信，就跟神话一样。"

"可是这一切都是真的。小说只是显得真实，神话只是显得不真实。我本来就没指望有人相信。"

尚且突然又兴奋起来："王先生，我父亲倒是越来越成为您的信徒了。他一开始只是假装相信，渐渐地，他越分析您的梦，就越是确信您说出了真理。他还要我也装出一副相信的样子，以免影响您的情绪。可是我不喜欢装假，除非哪天我真的相信了。"

王先生笑道："虽然我的工作进行得很顺利，但真理是不可能用语言表达出来的。不过要是没有你的帮助，恐怕我连真理的影子也摸不到呢！所以依我看，你比你父亲更像一个虔诚的信徒。"

尚且无邪地欢笑了，兴冲冲地把第四天的记录稿送给尚大夫去了。

金曜日之梦

57

倪九十九为了全力对付施青青。迫不及待地传位给了王先生。青青非常生气。没想到我的王后梦竟落了空。倪九十九安慰她道。"王太后跟王后相比。听起来与王太太更近在咫尺。"

青青见事已如此只好自我安慰。"名教上总算不无小补。"

直到倪九十九带着她去参加王先生的加冕礼和同时举行的与倪虹的婚礼。青青才恍然大悟。原来到底还是便宜了倪虹这小蹄子。不禁咬牙道。"好吧。这样一来你就成了我的儿媳妇。我是你婆婆了。你得管我叫妈妈。哼。既然你撞在我手里。我就绝不跟你婆婆妈妈地客气。量你公公也不敢吃里爬外地护着你。虽然从来都是'公说公有理。婆说婆有理'。王城人还口出狂言。说什么'公理可以不证自明'。我才不信这一套呢。我的话就是真理。媳妇就是得听婆婆的。要不然为什么从来只说姑娘们找婆家。不说找公家呢。媳妇只有把婆家的东西拿回娘家时。才谎说'那是公家的。不拿白不拿'。那还不是因为公公总是睁一只眼闭一只眼吗。"

典礼结束后。倪虹抑制不住内心的激动。对王先生说。"婚礼成了我的洗礼。你洗去了我原来的罪孽和所有的耻辱。我又获得了新生。我整个一生都在盼望着这一时刻。今天终于如愿以偿了——我成了你的新娘。"

王先生说。"可我并不是你的新郎。我是整个世界的新郎。我也不是来为你施洗的。世界就像一块臭烘烘的尿布。王八就是我用来洗这块尿布的肥皂。王八具有肥皂的一切美德。圣洁而容不得一丁点污垢。洗净了世界。毁灭了自己。我不是因为我的母亲。也不是因为你才留在王城的。从圣旨成为我的尿布那一时刻起。我就注定了要戴上这顶荆棘编成的王冠。我留在王城也不是为了完成我母亲要我做的。毁灭这座魔鬼之城。因为即使这个世界已经变成了鬼魅的世界。它还是充满魅力的。"

倪虹刚要开口。陈陈却来辞行了。王先生讶然道。"陈陈。我正要重用你。怎么反倒要走。"

"王先生。王后。我游荡惯了。从不在一个地方待得太久。我喜欢到处看看。"

王先生好奇道。"看些什么。"

"什么都看。活着不就是看看吗。看云。看雨。看山。看海。看风景。看热闹——看得我都入了迷。看电影。看电视。看书。看报。看别人怎么生活——这就是我的生活。还有。看别人的笑话。看上司的脸色。看好看的女人。看难看的男人。看结巴吵架。看疯子画画——什么不能看呢。一辈子只顾看还看不过来呢。只好爱看的多看看。不爱看的少看看。但也不能不看。因为看一眼就少一眼。看不了多久。就要没得看了。所以我宁愿什么也不干。就站在一边。看得心旷神怡。看得肝肠寸断。王城已经让我看腻了。我想换个地方看看了。"

王先生心里一动。"你最爱看的是什么。"

"葬礼。"

"为什么。"

"因为好不容易才少了一个人。"

"你最不爱看的是什么。"

"婚礼。"

"为什么。"

"因为人又要多起来了。婚礼只是一个使作爱合法化的巫术仪式。但它合的只是人间之法。在神的眼里。却是非法的。"

王先生倏地站起来。眼睛一眨不眨地看着陈陈。陈陈也眼睛一眨不眨地看着王先生。一字一顿说道。"有些人能够杀人不眨眼。我也能不眨眼。但我不杀人。我只是一眼不眨地看着而已。依我看来。人是不可能被杀的。人类正在自杀。大祸就要降临了。"

王先生受到了极大的震动。"陈陈。你到底想说什么。"

"王先生。你知道王八吗。"

"正是我的恩师。"

"你知道王八是谁。"

"请说下去。"

"说来话长。"

"愿闻其详。"

"三十多年前。先知王八走遍天下。传播祸音。先知说。'我不是来传播福音的。你们听人误传了两千年的福音。并没有得到至福。我实在告诉你们。天国远了。而大限近了。大祸就要临头了。我是来传播祸音的。但我不能阻止灾祸的发生。祸根就在你们身上。知道恐惧的就要斩断祸根。我是来传播祸音的。我不是来审判的。我也不是来拯救的。因为我没有这个权柄。我只能收割我自己。每个人应该收割自己。凡不愿收割祸根的。要有人来代他收割。那人就要来了。比我更大的先知就要来了。他有最大的权柄。我连给他提鞋都不配。我是来修直他的道。铺平他的路。但他不是来救这个世界的。他要来灭这个世界。因为只有灭了这个旧的。才能重造一个新的。他来的时候。凡怀孕的和奶孩子的有祸了。使人怀孕的和使人奶孩子的也有祸了。还在奶孩子的又再次怀孕的有大祸了。使还在奶孩子的又再次怀孕的有大祸了。我就是来传播这祸音的。凡有耳朵的就应当听。'

"可是人们根本不把先知的祸音当回事。只有极少数人因为恐惧而开始奉行独身主义。可是自从倪九十九宣布独身主义为异端。先知王八舍身殉道以后。独身主义者也不得不结了婚。但独身主义者不敢忘了先知的遗训。所以都不生孩子。于是独身主义者摇身一变。成了无后主义者。万万没想到无后主义竟比独身主义更适应这个时代。得到了迅速而广泛的传播。因为现在已不是禁欲的时代。而无后主义并不影响人们狂欢。所以比独身主义更容易被这个时代的人们接受。仅仅几年时间。全球各地就成立了近千个无后主义俱乐部。于是无后教正式成立了。这使倪九十九大为震怒。说这种邪教蓄意减少他的臣民。削弱他的统治。动摇他的王国。倾覆他的乐园。于是他全力进行镇压。从火烧死人发展到火烧活人。我这次奉教中长老会之命密进京。本来是为了找机会刺杀倪九十九。但一直没有机会下手。却意外地赶上了王先生和老太太母子相认。了解到王先生的传奇身世。我当时就认定王先生就是先知王八所说的灭世主。只是当时不便相告。所以王后请我出任王府总管时我便欣然从命。因为这样我就有机会接近王先生和倪九十九了。到王府的当天晚上。王后向我交待第二天倪九十九亲祭白马亲王的接驾事宜。我心里一喜。没想到刺杀倪九十九的机会来得这么快。这么容易。我突然冷静下来。我并不是贪生怕死之徒。但刺杀倪九十九只要有匹夫之勇就够了。可是放弃这个机会却需要更大的勇气。我之所以放弃这个机会。是因为我突然有了新的计划。如果这个计划能够成功。倪九十九就不必杀了。而如果这个计划不成功。我将因为错过这个千载难逢的机会而完不成我的使命。我就不得不自杀以谢先知王八和死难的教友。如果按原计划刺杀倪九十九而失败。我本可以死得像个英雄。但如果新的计划失败。我只能带着耻辱死去。天幸先知王八在天之灵呵护圣教。也是天命所归要王先生成为灭世主。我的计划竟然一举成功。"

王先生忍不住问道。"你说了半天到底是什么计划。"

陈陈微笑着看着倪虹。

倪虹说道。"是陈陈献计巧妙安排了倪九十九与施青青在王爷灵前的相遇。"

王先生恍然大悟。他刚要开口。陈陈又道。"但这只是我的计划的一小部分。并且是不太重要的部分。我既然已经下了死的决心。就不能半途而废。所以我今天冒死向王先生坦白一切。并希望王先生同意我的请求。"

"什么请求。"

"请王先生立无后教为国教。"

王先生陷入了沉思。陈陈长身而起。"如果王先生不肯立无后教为国教。请取我大好头颅挂在王城的城头上。"

王先生愕然道。"为什么。你犯了什么罪。"

陈陈慨然道。"我要看着整个王城毁灭。因为我看错了你。你并不是灭世主。"

王先生道。"我当然不是什么灭世主。我是来救世的。我绝不能让王城毁灭。我更不能让人类毁灭。"

"但先知王八说过。'不灭了这个旧世界。就救不了人类。'无后教正是王八的遗教。无后的目的正是为了有后。"

王先生显然被打动了。他站起来。急速地来回踱着步。

倪虹突然厉声道。"陈陈。你知罪吗。"

陈陈惊讶道。"不知。"

"你阴谋行刺前国王。此其一。你阴谋毁灭人类。此其二。你轻视侮辱当今国王。此其三。这三条中的每一条都是死罪。杀无赦。"

陈陈吃惊了。"王先生。王后她……"

倪虹喝道。"你好大的胆子。还敢叫陛下'王先生'。你既然知道我是王后。你难道就不知道谁是当今国王吗。"

王先生开口道。"陈陈。你既然叫我王先生。就应该叫我妻子王太太。为什么还王前王后地乱叫。成何体统。"

倪虹和陈陈都怔住了。王先生接着说。"我正打算废除国王尊号。恢复本姓。只等我想好一个合适的名字就诏告天下。陈陈。你帮我想想。我应该叫什么名字。"

"王先生。这个我可不是内行。我自己就没有名字。你恢复本姓是应该的。但名字还是没有的好。先知王八也没有名字。"

"没名字像什么话。"

"可是你这个年纪还取名字更不像话。再说你改了名字人民就会起疑。你的身世来历就有可能暴露。现在倪九十九还活着。他的势力还很大。他的儿子虽然都死了。本来这是好事。因为王位已非你莫属。但如果你正式改名换姓。你就失去了合法的继承权。其他王室成员就有资格要求继承王位。这样我们的计划就全完了。"

"照你这么说。我连本姓都不能恢复喽。可你刚才还说应该呢。"

"是的。你可以恢复本姓。却又不能让人知道。别人还以为这个王是国王的王。而不是你的姓。正是两全其美。"

"那别人怎么称呼我呢。就对着我'王……王……王'地乱叫吗。"

"只叫姓不叫名的本来就很多。比如说叫'小王'。但这样不但暴露了你姓王的事实。而且老百姓会不尊重你。那就不能令行禁止了。还可以叫'老王'。可是你还不老。叫'大王'也不好。因为只有不大的王才会自称'大王'。可你现在是人类统一王国的国王。大得不能再大了。所以还是叫'王先生'最好。'王先生'这个叫法虽然通俗。却不易懂。因为要看由谁来解释。别的王先生都有名。你却无名。先知王八说。'无名天下之始。有名天下之母。'王先生一唱雄鸡天下白。用你的智慧之光照亮这个浑浑沌沌的臭鸡蛋。怎么能跟到处下蛋的母鸡一样呢。先知王八还曾预言。'王无名而先天地生。'说的正是你王先生。你是要灭掉旧世界。创造新世界的王先生。你是独一无二的王先生。你是唯一的王先生。"

王先生听得乐不可支。"听你这么一说。简直妙得不能再妙了。"

倪虹见王先生被陈陈的迷魂汤灌得像个弱智儿童。担心陈陈接下去就要提议取消王后的尊号。赶紧说道。"是呀。你叫王先生。你的儿子叫王后生。一先一后。顺理成章。王后生就是我生的。因为我就是王后。王先生和王后。正是名副其实的一对儿。"

王先生说。"不妥。王后王后。就是为国王多生后代的意思。但我已经决定立无后教为国教。我怎么能自己破例呢。我不会留下后代。不会有王后生。所以也没有王后。我和以往的国王最大的区别就是我没有王后。我既然信奉了无后教。我怎么还能有一个王后呢。我必须彻彻底底身体力行。难道你不乐意做王太太吗。"

倪虹气得说不出话来。忍着眼泪独自回寝殿去了。陈陈却大喜过望。王先生也兴奋至极。与陈陈谈了整整一个通宵。竟忘了今天是他的新婚之夜。王先生认为这一夜收获极大。因为他似乎已经看见了一个理想国在他手里建立起来。他和陈陈连夜拟定了八条石破天惊的"王先生令"。

一。永远取消狂欢节。每对夫妇限购一张木床。

二。永远取消国王的尊号以及国王的游戏。但鼓励自杀。严禁行医。废除量刑制度。对一切违法犯忌者通统判处死刑。

三。挖出倡导火葬的倪丘的棺材。鞭尸三百然后焚毁。以为言行不一者戒。

四。加紧建造通天塔。命夏凡克日交出相印。亲赴建塔工地督造。

五。立无后教为国教。奉先知王八为教主。任命陈陈为首相兼王城大主教。全体国民必须无条件入教。入教后不得擅自生育。违者判处婴儿的父母死刑。

六。教会每年初春公开摇号一次。凡二十周岁到四十周岁的已婚女性都有资格中奖。中奖者可生育一胎。一胎孪生者中只有一人有生育资格。

曾中奖者永远取消再次中奖的资格。

七。禁止青年男性变成女性。由男性变为女性者永远剥夺生育摇奖资格。号召青年女性变成男性。为鼓励青年女性响应号召。政府大力提倡男尊女卑。

八。"生殖器"一律改称"作爱器"。女人"有喜"一律改称"有祸"。违者剥夺写作自由出版自由和言论自由。

钦此。

58

王先生的八条"如梦令"一公布。王城顿时沸腾起来。说好说坏的都有。但倪五十二的二十五世孙倪采却公开发难了。《王城晚报》上刊登了倪采洋洋万言的一篇大作。总编王丰加了一小段轻描淡写的编者按。告诫读者要"有批判地汲取其精华剔除其糟粕"。倪采开门见山地揭露了王先生取消国王尊号的深意所在。他说。"我疑心这种假惺惺的故作姿态背后。必然隐藏着不可告人的秘密。因为任何人都有权力意志。没有人会主动放弃权力。"然后他欲擒故纵地笔锋一转。逐条指出这八条乱梦颠倒的"王先生令"是多么幼稚拙劣和荒唐可笑。可见王先生是个不忠不孝假仁假义的窃国大盗。是个残忍而又失去理性的疯子。最后他回到正题。"但我们一旦了解到他那不可告人的秘密。我们对这些疯狂行为以及还会不断出现的更疯狂的行为乃至这种疯狂必将给王城带来的莫大灾难。就不会感到丝毫奇怪和震惊——这位王先生娶了他的亲姐姐。"

陈陈比王先生还要光火。他怒气冲冲地建议把倪采杀了。但王先生不经意地淡淡一笑。"那样不是等于证实他的话了吗。别担心。会有人反驳他的。我只是奇怪。王丰怎么也会跟我作对。快去把他找来。"

可是派去的人回来说。"王丰昨天晚上离开了王城。"王先生很懊恼。我正要重用他。他怎么倒走了。难道他认为连我这样的人也无法抵御权力的腐蚀吗。

更让王先生意外的是。王母听说了这八条"如梦令"却兴奋异常。她悄悄地对王先生说。"王儿。干得好。叫他们断子绝孙。"

王先生只好苦笑。母亲大概以为我已经开始着手报复王城人了。

王母又道。"我最喜欢的是禁止男人变成女人那条。以后再有人像我当初那样找儿子。就不必像我那样为儿子是否变成女人而犯愁了。"

果然不出王先生所料。很快就有很多人开始声讨倪采了。王先生也懒得读。这天陈陈一脸喜色地找到王先生。原来《王城晚报》上登出了柳依桥一篇更长的妙文。前面加了新任总编胡悦的一大段肉麻的按语。

柳依桥除了对倪采的谬论进行了极尽讽刺挖苦之能事的挖苦讽刺以外。又对八条"王先生令"进行了逐字逐句的热情讴歌。充分发挥了反义词和同义词的各种功能。然后他又着重阐述了无后教的重大现实意义和深远历史意义。最后还现身说法地上升到了哲学高度。他写道。

我虽然已经有了三个女儿。但我现在毫不犹豫地皈依无后教。我的女儿们也是最虔诚的无后圣教信徒。并且全都自动放弃生育摇号机会。当然话说回来。如果我早日聆听到无后正教的真理之声。我是连一个女儿也不会生的。现在既然已经生了。那么话说回去。人有敏顽之分。悟有迟早之别。先知王八说。"朝闻道。夕死可矣。"我现在是夕闻道。可不死矣。先知王八还说。"始作俑者。其无后乎。"王八先知又说。"不孝有三。无后为大。"这十六字真言。做无后妙教的圣训真是再呱呱叫不过了。无后与有后的辩证关系。是哲学的最高和最后结晶。无后者必有后。有后者必无后。有者必无。无者必有。无有有无。有无无有。有有无无。无无有有。有无有无。无有无有。玄而又玄。众妙之门。妙而又妙。再妙不过。

王先生笑骂道。"他这张嘴却是地狱之门。"
柳依桥写得滑溜。忍不住又进一步发挥道。

何况无后教只是限制生育。并不禁止作爱。所以每个信徒还可以尽情享受欢乐。只要你有把握做到劳而无功。华而不实。那就百无禁忌。连乱伦禁忌也不必管它。因为乱伦禁忌主要是为了优生优育。现在既然是放空炮或者是马后炮。跟生孩子无关。只要你功夫老到。不在阴沟里翻船。那么无论是兄妹姐弟也好。母子父女也罢。一概可以就地取材。自产自销。何必自家的炮仗给别人放呢。

王先生勃然大怒。立即下令判处柳依桥死刑。陈陈诧异了。不明白王先生的用意。正要张口问王先生为什么不杀倪采反而杀柳依桥。王先生又叮嘱一句。"抓到柳依桥后立刻就地正法。不必开庭审判。因为他已经把灵魂卖给了魔鬼。换取了天下无敌的辩才。辩是辩不过他的。"

陈陈见毫无回旋余地。只好执行。谁知捕快还是慢了一步。柳依桥救过不少人。尤其是救过不少该死的人的性命。所以有人及时地给他通风报信。捕快扑了个空。在他家里只找到了柳依桥留下的遗书。柳依桥写道。

为了表示我对王先生的愚忠和对无后教的狂热信仰。我决定响应王先生关于鼓励自杀的伟大号召。自沉于圣河。

王先生见了遗书默然半晌。似乎尤有余恨。陈陈急忙命所有的知情者绝对不得泄露王先生曾下令杀死柳依桥。以免横生事端。但消息还是不胫而走。结果这样一来王城人反而对倪采的谣言丝毫不信了。陈陈不禁对王先生的老谋深算敬佩不已。

倪采见柳依桥拍马屁反而丧了命。觉得王先生胸中城府深不可测。不敢再莽撞行事。就改变策略。到倪九十九那里发牢骚。

倪九十九正被施青青迷得神之胡之。一见倪采就忍不住得意洋洋地夸青青是个好老婆。青青生气道。"什么老婆不老婆的。不中用的蔫货。你才是老掉牙了。我虽然做了婆婆。却比我媳妇只大三岁。"

倪九十九赔笑道。"好好。算我说错了。那就叫你小老婆。你该高兴了吧。"

青青这才回嗔作喜。笑眯眯地横了倪采一眼。倪九十九却拉下脸来。"倪采。你来干什么。"

"陛下。你的王国眼看要被人断送了。"

"哼。我就知道你又来搬弄是非了。我最清楚世遗对我有多么忠心。"说着倪九十九忍不住心满意足地瞟了青青一眼。"你就知道整天在外面采菊采花。泡漂亮妞儿。什么时候在我身上尽过一点孝心。你有哪一点及得上世遗。"

倪采红着脸争辩道。"他搞的一大套名堂全是跟你对着干。你还说他忠心。"

"你懂什么。新挖茅坑三日香。他不做做样子。臣民怎么服他。'王先生令'里最重要的一条你注意到没有。'加紧修建通天塔。'你去吧。别再来了。我忙得很。"

倪采只得悻悻地走了。

59

王先生却在为通天塔发愁呢。因为通天塔的建筑工人正在罢工。

夏凡为了表示对王先生的忠诚。又感激王先生没有因为以前他老是找倪丘的碴儿而趁机处置他。反而委以督造通天塔的重任。不禁感恩图报。于是他要求工人们没日没夜地加班。工人们忍无可忍。结果发动了总罢工。陈陈劝慰王先生。"欲速则不达。还是慢慢来吧。"王先生只好答应了工人们的条件。谁知工人们得寸进尺。又一再罢工。王先生只好一再缩短他们的工时。提高他们的工资。

王城也不太平。自从实行每对夫妇限购一张木床以后。王城的夜晚就一天比一天喧闹起来。惊天动地的咯吱咯吱声吵得人神经都快绷断了。

倪采虽然不敢再冒犯王先生。却一再影射陈陈是个意志薄弱的伪君子。倪采发难道。"我们这位道貌岸然的无后教大主教陈陈先生为什么不结婚。因为他没有勇气与魔鬼也就是情欲正面较量。他只是一味地逃避。因为他知道他一旦和魔鬼对垒。立刻就会败下阵来。所以他提出的无后教是反人道的。反人性的。荒谬绝伦的。他自己也没有信心在结婚以后能够不生孩子。只有像王先生这样的极少数圣人才能说到做到。"

舆论压力越来越大。王先生把陈陈找来。问他准备如何应付这个诘难。陈陈想了想说。"王先生。你放心吧。我有办法。"

第二天。《王城晚报》登出了陈陈的征婚启事。"才貌年龄一概不论。条件只有一个。同意婚后不要孩子。并且永远不参加生育摇号。"

不一会儿。王府门前就挤满了前来应征的女人。王先生和倪虹搬进王宫以后。王府就做了陈陈的首相官邸。

陈陈办完公事。就开始一个一个接待应聘者。第一个女人递给陈陈一份文件。陈陈发现是离婚证书。不禁愕然。"你带这个干什么。"

女人说。"离过婚的你不要吗。你的征婚启事上可没说。"

"不。不。我不是这个意思。你如此诚实我很高兴。不过你说一声也就行了。我当然会相信的。不必给我看这个。离过婚虽然没什么大不了。但没离过婚的总不会自称离过婚的。"

那女人道。"我自然不是怕你不信。我是要你看看离婚的原因。"

陈陈翻开一看。上面写着。"因妻子不能生育。协议离婚。"这才恍然大悟。

女人不自在地说。"我原来的男人说我没出息。他说一加一等于二。就跟存款没有利息一样。陈先生的无后教对大多数人是祸音。对我却是福音。"说着激动地哭了起来。

陈陈同情地点了点头。示意助手把她带出去。陈陈心想。我金鸡独立了二十多年。还是个滴水未漏的童子鸡呢。我这金童总要找个玉女相配才好。

可是第二个女人也是离过婚的。虽然结过婚的少妇有一种成熟的风韵。陈陈却想。虽说我并不信吃生鸡蛋更有营养的说法。但也不会因此就买煮熟的鸡蛋呀。又把她打发走了。不料接着进来的几位女士离婚的纪录一个比一个高。有一位竟离了十次婚。陈陈厌烦透了。心道。竟是个十夫长。挥手要她走。十夫长气势汹汹地嚷道。"喂。你别以为我看不出来。我见过的男人多了。男人的心思我不清楚谁清楚。怎么着。你瞧不起离过婚的女人是吧。你以为现在还是公主小姐的时代呀。你的征婚启事上不是明明白白写着。唯一的条件就是不要孩子吗。这个条件还包含着两个理所当然的前提你知不知道。"

陈陈又眯起了眼睛。"什么前提。"

"第一。这个女人肯定不会生孩子。会生孩子的女人没有不想要孩子的。第二。这个女人肯定结过婚。没结过婚她怎么知道自己会不会生。所以这个女人肯定不是什么公主小姐。而是一个真正的女人。我以为你挺在行呢。谁知道却是个不懂事的毛孩子。我告诉你。我的后九任丈夫明明知道我不会生孩子还死乞白赖地要我嫁给他们。你知道是为什么。"

陈陈有些招架不住了。只好机械地重复道。"为什么。"

十夫长得意地媚笑道。"就因为我是个真正的女人。"

陈陈忍不住反问道。"那他们为什么又跟你离了婚。"

"嗬。你以为是他们不要我吗。哼。他们有这个胆子吗。男人都是窝囊废。一个男人能有多少水分。不出半年我就能叫一个棒小伙子变成干瘪老头。"

陈陈失笑道。"谢谢你的忠告。那就请吧。"

"怎么。"十夫长惊惶了。"你不要我吗。"

"你太客气了。是我没这个胆子。现在谈话已经完了。完了就该请了。"

十夫长神色一端。气呼呼地走了出去。

陈陈问助手道。"外面的女士们都是离过婚的吗。"

助手答道。"好像每个人手里都有离婚证书一类的东西。"

陈陈怔了怔。"你出去叫她们散了吧。说得尽可能委婉点。"

助手走到门口说。"女士们请回。哪一位是小姐。请进去。"

女人们顿时骚动起来。十夫长把原委一说。群雌粥粥立刻有人骂起街来。正乱成一团。人群中挤出一个人走到助手面前低声问道。"我可以进去吗。"助手问。"你是……"那女人点点头。助手趁机像躲黄蜂似的躲开那群女人。领着她进去了。

陈陈吃了一惊。这是他见到过的最丑的女人。只见她也递上一份文件。陈陈不悦地瞪了助手一眼。

助手忙道。"小姐。你刚才不是说……你是……噢对了。怪我没有问清楚。你并没有撒谎。你只是点了点头。"

那女子已不再羞怯。"你虽然没有把话问完。但你的意思我懂。我点点头也没有骗你。"她又红了脸。把文件递给陈陈。"你一看就知道了。"

陈陈一看。原来不是离婚证书。而是一份证明。上面写道。"验明正身。确系石女。无生育能力。"下面是王城最著名的妇科专家。前御医夏秋冬的亲笔签名。

陈陈问道。"你没有结过婚吗。"

女子点了点头。

陈陈大喜。心里却不免遗憾。我想找个玉女。却来了个石女。也罢。宁要石全。不要玉碎。于是石女做了陈陈的太太。倪采见无机可乘。只好等待。无后教却空前繁荣起来。还分化出不少大同小异的教派。仅王城一地就有天体学派。二合一派。三位一体派。甜心萝卜派。体操技巧研究会。百合花会。广交会。春社会。等等十多个教派。信徒最多的是无遮大会。无遮大会的一个外省教友王丰编写的一篇《无遮赋》近来风靡了整个王城。

没有什么秘密要遮遮掩掩。夜幕也遮不住公开的秘密。唯一的秘密。在宇宙黑洞里。

摸黑操作。急猴猴操之过急。急急如丧家之犬。惶惶然不得其门而入。先知王八说。"通向天堂的是一扇窄门。"门户开放。放之四海而皆准。

一回生。两回熟。生米煮成熟饭。自然熟门熟路。条条大路通罗马。马到成功。功成名就。就地正法。法不责众。众志成城。攻无不克。战无不胜。一鼓作气。再而衰。三而竭。

举一反三。学一知十。英雄所见略同。见缝插针。一针见血。夹缝中求生存。存而不论。论而不说。

说而不练。是嘴把式。练而不操。是假把式。假模假式。假戏真做。大家来做广播体操。直到东方既白。太阳照样升起。

太阳出来了。我们要睡了。逝者如斯夫。不舍昼夜。太阳就是天体。天体就是太阳。阳光下没有秘密。何必遮遮掩掩。

60

　　紧接着就发生了一件让王先生着实为难的事。原来王先生继位后。把王宫里所有的太监都赶出宫去。马大哈自然也不例外。倪九十九整天围着青青转。也不要他跟着。他就自称是先知王八的关门弟子。加入了无后教。没过多久就混到了无后教广交会王城教区的副主教。于是他也结了婚。原来他进宫的时候并没有净身。他的妻子就是那个十夫长。马大哈被她整了个发昏章第十一。这还不必提它。偏偏结婚后不到半年。十夫长生下了一个女儿。王城大法院把马大哈夫妇传到法庭。宣判婴儿的亲生父母死刑。马大哈大叫大嚷。"我不是孩子的亲生父亲。孩子不是我的。"

　　法官追问十夫长。"孩子的亲生父亲到底是谁。"

　　十夫长横下一条心。反正说不说都是死。再说她也确实闹不清了。于是这事就被转到陈陈手里。陈陈来跟王先生商议。陈陈感慨道。"半年来王城偷生偷育的案件仅查出的就有三千多起。许多人都像马大哈一样矢口否认孩子是自己的。每个人都用稀奇古怪匪夷所思的方法证明自己的性无能。但我并没有放他们过门。可是马大哈与倪九十九关系密切。倒要慎重对待。"

　　王先生点点头。"判处他终生监禁。要特别优待。"

　　马大哈被关进了王城监狱。典狱长特地给他辟了一间单人牢房。也不让他干活。过了三天。马大哈就吵闹起来。他嫌一个人闷得慌。宁愿去服苦役。王先生接到报告。像是挨了一闷棍。苦思冥想了整整一夜。下令把马大哈解到通天塔工地去。

61

　　王城人盼望已久的摇号日终于临近了。倪虹早就派柳叶向陈陈悄悄打了招呼。说必须让倪虹中奖。陈陈天不怕地不怕。就是一看见倪虹就犯怵。只好答应。王先生却丝毫不知道这件事。恰巧开奖以后有十几个中奖者没来领取生育资格证书。一调查。不是自杀了就是被谋杀了。也有意外死亡和失踪的。也有自动放弃的。陈陈就把其中一张奖票送给了倪虹。其余的也都做人情送了。一张也没浪费。没想到天有不测风云。出了一件大事。把陈陈吓坏了。石女有喜。噢不。有祸了。

原来陈陈自从和石女结婚以后。因为石女不会生育。所以丝毫没有后顾之忧。加上陈陈养精蓄锐多年。蓄水池满满腾腾。一旦山洪暴发就一泻千里。一发不可收煞。于是精耕细作。勇猛精进。没想到精诚所至。金石为开。竟突破了石女坚如磐石的天然防线。石女还莫知莫觉。直到两个月后才发现怀孕了。她却不敢告诉陈陈。陈陈忙于国事。又过了两个月才注意到石女的立体几何发生了巨大变化。人也漂亮了许多。这一下非同小可。把陈陈吓坏了。一向足智多谋的陈陈也没了主意。急忙吩咐所有的人不可走漏了风声。他得看看倪虹那张奖票有什么名堂再决定对策。"是祸是喜还难说呢。"陈陈自言自语道。

62

没过多久。王先生把陈陈召进宫去。原来倪虹前一天晚上在宫中生下了一个儿子。王先生对陈陈说。

"陈陈。我实在愧对先知王八和你。更愧对全体国民。我自然不能再留在王城。我希望你能把我没有完成的事业继续下去。把通天塔造好。并以我为前车之鉴。"

陈陈大吃一惊。"王先生。你要走。"

王先生忧郁地点点头。

陈陈结结巴巴起来。"王先生。你……你听我说。其实这件事也没有什么大……大不了。"

王先生怒喝道。"陈陈。你说什么。"

"不不。王先生。我不是这个意思。这件事我已考虑了很久。"

"嗯。你早就知道倪虹怀孕了。"

"是啊。王先生。我对你的苦衷非常理解。虽然这件事相当棘手。但你应该权衡一下它和国事的轻重缓急。何况先知王八说过。'一切真如都是假如。'"

王先生陷入了沉思。良久。他抬起头来。"好吧。陈陈。我可以再留一段时间。等通天塔一造好我就走。"

陈陈心里暗笑。那要等到哪年哪月。陈陈急忙退了出来。免得再说下去王先生忽然又改主意。他自己心里已经有底。陈陈不禁暗想。王先生跟倪虹结婚才七个多月就生了儿子。看来王先生也是个急性子。在这点上他跟别的年轻人也没什么两样。

王先生玩味着"一切真如都是假如"这句话。来到倪虹的寝殿。王母笑逐颜开地问王先生。"王儿。你没有名字倒也罢了。你儿子总该有个名字吧。"

王先生见母亲一团喜气。不忍扫她的兴。想了想道。"母亲。就叫这孩子……如如吧。"

"如如。王如如。这是什么意思。"

"就是爱人如己的意思。"

"噢。是称心如意的如吧。"

"是。母亲。"

"好名字。只盼他快快长大。再给我生个重孙。我就真的称心如意了。那时候我就可以无牵无挂地死了。"

63

王一土奉夏凡之命回王城向王先生报告通天塔的工程进展。

"王先生。总的进展是理想的。现在已经造到九千九百九十层了。眼看就能摸着天了。当然。越造到上面进度越慢。因为所有的建筑材料都要从下面运上去。说心里话。我倒是宁愿它永远不要造完。"

王先生一惊。"为什么。"

王一土叹道。"我们搞建筑的。每到一个工程快要完成的时候总有一种特殊的伤感。因为一旦完成就意味着告别。有时候甚至就是永别。建造者必须离开自己的建筑物。到另一个地方另起炉灶。当然这次有些不同。因为通天塔是独一无二的。我不可能到另外的地方再造一座。但我还是抑制不住这种伤感。我爱通天塔。我不愿离开它。哪怕我离开它可以到达天堂。我也不干。我担心天堂会令我失望。所以我宁愿怀着对天堂的美好想象和无限向往。而又保留我随时能进入天堂的可能。但永远不去兑现这种可能。"

王先生扯开道。"最近工人们要求过缩短工时吗。"

王一土一拍大腿。"王先生。说起来可奇了。因为顶层越升越高。上面也越来越小。上面能容纳的人手已越来越有限。再加上有恐高症的人不能上去。太瘦的人也不能上去。因为上面的天风实在太大。瘦子要被风刮跑。所以大部分工人闲着没事干。结果他们又罢工了。"

"为什么。"

"你简直没法相信。他们罢工的目的是要求延长施工时间。有人提出日夜三班倒换着干。我和夏大夫担心晚上加班黑灯瞎火的影响工程质量。他们说。信仰的力量是无穷的。我们向往天国。而且上面已经离天堂很近。星光灿烂得胜过白昼。如果不答应他们的要求。他们就威胁说要破坏通天塔。因为事情紧急。我们只好先答应了这些疯子的要求。这件事来不及请示你。夏大夫和我估计加快工程进度你一定不会反对。但依我看他们尽管说得漂亮。其实只是借口。主要原因是憋闷得慌。干点事可以不去想烦心的事。"

王先生很满意。"很好。王总工程师。你回去对夏大夫说。就这么干。有问题及时向我报告。"

王一土站起来准备告辞。他迟疑不决地站住了。"王先生。夏大夫要我说的我都说了。但我心里一直憋着一个问题。不知该不该说。"

王先生和蔼地说。"有什么话你尽管说。"

王一土摸出一个本子递给王先生。"这是《通天塔工程大事记》。"

王先生兴趣盎然地打开。可是越看越惊。《大事记》上记载的绝大多数事件。都是诸如某月某日失窃木材若干。某月某日某人蓄意破坏通天塔。某月某日某人纵火。某月某日某人从通天塔第六十三层跳楼自杀。以及烧杀抢掠之类。有些是无头案。有些案犯是事发很久以后才查清的。也被补记上去。有的甚至已经死了。对他们已无法惩罚。但也载入了通天塔的建造史。历史似乎就是这些疯狂人物和罪恶事件的总汇。那些正直善良的人们。通天塔的真正建设者们。反而湮没无闻。失去理性的人成了历史的主角。甚至成了历史的英雄。

王先生心情十分沉重。他默默地握住王一土的手。自言自语地说道。"为了通天塔。还有什么不能舍弃呢。"王先生的眼睛湿润了。

64

再说倪九十九老夫聊发少年狂。整天价轰炸机般频频俯冲。狂轰滥炸。终于露出了弹尽油枯的征兆。任凭青青这位王城运动会昔日的啦啦队长仰面八叉地呐喊鼓劲。高呼"加油"。也无济于事。青青气得跳起来戳着倪九十九的额头骂道。"亏你还有脸对我吹嘘当年的骑士精神呢。你不能骑在人民头上倒也罢了。骑在我身上也这么人仰马翻的。你以为隔个十天半月御驾亲征一回就能一劳永逸啦。"青青骂得兴发。抓起一本书就扔在倪九十九脸上。"你自己瞧瞧。倪采是怎么嘲笑你的。"

倪九十九气喘吁吁地怒道。"这小子敢对我无礼。他说什么。"

"他说。你自称是全能的上帝。其实你是个没用的低能儿。他说上帝已经死了。我看他说得很对了。"

"放屁。"倪九十九话一出口就知道闯祸了。

青青冷笑道。"好啊。你这个老废物敢对我这么说话了。"

"青青宝贝。"倪九十九赶紧讨饶。"我不是说你。我是骂倪采那小子。"

"我不许你骂他。他说得对。我说他对他就对。你还敢不服气吗。"倪九十九不说话了。青青更生气了。"你听听这句。他说得太对了。'看见女人。别忘记举起你的鞭子。'听听。你听听。你牛鞭马鞭猪鞭狗鞭也吃了不少。可你的龙鞭要隔多久才能雄赳赳气昂昂地举起一回。"

倪九十九无可奈何地叹了口气。"可是这些东西哪里比得上人鞭那样立竿见影。我以前当国王的时候。这人鞭要多少有多少。无非是宫里多养几个太监罢了。宫里实在挤不下还可以在唱诗班歌剧院里安置一些。可是现在虽然那么多小伙子梦想着当歌星。但又有谁肯贡献出那话儿呢。世遗又是个死心眼。我跟他说了好多回。他都不肯。这使音乐艺术每况愈下倒不关我事。但我在你面前就只能吊儿郎当了。"

青青道。"你的事我也不管。反正你不能立马扬鞭。就该翘辫子了。"

倪九十九赔笑道。"青青宝贝疙瘩肉。我精力虽说大不如前。可是我的暗房技术却是王城第一流的。我的一指禅功夫也算得上是全球首屈一指的。我的舌头也是不折不扣的如簧巧舌。跟真正的弹簧一样吞吐自如。这些你都不能否认吧。"

青青见倪九十九这么低声下气。略微消了些气。倪九十九顺杆就爬。"青青心肝肉疙瘩。你就再代我去求求你姑妈。让她给我弄点灵丹妙药。要知道夏秋冬的回春丹对我已经不管用了。"

青青啐道。"圣母哪有这种玩意儿。"

倪九十九苦求道。"怎么没有。我早就听说西王母有不死药。要不然怎么她到现在还不死呢。那不死药肯定管用。否则人活着干什么。去吧。青青。这还不都是为了你吗。"

青青心想。我也好久没去见王子了。于是青青就进了宫。青青绕了一匝没见到王子。却见王母正在给如如喂奶膏。青青给王母请了安。倪虹倚在床上懒懒地点了点头。青青来了气。冷笑道。"倪虹。见了婆婆怎么这个声气。亏你还是大家闺秀出身。"

王母喝道。"青儿。你乔张做致地干什么。虹儿刚生了孩子。身子骨还没大好。你还跟她怄气。你是虹儿的婆婆。我算什么。"

青青吓得脸都变了。"圣母。我跟虹姐开个玩笑罢了。哟。孩子长得多逗。活脱脱又是一个小王子。"她转身背着王母瞪了倪虹一眼。心里暗骂。这小崽子看着就嘴不顺鼻鼻不顺眼的。哪里有王子的半点影子。八成是倪虹跟哪个野男人的野种。她一回头对王母笑道。"圣母。我怪疼这孩子的。

让我做孩子的教母吧。我也入了无后教呢。"

王母也乐道。"那敢情好。青儿。你今儿怎么有空来看我。"

王母这一问。青青就一声高一声低地哭起来。王母皱眉道。"看把孩子给引哭了。走。有什么话到外间说去。"就拉着青青走开。

青青抽抽搭搭委委屈屈婉婉转转地把意思说了。王母听罢开口道。"青儿。你生得太美。天生就是个祸胎。要不是大神保佑。你险些就让王族绝了后。我熬了二十多年。总算虹儿生了如如。王族也有了后。我也快要熬出头了。以前的事我也不怪你了。只要你以后别跟虹儿怄气。我还当你是我的好侄女。但倪九十九是王族的大仇人。你要是向着他。就再也别来见我。别说我没有什么不死药。就是有。我也绝不会让这老色鬼多活一天的。"

青青本以为不死药的事根本没边没影。王母这么一说她反而认定必有。又见王母说得这么绝情。想想自己只因为一时赌气嫁给了倪九十九。不但坏了名头。从王太太变成了不伦不类的王太后。反而把所有的好处都让倪虹占了去。不禁越哭越伤心。王母见青青哭个没完。站起来道。"好吧。念你也受了委屈。我就依你这一回。别哭了。如如该是睡着了。你在这儿等着。我替你去找找。看能不能找到。"

王母走进倪虹寝殿。用如如吃的奶膏和如如刚屙出的软屎。搓成两个药丸子模样。拿张纸包了。出来递给青青。嘱咐她要用蚯蚓的尾巴。蚂蚁的指甲。黄鼠狼的眉毛。兔子的门牙做药引子。用二两四钱雌鳄鱼的无根水加三两六钱夏至日的天落水冲服。青青用心记下了。千恩万谢地去了。

倪九十九不知道无根水是什么。找个大夫一问。知道就是眼泪。倪九十九大喜。想起当年接见从非非洲奏凯归来的游戏冠军万如玉时。万如玉曾进献了一瓶鳄鱼的眼泪。据他说。鳄鱼目睹国王的玩具兵们纷纷变成非人而感伤落泪。但不知道是否雌鳄鱼的眼泪。不过想来女人最喜流泪。流泪的鳄鱼大概也是雌的。大凡雌的都是痴的。

也不知费了多少周折。才总算把药引子找齐。到夏至那天晚上。青青把脸盆脚盆尿盆全都搬出来摆在天井里。忙了一宿。凑足了天落水。把天落水和鳄鱼的眼泪倒在一起。晃晃匀。赶紧催倪九十九吃药。

倪九十九吃下一丸药。满想嚼巴嚼巴细细品尝。突然觉得有点不大对劲。就苦着脸道。"青青宝贝儿。这不死药为什么这么臭。"

青青道。"圣母说了。花香十里。遗臭万年。越是臭的东西越能传之久远长生不死。这药越臭越好。"

倪九十九心悦诚服。又服下了第二丸药。果然。倪九十九吃了不死药后骑术精进斗志昂扬。他大喜之下快马加鞭未下鞍。有恃无恐地日夜操劳。鞭辟入里。深入腹地。入死出生。入生出死。上帝和魔鬼展开了无休无止的拉锯战。没料到在扩大战果的时候。忽然马失前蹄。一头栽倒在青青的两座妙峰山上。

消息迅速传开。所有的人都震惊了。在此以前。没有人敢想象倪九十九也会死。听到这个消息。几乎也没有人相信这是真的。当事实再也无法否认的时候。倪采立刻就成了王城人心目中的超人。因为有人发现了他关于"上帝死了"的惊人预言。而现在上帝真的死了。更重要的是。倪采还说过。"上帝死了以后。再也没有什么力量能阻止人们干任何事了。每个人想干什么就可以干什么。人类彻底自由了。"几乎所有的人一夜之间都从上帝的信徒变成了倪采的门徒。

王先生也十分意外。由于倪九十九的死亡标志着一个时代的结束。王先生命陈陈对倪九十九的遗体作脱水防腐处理。陈陈很快就回来报告。

"王先生。看来不必多此一举了。据水利专家鉴定。倪九十九已经彻底绞尽了脑汁和榨干了骨髓。他的身体里已经没有丝毫水分了。完全是个干货。他是精竭力疲而死的。"

这就是历史上的第一具木乃伊。

65

石女十月临盆。生下一个女儿。取名陈菲菲。陈陈知道这下惹出大祸了。想把菲菲掐死又不忍心。只好硬着头皮对王先生说了实话。王先生暴怒了。陈陈从来没看见王先生发过火。没想到一发出来火头蹿得这么高。

"陈陈。如果你也可以违反原则。我也可以违反原则。那么原则还有什么严肃性可言。那么还要这些自欺欺人的原则干什么。如果你也可以例外我也可以例外。那么为什么别人不能例外。"

陈陈默不作声。他以为王先生发一通火就完了。果然王先生语气缓和下来。

"既然事情已经发生了。我也不必多说了。你去准备后事吧。"

陈陈大惊。"王先生。你……你要处死我吗。"

王先生怔住了。他没想到陈陈竟会有此一问。"陈陈。你不知道你已经亵渎了神圣的原则吗。难道你竟然以为我也会视原则如儿戏。对你徇私舞弊吗。你不仅侮辱了我和先知王八。也侮辱了整个人类。难道你以为所有的人都像你一样失去敬意了吗。"

陈陈冷笑起来。起初他以为王先生为了稳固自己的统治。打算装模作样地用陈陈的性命来取信于民。谁知王先生竟恬不知耻地大谈特谈什么原则和敬意。好像倪虹不是王先生的妻子。好像王如如不是王先生的儿子。如果王先生自己真是心口如一的圣人。以个别圣人的道德水准来要求每个普通人也已经太过分。何况他自己也口是心非。那就简直是虚伪到了极点。

王先生见陈陈冷笑不止。诧异道。"你笑什么。"

陈陈舒舒服服地坐下来。跷起二郎腿慢条斯理地说道。"我突然又想到了先知王八的一句话。"

"什么话。"

"'一切真如都是假如。'"

王先生倏地站起来。"陈陈。你…你以为……如如是……是……"

陈陈见触到了王先生的痛处。玩世不恭地笑道。"王先生。我什么也没有以为。"

王先生说不出话来了。他竭力克制着自己。终于浩叹一声颓然坐倒。一字一顿道。"陈陈。我要你记住。我无愧于天地。无愧于人类。更无愧于王八。我可以让你活下去。其实你活着。也无非是等死罢了。王八早就说过。我们都已被判了死刑。我之所以还活着。无非是为了把通天塔造好。而我之所以要造通天塔。是为了到上帝那里请求他赦免人类。现在看来我太天真了。"

陈陈道。"是的。王先生。你太天真了。天真到真的以为天是真的。你以为通天塔真的能造好吗。你难道真的死心塌地相信这一点。从来也没有动摇过和怀疑过吗。你的信念难道不仅仅是一个支撑你活下去的借口吗。我告诉你吧。通天塔是一个做不醒的美梦。虽说是美梦。但梦就是梦。梦永远不会变成现实。几天前我就得到了夏凡的报告。通天塔已经完全停工了。"

王先生大惊失色。"什么。你说什么。为什么停工。"

"因为它就要倒了。因为它太高了。因为它从一开始就已经倾斜了。通天塔已经造到了九千九百九十九层。离天只有三尺三了。可是只要再加高那么一点点。它就会倒掉。功亏一篑。真是太可惜了。不是吗。上个星期。建造通天塔的工人都逃走了。我不敢让你知道。怕你受不了这个打击。"

王先生眼睛发直了。嗫嚅地说。"我不相信。我不相信。"他神不守舍地走出大殿。走出王宫。穿过寂寞广场。

66

王先生漫无目的地走着。他看到很多很多人。人太多了。他不知不觉走进一片树林。看见一个小伙子趴在一个姑娘身上。正在做嘴对嘴的人工呼吸。王先生拍拍小伙子的肩膀。"喂。这样不行。得赶快送医院。"

小伙子抬起头来不解道。"干吗这么早送去。"

"我看她有危险。再不送医院就来不及了。"

小伙子笑道。"啊哈。你说对了。我刚把她救出火灾现场。不过现在火已经灭了。她已经脱离危险了。你看。"

果然。王先生发现那姑娘面色红润。已经开始喘气和呻吟了。小伙子又道。"如果你现在走开。那么十个月后可能要把她送进医院。这会儿还太早。嘻嘻。"

王先生纳闷了。"她进不进医院跟我有什么关系。"

小伙子突然发怒道。"跟你当然没有关系。你想叫我当王八吗。快滚。"

王先生仔细地看了看小伙子。摇了摇头。"不像。你一点也不像王八。咦。你怎么知道我在找王八。"他转身走出树林。心想。这人真可笑。他以为我不认识王八。想叫我上当。真是个疯子。他倒想起了小时候王八讲过的一个笑话。"远观煞骑马。近看鬼打架。"还真有点像。嘻嘻。

王先生出了林子。天色暗了下来。他走进一条小街。街口十字架的横木板上写着"结巴街"三个字。十字架的竖木板上写着。

见了女人就结结巴巴的巴巴结结

王先生看见许多人走进十字架对面的一间屋子。抬头一看。门楣上一块横匾上写着。

结巴酒吧

王先生走进去。里面挤满了人。王先生刚想退出来。一个姑娘迎上来拉住他。"王先生。好久不见了。干吗不进来坐。"

王先生诧异了。"你怎么认识我。"

姑娘咪咪笑着。"你真的姓王吗。那真是太巧了。我是随便猜的。没想到一猜就中。那咱俩可真是有缘了。"说着就把王先生领到一张桌旁拉着他坐下。

这张桌子边上已经坐着三个小伙子。三个人竟长得一模一样。坐在中间的那个人手上拿着一张皱巴巴的破纸片。一边看一边大口大口喝酒。他左边那个人一次又一次地把一枚硬币抛向空中。然后猛地扑上去用一只手拍住落在桌面上的硬币。慢慢地翻开手。右边那个人伸长脖子想偷看。他连忙用另一只手捂住。自己从两只手的夹缝中偷窥一眼。脸上忽忧忽喜。右边那个人只得无精打采地东张西望。一见领王先生过来的那个姑娘。顿时眼睛一亮。贼忒兮兮地凑上来笑道。"百合。我找你半天了。嗬嗬。你想不想我。"

百合却理也不理他。只是往王先生身上挨挨蹭蹭。她捏住王先生的双手。不时地在王先生的手心里挠两下痒痒。弄得王先生浑身不自在。

王先生正在琢磨着该如何摆脱这个尴尬处境。侍者已送上来一大杯饮料。王先生趁机挣脱百合。拿起杯子灌了满满一大口。对面那人突然赞道。"好汉子。海量。"同时举起手中的杯子咕嘟咕嘟一气喝光。杯底朝天照一照。表示对王先生致敬。他话音未落。王先生已经呛得连脚底心都翻出了嗓子眼。

"呃咳呃咳咳……呃咳咳。"王先生喘过一口气结结巴巴地问道。"这……这是……是什……什么水。"

百合笑道。"王先生。这不是水。"

"不……不是水。难道是火。"

百合笑得前仰后合。"对。差不多。哟嗬嗬。逗死了。"

对面那人从桌底下提起一个瓶子给王先生倒满。王先生奇怪地看着他。他又给自己倒满。举起杯子对王先生道。"干。"说完已倒进了肚子。

王先生推辞道。"不行不行。这一杯下去。我就跳进火海了。"

那人露出莫大的失望。又自顾自倒了一杯喝光。不屑地瞪着王先生。王先生吃惊道。"你才是海量呢。"

他又是叹气又是摇头。"我不是海量。我是海绵。先知王八说过。'热恋者崇拜爱神。失恋者皈依酒神。'"说完看着手里那张破纸就摇头晃脑地唱了起来。"'说什么海誓山盟。转眼间沧海桑田。说什么海枯石烂。分明是海市蜃楼……'"

王先生说道。"你好像有一肚子心事。"那小伙子把端到嘴边的杯子放下。迟疑了一会儿。把手上的破纸片递给王先生。王先生一看。上面用娟秀的笔迹写着。

王先生。

你总是对我说。你是一个自由主义者。凡是自由的都是好的。你爱逛自由市场。你会写自由诗。你还擅长游自由泳。你说你已经进入自由王国了。我很高兴地告诉你。你如愿以偿了。因为又出现了一个自由竞争者。

我自由选择了他。我们自由恋爱了。现在你彻底自由了。

你的自由女神

猫年鼠月狗日

　　王先生看得莫名其妙。张嘴刚要问。对面那人摇摇头。"别问别问。什么也别问。任何安慰都已经没用了。"说着站起来。一探手拿回那张破纸。摇摇晃晃地唱着。"'……碧海青天伤心人。无非是沧海一粟……'"就走了出去。王先生看着他的背影心想。这人是个疯子。

　　百合把王先生的肩膀扳过来。"王先生。我给你说说他的事。他叫王一干。半年前他的女朋友跟人跑了。他就开始喝上了。而且越喝越多。见到喝酒的人。他就非要跟人拼个输赢不可。他总是把喝光的空瓶子摆在桌上。侍者要收去他还不让。他以为这样别人会主动过来跟他对着干。"

　　王先生吃惊不小。"这么多空瓶子都是他一个人喝的吗。"王先生数了数。桌上排着十个空瓶子。

　　百合道。"那算什么。上次他跟人赌酒。一对三。他喝了二十七瓶。三个对手都趴下了。他才软倒。"百合指指另两个。"你当然看得出来。他们三个是孪生兄弟。他们的大哥我没见过。"她指着抛硬币的。"刚才那个王一干是老二。这是老三王一工。"又指指另一个。"这是老四王一士。老三老四一点不会喝。他俩陪老二来是准备把他架回去或者帮着打架的。老二今天等了半天没等到对手。你又不会喝。他一赌气就回家一个人喝去了。"百合突然笑着问道。"王先生。你知道去年《王城晚报》评选国花和市花的事吗。"

　　王先生摇摇头。"我不知道。"

　　百合深感奇怪。"这么大的事你竟然不知道。你猜猜他们哥儿仨选的是什么花。"

　　王先生还是摇摇头。"我不猜。我从来不猜疑别人。"

　　百合依然兴致不减。"那我告诉你。咯咯。真是笑死人。三兄弟每人选了一种花。国花是它。市花也是它。老二王一干选的是啤酒花。老三王一工选的是罂粟花。老四王一士选的是百合花。结果老三的罂粟花中了选。"

王一工伸手接住刚扔上去的一个硬币。转过头来得意地笑笑。又专心致志地继续抛他的硬币。百合道。"王先生。你猜猜他是怎么选中的。哦。对了。你是不肯猜的。还是我告诉你吧。他也从来不猜。他说他从来不靠运气。他的任何选择都靠扔硬币来决定。他每次扔硬币的时候心里就念叨着。'正面不选反面选。''反面不对正面对。'不过谁也不知道他心里在念叨什么。这就是神秘奥妙的地方。反正管用就是了。最高深的是他总在变化。有一次他们三兄弟要送大哥出城去通天塔工地。他就先扔硬币。我拦住他问。'你先说。怎样断定该不该送。'他说。'这是不能说的。'我非要他说。他被我缠不过。只好告诉我。'反面不送正面送。'结果连着扔了三次都是正面。他都说不算。又扔第四次。这次是反面。他说。'这个硬币扔第四次才是准的。'又有一次我问他。'我的彩票会不会中彩。'他说。'正面不中反面中。'他扔了一下。是正面。他把硬币装进口袋说。'你肯定不中。'我说。'你这次怎么不扔第二第三次了。'他说。'何必再费事呢。'结果我真的没中。简直神了。还有一次我问他。'今天会不会下雨。'他念叨着。'正面不下反面下。'连扔了六次竟都是正面。我佩服地说。'气象局预报也说不下雨。'谁知他突然说道。'我看今天要下雨。'结果又让他说对了。真是不可思议。"

正在这时。王先生听到一阵轰隆隆的滚雷声。王先生走到酒吧外面。雷声反而听不见了。王先生再走进来。又听见一阵隐隐的雷声。王先生大惑不解了。仔细再听。雷声似乎是从里面传出来的。王先生循声而去。转过屏风。里面是一间很大的房子。只见地上有几条很长很光滑的木槽。木槽的尽头按品字形排着十个木头酒瓶。一个光着膀子的黑大汉在木槽的这一头抓起一个跟脑袋差不多大小的木球。瞄一瞄。甩两下。退后几步。然后冲上去把木球使劲扔出去。木球笔直地顺着木槽滚向那些木头酒瓶。木球在木槽上滚动时。发出沉闷的轰鸣声。木球滚到木槽的顶端。把十个木头酒瓶撞得七颠八倒。一个侍者赶紧手忙脚乱地把撞翻的酒瓶再整整齐齐排好。那黑大汉再扔出木球把它们撞倒。如此往复不已。

王先生奇怪极了。他走过去。好奇地问。"你在干什么。"

黑大汉道。"你没玩过这个吗。这叫九柱戏。我最喜欢玩这个。因为我讨厌一切秩序。玩这个特别痛快。"

王先生不懂了。"九柱戏。明明有十个酒瓶。为什么要叫九柱戏。"

黑大汉搔搔头皮。"这个我倒没想过。从来就是这么叫的。"

王先生道。"这有什么好玩。"

黑大汉倒被问住了。愣了半晌反问道。"你说有什么比这个更好玩。"王先生也怔住了。黑大汉继续说道。"我告诉你。上帝也爱玩这个。他老人家一玩起来惊天动地雷声隆隆。他滚的当然不是木球。而是星球。他把星球扔过来。抛过去。星球滚在天花板上还会发出火光。那就是闪电了。天花板一漏。就下起雨来。我看上帝再这样玩下去。天花板早晚要坍下来。"

王先生听得一愣一愣的。"上帝为什么也爱玩这个。"

黑大汉想了半天。"大概跟我一样。也是闷得慌。你想想。上帝创造完世界还能干什么呢。"

王先生一惊。肃然起敬地请教道。"还能干什么。"

黑大汉自信地说道。"这不明摆着吗。再把世界毁了呗。"

王先生大惊。"他辛辛苦苦好不容易把世界造出来。为什么又亲手把它毁掉。"

黑大汉轻蔑地瞪了王先生一眼。怀疑他脑子有点问题。"要你操这份心干吗。毁了还可以再造嘛。"

王先生更惊骇了。"再造出来干什么。难道说再把它毁掉吗。"

"是啊。"

"这……这……"王先生又结结巴巴起来。"为什么这样折腾来折腾去地胡闹呢。难道上帝也疯了不成。"

"还不是跟你我一样。闲着没事干吗。"

王先生好像当头挨了一闷棍。他跌跌撞撞地往外走。黑大汉在背后叫他。"嗳。别走啊。一块儿玩玩。"

王先生走到刚才坐过的那张桌子前。他傻了眼。只见王一工已经不在。王一士像抱琵琶一样抱住百合。双手捧住百合的脸。鸡啄米似的乱啄一气。百合仿佛担心眼睛被啄瞎似的合上了眼睑。王一士突然看见王先生正迷惑不解似看非看地站在他面前。生气地嚷道。"喂。疯子。你……你干什么。"

王先生惊惶道。"我……我没干什么呀。"

百合睁开眼睛立刻羞红了脸。啐了王一士一口。"老四。你……你真不要脸。"

王一士抽动着肩头笑道。"百合。我自己的脸可以不要。嘻嘻。但我很想要你的脸。甚至更多。嘻嘻。嘻嘻嘻。"

百合忸怩道。"王先生。你坐呀。"

可是王先生没听见她的话。他又听见了隆隆的雷声。夜空中的雷声。和心底的雷声。巨大的轰鸣震耳欲聋。他遭了雷击似的疲惫不堪。他艰难地拖着双腿挪到另一张桌子边。瘫倒在椅子里。

王先生的眼前浮现出两个人影。人影一忽儿近了。清晰了。是一男一女。男的长着一脸络腮胡子。人影一忽儿又远了。模糊了。王先生听到说话的声音飘飘荡荡地传进他的耳朵。

男的声音说。"王先生。"王先生以为声音在对他说话。他想答话。可是他说不出话来。声音又说。"这个人真可爱。他没看见我们俩坐在这儿。他却偏偏不坐过来。真懂礼貌。"

女的声音说。"王太太。你是不是很喜欢他。让他站着吧。反正他长得挺帅。而且他也听得懂我们的话。"

男的声音发怒道。"王先生。你还说他长得帅。"

女的声音赔笑道。"王太太。你怎么又喝酒了。你忘了我们都是反话正说吗。你知道在这个世界上我只恨你一个人。"

影子又近了。王先生看见那女人的眼睛里有一种奇异的风向他飘来。

男的也对女的说。"王先生。我也只恨你一个人。"

王先生惊骇极了。这桌上除了他们俩只有我一个男人。但那个男人却好像跟另一个不存在的王先生在交谈。这桌上只有一个女人。可这个女人却正跟一个看不见的王太太在说话。是我疯了。还是他们俩疯了。难道他们都在跟自己说话吗。那女人说他们都是反话正说。反话正说是什么意思。莫非王先生是王太太。王太太倒反而是王先生。

王先生突然惊叫起来。这两人不正是陈陈跟我提起过的那对颠鸾倒凤的宝贝吗。听说他们俩在狂欢节晚上交换礼物的同时交换了性别。但为了不违背名教就依然相互使用原来的称呼。已变成男人的万如玉对已变成女人的王如方仍称"王先生"。已变成女人的王如方对已变成男人的万如玉仍称"王太太"。两人亲爱得如胶似漆。在公开场合也要用外语说悄悄话。但自从倪九十九严禁地球村民使用一切洋泾浜方言以后。他们就开始使用一套由白话词汇编成的黑话——怪不得他们的话我一句也听不懂。

不过我现在懂了。他们说可爱。就是可恨。他们说讨厌。就是喜欢。他们说众所周知。就是没人知道。他们说显而易见。就是没人看见。他们说"我只恨你一个人"。意思就是"我只爱你一个人"。可是世界上这么多人。怎么能只爱其中的一个呢。如果有人只爱一个人。那么他爱的这个人绝不可能是别人。只能是他自己。但一个人如果不爱任何人。又怎么可能爱自己呢。不相爱的人之间怎么可能有语言呢。不相爱的人之间怎么可能交流呢。不相爱的人之间怎么可能理解呢。不相爱的人之间怎么可能合作呢。不相爱的人们又为什么每时每刻都在疯狂地作爱呢。王先生又听到了那响彻天地充满宇宙的死神的雷鸣。

在这雷鸣声中。王先生听到了每个人心底传出的——

一声尖叫。

—— 一声锋利的尖叫。

—— 一声割碎心灵的尖叫。

一声尖叫。

—— 一声疯狂的尖叫。

—— 一声歇斯底里的尖叫。

这声划破时代的尖叫。把这个时代所有人的灵魂切成杂拌冷盘。所有的人用自己的双手捂住自己的耳朵。紧紧地挤在一起。但尖叫声更刺耳了。尖叫从每个人的脚底升起。每个人都恐惧这声音。但每个人都逃避不了这声音。每个人都在不停地说话。不在乎别人是否能听见。是否能听懂。所有的唠叨都是对自己的唠叨。所有的言语都是自言自语。所有的结巴都是灵魂的结巴。所有的故作惊人之语都没有震惊过任何人。而仅仅是吓坏了说话者自己。所有的振振有辞都不过是空气的颤动。每个人都被自己感动得热泪盈眶。每个人对自己都有无限的怜悯和深切的同情。

每个人都在尖叫。"抱紧我。抱紧我。抱紧我。"

但每个人的手都紧紧捂住自己的耳朵。

没有人相信。只要每个人的手都帮助别人捂住耳朵。这可怕的声音就会立刻消失。可是没有人相信。没有人。甚至没有人相信。眼睛下面就是鼻子。

每一个抱怨没有人拥抱他的人只是抱残守缺地抱住自己。每一双手所触摸到的。只是一具冰凉的尸体——蛆的家园。

每个人都在尖叫。"放开我。放开我。放开我。"

但每个人的脚都在践踏别人的自由。

没有人相信。只要每个人的脚都不再践踏别人的自由。上帝的国就会立刻降临。可是没有人相信。没有人。甚至没有人相信。鼻子下面就是嘴巴。

每一个埋怨通天塔至今没有造好的人。都在埋葬通天塔。你们用偷来的一砖一瓦营造着自己的囚室和墓穴。像白蚁一样蛀空了支撑通天塔的生命之树。直到通天塔轰然一声倒塌。

王先生猛然惊醒过来。这两个人导致了人与人之间的语言不通。他们使通天塔半途而废。这两个人。正是通天塔功败垂成的罪魁祸首啊。他跳起来。王如方和万如玉已经不见了。

王先生冲出结巴酒吧。外面是一片漆黑的狂风暴雨。王如方和万如玉已消失得无影无踪。大雨冲走了一切可能的蛛丝马迹。一个闪电打下来。王先生看到自己已经走到了结巴街的尽头。街头十字架的竖木板上写着。

吃过荤腥便稀稀拉拉的拉拉稀稀

雷声怒吼着。王先生依稀看见目力尽处似乎有什么东西正在移动。

王先生在风雨中狂奔起来。一定要找到他们。王先生狂奔出结巴街。一定要惩罚他们。王先生狂奔过寂寞广场。一定要惩罚人类。王先生狂奔出王城西门。一定要惩罚世界。

他狂奔着。寻找着。他寻找着。狂奔着。

突然。他在旷野中站住了。迷狂攫住了他。我在寻找什么。我要寻找什么。他的脑海里一片空蒙。他忘记了一切。忘记了他到底要寻找什么。一阵极度的悲哀向他袭来。又一个闪电劈下来。他的心底刹那间被照得透亮。他仰起头狂笑道。"我迷失了目标。我迷失了自己。我迷失了路。哈哈。我迷路了。我迷路了。我是多么渴望迷路啊。我毕生寻找的不就是迷路吗。只有真正的迷路才能使我们摆脱任何目标的诱惑。只有真正的迷路者才能真正地流浪。而流浪是城市的永恒渴望。"

别了王城。别了世界。人生就是不断的告别。

别了。上帝之城。别了。上帝之梦。别了。上帝。

上帝一定病了。病中的上帝。肯定吃错了药。

王先生索性悠闲地在雨中踱着步。他抬起头微笑着。暴雨打得他睁不开眼睛。他索性闭上眼睛。谛听那隆隆的雷声。他走着。听着。他听着。走着。看来上帝玩九柱戏玩上瘾了。天堂已经漏洞百出了。

一个声音在他耳边问。"你在寻找什么。"

王先生对着空中大叫道。"我不寻找任何东西。"

声音轰鸣着。"不寻找的必能得到。寻找的必得不到。"

王先生说。"我不在乎得到还是得不到。"

声音震响着。"你将得到一切。除了我。"

王先生大笑道。"可我什么也不要。就要这声音。"

67

尚且惊讶道:"王先生,这么说您的伟大梦想破灭了吗?"

王先生严肃地说:"我的梦想,就是使所有的梦想破灭。首先让自己的梦想破灭,然后让每个人的梦想破灭。只有这样,全人类的梦想才能实现。"

"但试图消灭每个人的梦想,难道不也是一种梦想吗?这个梦想,即便是真正伟大的梦想,难道就不会破灭吗?"

王先生怔住了，沉默了很久，他不得不点了点头："是的，这也是一个梦想，但这是唯一值得追求的梦想。"他长叹一声站了起来。尚且惊喜地发现，王先生那黯淡的目光变得清澈起来。"看来我最终也不得不靠梦想来维持生命，或许这是人类无法超越不能克服的根本困境。"

站在一边的尚大夫突然插话道："不！王先生，您难道想抛弃您追求了一生的梦想吗？您的梦想是伟大的，您并没有疯狂。是这个世界疯了，尚且也疯了。除了您和我，整个世界，所有的人都疯了。您的梦想马上就能实现了，宇宙飞船的技术故障很快就能排除，您的天国之行很快就能启程。您一定要有耐心，要清醒，要坚持住啊！"尚武激动得浑身颤抖起来。

尚且大吃一惊："父亲，你怎么啦？王先生的病情刚刚有所好转，你怎么又要把他推回到那个梦幻世界中去？难道你也疯了？"

尚武指着尚且哈哈大笑："王先生，您看！只要任何人跟您有同样的想法。他们就会众口一词地说，'这人是个疯子！'"

王先生大怒，他跳起来扑向尚且，脚下一个趔趄跌倒在地，手足狂舞着昏迷过去。尚且急忙把他扶到躺椅上，掰开王先生咬紧的牙关，塞进去一颗药丸。她见尚武还愣在一边张大了嘴出神，随手也喂了他一颗药丸子。尚武刚要发怒，突然清醒过来。

尚且嗔怪道："父亲，你怎么也糊涂了？他刚刚有些明白过来，又给你搅了。"

尚武魂不守舍地道："我……我觉得，他的疯话比某些不疯的人的话，离真正的疯狂更远。"

尚且急了："你怎么也相信起他的疯话来了？别忘了你是大夫，他是你的病人。"

尚武扭头凝视着王先生圣洁的脸，喃喃自语道："这也难说得很呢！"

土曜日之梦

68

雨雨雨雨雨雨雨雨雨雨雨雨雨雨雨雨雨雨雨雨雨雨雨雨雨
雨雨雨雨雨雨雨雨雨雨雨雨雨雨雨雨雨雨雨雨雨雨雨雨雨
雨雨雨雨雨雨雨雨雨雨雨雨雨雨雨雨雨雨雨雨雨雨雨雨雨

69

我就这样漫无目标地走着。不在乎是否迷了路。因为我没有目的地。也就无所谓迷路。只要我不停地走着。一个人走着。没有人强迫我向东还是向西。没有人命令我向前还是向后。没有人要求我快些或是慢些。我就心满意足。别无所求。我愿意就这样永远走下去。走到走不动为止。

为了追赶一只蝴蝶。我好像绕了一大圈又回到了原地。但我不在乎这些。我不能肯定我是否到过这儿。我忘记了沿途见过的一草一木。我爱这个世界的一草一木。但我绝不占有它们。我不在任何事物上留下我的标记。也不留下我的目光。我下一次看到同一株小草时。依然会欢欣雀跃。我也忘了这个建立在分类基础上的文明。我忘了花草和我的区别。我不必再寻找自己。目光所及的一切都是我的一部分。你是我。我是你。他是我。我也是他。但我不是我。我绝不是我。我忘了我和蝴蝶的分别。我忘了花蝴蝶和蝴蝶花的分别。我忘了蝴蝶花和罂粟花的分别。一切都是同样美的。我也是美的。

我同样忘了。这朵花和那朵花都是蝴蝶花。见到第二朵花时。我不会失去见到第一朵花时的那份狂喜。阳光下没有类同的事物。每一朵花都是独特的。每一朵花都是一个完整的宇宙。一切对我来说永远是见所未见闻所未闻的。因为我没有记忆。我失去了记忆。

我就这样独自走着。累了。就原地躺下打个盹儿。我的睡眠像死亡一样安宁。没有焦虑不安的辗转反侧。没有梦。所以我不会梦见自己变成一只蝴蝶或者梦见自己变成别的什么。因为我就是蝴蝶。我就是别的。我就是一切。

等我醒来。我站起来就走。不必辨别方向。不必担心我是不是又往回走了。不必瞎操心这个。所有的方向都面向死神。没有一条路是冤枉路。我站起来就走。绝不拍拍屁股掸去尘土。不管有没有人在后面看我。看见的人在我后面。何必管他呢。我拒绝表演。我爱孔雀。像爱所有的生灵那样爱它。但我不喜欢开屏的孔雀。孔雀开屏的时候。我总是绕到它的背后。欣赏它那为炫耀尾羽而裸露出来。因情欲而充血。通红而且丑陋的——屁股。

我只是走着。像时间一样走着。每一个时刻都是独特的。每一个瞬间都是完美的。每一个刹那都是永恒的。过去没有意义。未来没有意义。只有现在。永恒的现在。

我不知道我走了多久。也许两天。也许两年。也许两万年。也许两亿年。我不知道我还能走多久。也许两亿年。也许两万年。也许两年。也许两天。但这并不重要。重要的是现在。

现在。你知道我看见了什么。

我见到了那口圣棺。嵌在彼岸的悬崖上。我毫不犹豫地跳进忘川。游到了彼岸。

于是我看见了。看见了那高耸入云的通天塔。这永恒的海市蜃楼。亘古不灭。

70

谁也没有发觉王先生当天没回王宫。平时他也常常会好几天不露面。谁也不知道他躲在王宫的哪个角落里苦思冥想。日常国务都由陈陈料理。除非碰上大事。陈陈一般不打扰他。谁都知道他最不喜欢被人打扰。倪九十九死后。施青青搬进王宫和王母住在一起。一个多月里也只见到王子两次。

第五天。陈陈到处找不到王先生。派人到王母这儿请王先生出去。里外一传话。才知道王先生失踪了。王母和陈陈顿时着了忙。倪虹心里气苦。我早就知道我终究是留不住你的。留得了你的身子也留不住你的心。留得了你今天也留不住你明天。青青却暗自高兴。你既然要躲我。可见你心里有我。可见你自己也知道见了我肯定把持不定。但你能躲我一辈子吗。你躲得了身子躲不了心。躲得了今日躲不了明日。

陈陈一面封锁消息。一面暗地里派得力的心腹四出打探。倪虹只是不停地哭。青青也不禁着急起来。王母心想。这孩子终究还是不成器。看来要他复兴王族是没指望了。幸好如如很快就会长大。我的死期快要让我盼到了。想到这一点。王母反而坦然了。

陈陈眼看大势已去。他慌慌张张地进宫对倪虹说。"我要亲自出去寻找王先生。"倪虹也没了主意。施青青却一迭连声地催陈陈快去。陈陈拔腿就跑。走到王宫门口。只见寂寞广场上人山人海。已经把王宫团团围住。

倪采笑吟吟地对陈陈道。"陈先生。怎么。想到城外再看看风景吗。怎么不带上太太和女儿呢。难道怕她们煞风景吗。"

陈陈嗫嚅道。"你……你说什么。我……我一点也不懂。"

倪采脸色一沉。一挥手。人群分开。几个壮汉把抱着陈菲菲的石女推到前面。陈陈的管家神色慌张地走到倪采身边低声说了几句。陈陈一下子瘫倒在地。原来陈陈正打算带着妻子和女儿逃跑。他让管家带着她们先走一步。在城外等他。显然管家出卖了他。

倪采喝道。"陈陈。你还有什么话说。"

人群怒吼道。"杀了他。"

"吊起来示众。"

陈陈的头颅被挂在王城的西门上。他的眼睛一直睁着。

倪氏王朝复辟了。倪采立即取缔了无后教。宣布无后教为异端。重新起用被王先生贬黜的那些旧臣。又追认柳依桥为反抗无后教的圣徒。同时把柳依桥的殉难日定为鹦鹉节。《王城晚报》的头版上。印出了柳依桥的名言。

鹦鹉也有言论自由。何况人呢。

倪采册封他所有心爱的情妇为男爵。享受男人的一切权利。因为男女平等了。王先生的八条"如梦令"都被废除了。人民欢声雷动。《王城晚报》

总编胡悦提议通缉王先生。因为他也生了一个儿子王如如。应该像陈陈一样明正典刑。以为言行不一者戒。人们鼓噪赞成。

倪采大摇大摆地进入王宫。王母等人已经知道发生了政变。倪采一双贼眼溜了一圈。在王如如身上停顿了片刻。最后目光驻定在施青青身上。脸却冲着王母道。

"老百姓要求把王先生抓回来处死。因为他不准别人生儿育女。自己却生了一个儿子。这也太不像话了。他宣布实行一夫一妻制。自己却有这么漂亮的一个情妇。老太太。我如果真的想抓他。他是没地方可躲的。但如果这位美人儿愿意做我的王后。我可以对老百姓说。这个孩子是倪虹和陈陈私通生下来的。反正这孩子一点也不像王先生。老百姓不会不信。再说陈陈已经死了。送他一个风流鬼的名头让他"万世流芳"。看来他绝不会不乐意。这样王先生只要永远不再回到王城。我就赦他不死。"

倪虹顿时面如死灰。她用哀恳的目光看着青青。乞求她答应做倪采的王后。王母听了倪采的话大吃一惊。死死地盯着如如的小脸看得呆了。心里一阵绝望。不。如如是我的亲孙儿。不。我儿子绝不是王八。此时此刻。她对儿子的生死反而毫不在意了。青青此刻心乱如麻。一会儿想。我终于能名正言顺地当上王后了。倪虹要滚出王宫去了。这里属于我了。一会儿又想。可这样王子就由我救下来拱手送给倪虹了。说不定我这回还是像上回一样。王后当不成。结果什么也捞不到。我反倒要变成倪太太了。不行。绝不能让倪虹这贱人称心如意。倪采说得对。我可以做王子的情妇。男人喜欢情妇总是超过喜欢妻子。宁愿王子死了。也不能让倪虹再独自霸占他。倪采能找到王子。我和圣母为什么就不能找到他。再说我们已经找到过他一回了。想到这儿。施青青笑着站了起来。

"倪采。老头子刚死。你就把我当成豆腐西施。来吃我的豆腐。色胆倒不小。我早就听说你骑术不坏。是个有名的骑士。本来我也没什么不愿意的。但现在宫里宫外这么多人眼睛盯着。你叫我今后怎么见人。亏你还是个偷香窃玉的老手呢。再说你刚刚登基。你要忙的事情够多的了。哪里有空来欺压我。要是弄得骑虎难下。恐怕又要闹出乱子来。依我看也不急在一时。索性我先出宫。这段日子你也别来找我。等风平浪静了。还不好办吗。你就忍一忍吧。"说着。又嫣然一笑。

倪采心痒难熬。叫道。"先知王八说过。'是可忍孰不可忍。'"但想想青青说得有理。不敢不依。只好点头叹道。"唉。先知王八还说过。'小不忍则乱大谋。'只不过在王八看来这是小事。在我看来这事却大过天去。"

青青扶起王母。"圣母。我们走吧。"王母伸手抱过如如紧紧地搂住。好像担心他会在空气中突然消失。出了王宫。喧闹的人群看见了青青。霎时安静下来。全体行注目礼。青青却目不旁视地挽着王母朝前走。但她心里明白。如果自己是一只天鹅。肯定已经被这些聚焦的目光烤熟了。天鹅优美地在水面划开一条甬道。人流又在后面亦步亦趋地合拢。青青故意停了停。掠一掠头发。人群急忙止步。青青又移动脚步。如入无人之境。人群又若即若离地跟在后面。王母突然厌烦道。"这些人难道都是我的子孙吗。"青青回眸一笑。所有的人像受到了催眠似的。顿时定在原地。瞪着比癞蛤蟆还要大的眼睛。痴了。

走到王府门前。王母和倪虹正要进去。青青怒道。"倪虹。你还有脸充女主人吗。圣母。我们不能住在这里。陈陈那狗贼在这儿住过。我可不愿意再进去。"

王母也觉得青青说得有理。"虹儿。我们到青儿那里去吧。"

倪虹略一犹豫。"母亲。你和青青带着如如先去。我进去一下就来。"

王母道。"那你快点儿。我们在这儿等着你。我还有话要问你呢。"

倪虹答应一声就奔了进去。王府已经乱得一塌糊涂。显然是陈陈逃跑前留下的残局。王母在栅栏外长叹一声。老怀弥伤。

等了许久。倪虹还不出来。青青生了气。拉着王母要走。王母道。"青儿。你去叫她快点。我已经累坏了。"

青青不敢违拗。只好虎着脸进去了。可她找遍王府。竟没有见到倪虹。她害怕起来。急忙往外走。突然看到花园尽头一间小屋子的门被风吹动着。发出吱呀吱呀的声音。她壮着胆一步一步挪过去。一伸头。惊叫一声。差点吓得晕倒。她看见一个神龛。倪虹跪在那儿。身子前倾倚在供桌上。已经死了。神龛上的牌位写着。

青青猛提一口气冲出王府。吓得话也说不出来。只是一只手往里面指着。王母把如如塞给青青。顺着青青手指的方向蹒跚地走到小屋前。她近乎无动于衷地把倪虹的尸身翻过来。竟看不出倪虹是怎么死的。一抬头。看见供桌上有一张纸。她拿了纸慢慢出来。把纸递给青青。青青念道。"母亲。孩儿不孝。如如就交给你了。青青。我求求你。一定要救救世遗。"

这天晚上。王宫中的叹息殿里。一个叫人汗毛凛凛的声音。叹了一夜的气。

71

我在通天塔边上自己动手搭了一间小木屋。我在这里度过了几万年的极乐岁月。每天清晨。我都打开门迎接我的新娘。她从圣河之水中诞生。这崭新的。初生的。血淋淋的太阳。为她施洗的圣河之水也被她的鲜血染得通红。这圣洁的洗礼洗去了她在漫漫长夜中蒙受的一切耻辱和苦难。我被这创造生命的血祭震惊了。我的全部敬意随着太阳同时升起。此刻。任何思想都是苍白的。任何语言都是毫无意义的。没有鼓掌。没有欢呼。唯有静穆。没有欢欣。没有痛苦。唯有神圣。

我担心哪一天太阳落下去以后。永远不再升起。

然而曾几何时。太阳一次又一次地被玷污了。生命的血红变成了思想的苍白。太阳的赝品霸占了清朗的天空。暴虐地灼伤了人类的眼睛。

72

王母和青青带着如如回到王公馆。只见两个头发很长胡子很乱的乞丐坐在公馆门前的台阶上。守着两只空碗。青青心里正没好气。

"怎么。要饭要到我的门口来了。去去。别待在这儿。"

那两个乞丐竟对着青青颤巍巍地跪了下去。青青刚要张嘴喝骂。一个乞丐用激动得变了形的声音叫道。"王太太。你……你不认识我了吗。"

青青怒道。"我怎么会认识你这种人。"

那人好像被抽了一鞭。往后退缩着绝望地扯着自己的头发。"完了。全完了。你已经不认识我了。我的号牌又被收去了。"另一个乞丐却露出幸灾乐祸的坏笑。

青青骂道。"要发疯给我滚远点。"

另一个插话道。"王太太。你别发火。你还记得这个号牌吗。那是你发给我们的。"青青吓了一跳。隐隐约约记起了什么。那人接着道。"去年你出门的时候。叫王先生传话给我们……"

青青斥道。"放屁。我怎么会叫王子……叫王先生给你们传什么话。"

前一个回过神来。对后一个说。"我跟你说过多少回了。是陈先生。你就是不信——王太太。是……是陈先生说的。不是王先生。"

后一个说。"好。就算陈先生。王太太。陈先生对我们说。'现在是王太太考验你们的时候。就看你们谁能坚持到最后了。'"

青青气得直跺脚。"圣母。你看。又是陈陈捣的鬼——怎么。莫非你们从那时起一直等到现在。"

两人抢着答道。"是啊。两年来我一步也没有离开过。"

青青奇道。"那不是要饿死吗。这儿附近又没人家。讨饭也没给呀。你们俩在撒谎。"

前一个被青青一骂又垂头丧气了。后一个脖子一挺。"王太太。我们怎么能讨饭呢。那不是给你脸上抹黑吗。"

青青一时没明白过来。"你们讨饭跟我有什么关系。"突然醒悟。啊。他们以为经受住了考验。可以做我丈夫了。顿时大怒。她冷笑着一脚踢翻了两只碗。那两只碗干干净净。倒确实不像要饭的。"那你们可以不吃饭。简直已经成仙了。"

那人侃侃而谈。"王太太。一开始人很多。大家吃完了带着的干粮就轮流去吃饭。后来走掉不少。剩下的人被你选中的希望越来越大。我就担心万一去吃饭的时候你正好回来。那就前功尽弃了。我就让家里人送饭来。大家一见。也学了样。谁也不肯再离开一步了。"

青青失笑道。"那不是跟坐牢差不多吗。坐牢还有放风时间呢。"

"王太太。别这么说。坐牢哪有我们这么自觉自愿的。为了你。就是真的坐他十年八年的大牢也值呀。再说坐牢并不是想走就可以走的。可其他人一个接一个都走了。我不敢撒谎。这位王十二先生最坚定。他从来也没动摇过。我却好几次有想走的念头。但每次我都想。说不定我前脚走。你后脚就回来了。再说别人既然能等。我对你的发烧程度难道就比不上他们吗。就这样我又一次一次地打消了开小差的念头。但心里还是抱着看看再说的态度。直到半年前。我们总共只剩七个人了。有个王先生失去了信心。'看来王太太不会回来了。我们被人耍了。大伙儿散了吧。'我们五个也打算走了。只有这个王十二。我们劝了他半天。他愣是不肯走。无论我们说什么。他总是一句话。'谁要走尽管走。要是肯行个好。就把你的号牌送给我。'但走的人总是一个声气。'这号牌好歹也是王太太给的。留着也是个纪念。'这回大伙儿还是这么说。他就不理人了。于是我们六个就走了。可我走出几步一回头。见王十二正在满脸得意呢。我心想。这不是白白便宜了这小子吗。我这么久都熬过来了。罢了。我也豁出去了。我就对另外五个王先生说。'你们先走一步。我再劝劝他。'这不。我又留了下来。打那以后我就真的死心塌地再也没想过要开溜。但这样一来把王十二给气坏了。因为我成了他唯一的情敌。而且他知道我论什么都比他强。"

青青竭力忍住笑。"最难得的是。你的幽默感比他强得多。王先生。你姓什么。噢不。你叫什么名字。"

"我叫王二十。你别奇怪。家里兄弟姐妹实在太多。我父亲不耐烦在名字上多动脑筋。就按着排行叫。小时候我妈妈招呼孩子们吃饭时。能一口气不喘地把我们的名字都叫下来。那调门就跟列队报数似的。"

没等他说完。青青已经笑岔了气。王二十继续说。

"这一来王十二生了气。至少有一个月没搭理我。我想尽办法跟他搭讪。他硬是装聋作哑。弄得我束手无策。我只好把嘴巴吊起来。一声不吭。没料到等我死了心住了口。他倒憋不住了。又主动跟我搭茬。我也存心不睬他。想把他给气走。最后他说了一句话把我打动了。

"'王二十。怪我不好。我不该生你的气。我本来以为。你们都走了。王太太就非我莫属了。现在我知道我错了。要是你也走了。我一个人是无论如何也忍受不了这份寂寞的。要是没有人陪我说说话。我坚持不了一个星期也会走的。'

"这下我倒奇怪了。'咦。这一个月里你根本没理我。你不是也熬过来了吗。'

"他叹了口气。'对呀。正因为有你在。我才能跟你憋气憋一个月。要知道憋气找碴儿无事生非。也是一种消遣。我要是不跟你斗气。一个星期也熬不住。幸亏你留了下来。这样我们俩都能坚持到底了。'

"我一想对呀。我要是把他给气走了。我一个人也会无聊得发疯。我们就和解了。我们说定。不管谁被你看中。另一个就去自杀。现在。王太太。请你判决吧。"

青青听得心旷神怡。"这么说我的选择关系到你们两个的生死喽。这事倒有些难办。你看。王十二从来没有动摇过。按理应该是他。可是你把一切都告诉了我。是个光明磊落心胸坦荡的诚实君子。而且你也确实比他英俊潇洒。我一时倒也难以抉择。这样吧。你们俩分头替我去找一个人。谁先找到他。就来告诉我。没找到的就不必来见我了。"

青青把有关王子的种种。对他们一一交待了。两人见王太太如此信任地派差事给他们。不禁受宠若惊。欣然领命而去。

73

这天。孤独的太阳迟迟没有升起。在低垂的灰色天空下。走来一群类人猿。走在头里的一个人向我一鞠躬。展开一卷尿布咿哩哇啦用唱歌般的调子摇头晃脑了一通。我没想到说话会比唱歌还要好听。我就像听外语歌那样听得入了神。虽说一点不懂歌词的意思。但反而能更好地领略纯粹的音乐美。他一唱完。所有的人立即围住我。装出一副认识我的神情。可是我根本不认识他们。一个老女人走上来拉住我的手说。

"王儿。难道你连我也认不出来了吗。我是你母亲啊。"

我说。"我的女儿。你犯了大不敬的罪过。我是你的父亲。"

一个进化得最好的年轻女人冲上来说。"王子。你总不会忘了我吧。你是为了我才逃出王城的。现在倪虹已经死了。再也没有什么可以阻拦你跟我结婚了。"

我奇怪地看着她翕动的嘴唇。刹那间。它们似乎巨大得足以把整个世界吞掉。

她惊讶了。"怎么。难道……难道我不是这个世界上最漂亮的女人吗。"

"不……是的。你是的。"

"那你为什么不要我。"

"很抱歉。小姐。我是个色盲。"

老女人把她拉开。"青儿。你走开。如如。快过来。"一个五六岁模样的小男孩被带到我面前。老女人哄他道。"快叫爸爸。"男孩咬紧牙关不肯开口。"好孩子。这是你爸爸呀。快叫呀。"男孩还是一个劲地摇头。不肯说假话。

我立刻就喜欢上这个孩子了。我俯下身子。抚摸着他的头。"孩子。永远别说假话。也永远别相信假话。我不是你爸爸。我是你父亲。"

老女人神情异样地看着我。激动得语无伦次。"孩子。你别折磨我了。你告诉我。如如究竟是不是你和倪虹的孩子。"

我哈哈大笑。"我的女儿。你为什么不相信我的话呢。我是你所有人的父亲。但我不是任何人的爸爸。我既不愿生个女儿。看着她今天跟这个人结婚。明天又离婚跟另一个人结婚。这样结了又离。离了又结。跟被一群男人轮奸有什么两样。我更不愿生个儿子。看着他为了活下去不得不做奴才和乞丐。杀人或者被杀。不。我绝不会在这个疯狂的世界里留下任何后代。"

老女人哭道。"孩子。你这是怎么啦。你难道真的疯了。既不认自己的母亲。又不认自己的儿子。我们辛辛苦苦找了你好几年。这位夏大夫奉旨把我们护送到这里也不容易。可你却偏偏失心疯了。这倒好。你不承认是我的儿子。一路上却不断有人要做我的干儿子。前前后后赶着我叫妈妈。"她一回头。"王丰。王川。王一土。王一干。王一工。王一士。王十二。王二十。还有。王麻子。你们这会儿怎么都哑巴啦。叫呀。"

那些奇奇怪怪的影子突然齐声大吼。"妈妈。"倒把我吓了一跳。心想这老女人有些邪门儿。

"嗳。乖儿子。"老女人含着眼泪应了一声。不知是她豁口缺牙而发音不准。还是故意奚落他们。她叫起"乖儿子"来。我听着就像是叫"龟儿子"。我敬重她的年龄。倒也没有笑。可她又开始仰面朝天地数落我。"这是什么世道。难道亲儿子反倒不如干儿子了。大神啊。这是为什么。莫非你惩罚我不该听信倪采那杂种的鬼话。疑心倪虹和陈陈那奸贼私通。生生把我那好媳妇给逼死了。造孽啊造孽。如如可是我的命根子。孩子。都是我的不是。你别生我的气了。也别再说气话来吓唬我了。你应该跟我一样高兴才是。我们又回到王村来了。王族又复兴了。王村又有了这么多王家的后代。"

夏大夫打断了王母。"老太太。你歇会儿吧。以后说话的日子长着呢——王先生。当今陛下倪一百说我这个人脑子不大灵光。责备我没有领会您当初造通天塔的深意。他说通天塔实际上是您打算告老还乡颐养天年时住的别墅。他要我转达他本人对您当机立断急流勇退的莫大赞赏。他认为您需要有个合适的人照顾和保护。所以他向您推荐了我。他希望您接受他的这番好意。允许我担任通天塔的总管。他还希望您进一步接受他的小建议。既然通天塔是您一生的梦想。他要求您终生不要走出通天塔。"

我冷笑道。"我绝不会走出通天塔。"夏大夫大喜。我冷冷地问道。"夏大夫。你还有什么希望我接受的小小建议吗。"

夏大夫毕恭毕敬地答道。"没有了。王先生。只要您遵守您的诺言。您就是完全自由的。我就是您最忠实的仆人。"

"很好。我的任何一句话都是永远有效的。因为我不会走进通天塔。所以我根本不可能走出通天塔。我就住在我的小木屋里。"没等我说完。王先生们就大叫大嚷起来。

"我们要住通天塔。"

"疯子才不肯进通天塔呢。"

我宽容地笑笑。"不过。只要是自愿的。我不反对任何人住进去。"

夏大夫似乎略感意外。他用他那不太灵便的大脑袋想了片刻。没有再坚持。

"好吧。王先生。你可以不进通天塔。但你依然是通天塔当仁不让的主人。陛下要求我给每个通天塔的居民编号存档。你是理所当然的天字第一号。"

于是夏大夫引着王先生们闹闹嚷嚷地涌进了通天塔。我长长地舒了一口气。但愿他们别来打扰我的孤独。

74

可是施青青却不让我清静。也不知道她怎么搞的。居然说服了铁石心肠的夏大夫。特许她每天到我的木屋里来打扰我。她一来。总是跟着一大群王先生。王先生们围着她团团转。也殃及池鱼地把我围困在垓心。我走到哪里。青青跟到哪里。王先生们又鬼影似的飘到哪里。青青跟我说话。如果我不搭理她。王先生们朝我瞪眼。如果我搭理她。王先生们照样朝我瞪眼。

施青青说。"王子。夏大夫这人真讨厌。我什么时候该干什么。什么时候不该干什么。他都要管。他说起话来这样。'咳咳。嗯嗬。我宣布。现在九点钟。吃饭。''咳。咳咳。我宣布。现在七点钟。睡觉。'好像他不宣布。时间就会静止不动似的。你说可笑不可笑。"

我一声不吭。王先生们却笑得大翻空心跟斗。

施青青的永恒话题是天空。我照例还是充耳不闻。王先生们却不厌其烦地跟着她一遍又一遍地闲聊着这片在我看来无聊透顶的天空。

"今天天气哈哈哈……"

"天气今天嘻嘻嘻……"

每个人的眼睛都瞪着我。好像把我当成了哈哈镜。仿佛我是这个世界上唯一的笑料。似乎这儿已变成了失而复得的乐园。

笑声引来了更多的王先生。世界各地的王先生都赶来了。夏大夫编号已经编到了九千九百九十九亿。夏大夫把他们塞进通天塔中那拥挤不堪的蜂房里。没过多久。每个人的灵魂都被灵魂工程师们浇铸成了大同小异的正六边形。

眼看王先生们越来越多。王十二和王二十急坏了。他们追问施青青。"王太太。我们俩为你找到白马王子都出了力。你曾经答应。找到他后就嫁给我们中的一个。现在我们已经替你找到他了。你可以做决定了。"

青青笑道。"不。你们搞错了。要嫁给你们任何人。必须先等我跟王子离了婚。"

王二十着急道。"那你为什么还不赶快跟他离婚呢。"

青青苦笑道。"可是我还没跟他结婚呀。"

75

孤独的太阳从此再也没有升起。我开始越来越厌恶白昼了。只有到了深夜。所有的人都回到了通天塔里。我才能独自冥想。直到灵魂出窍。

76

王丰和王一干却从来也不打搅我。他们俩一见如故。一有机会就聚在一起斗酒。

"丰兄。想不到我们真的进入天堂了。"

"干老弟。我们只是在去天堂的路上。"

"不管怎么说。住在这通天塔里。离天堂到底近了许多。丰兄。你好像不大愿意住得这么高。"

"呃不。我愿意的。"

"老兄。我告诉你。住在这里最大的好处是。你想自杀的时候。你绝不会半途而废。"

"这是什么意思。"

"你听我说。我平均过一个月左右就有一次自杀冲动。但每当我急急忙忙跑出去打算找一个地方往下跳的时候。不是在半路上被别人拉去喝酒。就是让别的芝麻绿豆大的事缠住。给耽误了。等我脱出身来。我早就忘了我原先为什么要出门。有一回我总算坚持到爬上了一座悬崖。可是我的自杀冲动已经过去了。我只好居高临下地欣赏了一番这个醉醺醺的世界。又回来了。

"当我站在高处。俯视密密麻麻地拥挤在这个星球每一角落的那些同类时。我第一次发现他们竟是如此渺小。渺小得如同蚂蚁。可蚂蚁们自己。还自以为是大象呢。我第一次发现。那些钢铁的甲虫。蠕动得竟如此缓慢。可它们还自以为正在飞速前进呢。

"只要我一想到我还不得不像他们那样可怜地活着。我就被强烈的羞耻感和可怕的失败感所折磨。我无法改变这些。就是我的羞耻。我没有勇气自杀。就是我的失败。我痛不欲生。却又苟且偷生。所以我不敢思考。酒。只有酒。才能帮助我停止思考。我不敢照镜子。因为我不想看到我自己。我被这来去匆匆的死神折腾得腻烦透了。我以为这残忍的游戏要永远玩下去。现在好了。我住进了通天塔一千零一层。即使上不了天堂。只要能让我永远摆脱这个疯狂的世界。我宁愿下地狱。我现在每时每刻都在盼着自杀冲动再来。到时候。我只要跨出阳台的栏杆。就一了百了了。"

王丰不知该怎样安慰王一干。"干老弟。到时候你至少该来跟我道别一下。或许我会跟你一起跳的。路上也有个伴儿。"

"好的丰兄。一言为定。干。"

"干老弟。干。"

77

王麻子张罗上夏大夫王母和王川。四个人没日没夜地又打起麻将来。

夏大夫是新手。但一玩就上了瘾。还特意编了四句麻将经。"春天不会发春情。夏天不愁不下雨。秋天不必打秋风。冬天不会生冻疮。"

王母一来眼看死期遥遥无期。也懒得再盼。二来王村日见兴旺。也不着急死了。对如如也不如原先那么疼爱了。于是青青每天到我的木屋来。总是带着如如。青青对我说。

"这孩子从小就缺少母爱和父爱。他妈妈那狐媚子整天就知道勾引男人。你又只顾忙着造通天塔。害得这可怜的孩子这么大了还结结巴巴的连话也说不齐全。你要是娶了我。我绝不给他看后娘脸。除了我。谁会像我这么爱他。我本来就是他的伯母。现在又成了他的教母。"

如如睁大了眼睛问我。"先先先生。什么是教教教母。"

我说。"酵母是一种毫无意义的东西。它不能提高任何东西的实际价值。却能使某些东西莫名其妙地膨胀起来。比如说面团团和女人的肚子。它还能使某些东西因为增多而贬值。比如说。那么多的王先生。"

"先先先生。我妈妈是坏坏坏人吗。"

"不。孩子。她是个可怜的人。"我用手指着青青。"你妈妈是让她害死的。"

如如立即怒视着青青。我倒有些后悔失言。"孩子。别恨她。她比你妈妈更可怜。这个世界上没有坏人。只有疯子。是人太多把大家逼疯的。世上的一切本来都是有限的。人却妄想无限地增多自己。是无限增多的人与并未无限增多的土地食物之间的矛盾把人们逼疯的。一个人吃一个苹果。他会很满足很快乐很幸福的。两个人吃一个苹果就会争夺。三个人吃一个苹果。就会发生欺诈奴役和偷盗。甚至互相屠杀。人一多。疯狂就是必然的。"

"可是先生。人少了不是很孤孤孤独吗。"

"孩子。那不是孤独。那是寂寞。灵魂寂寞的人害怕肉体寂寞。灵魂孤独的人却热爱肉体孤独。因为孤独就是圆满。孤独的人喜欢一个人待着。"

"我不要一个人待着。"如如突然说出一句囫囵话。"我……我……我害怕。我不要孤独。"

我长久地注视着他。沉默了。

78

王二十道。"十二。王太太要我们替他找的这个人。竟是个疯子。"

王十二道。"二十。莫非我们找错人了。王太太说这人是她的白马王子。可是谁也没见他骑过白马呀。"

"呆子。你没读过王丰那篇妙文吗。'白马非马。王子非子'。要是白马王子一天到晚骑在真的白马上。哪个女人肯嫁给他。"

"这么说。所谓白马王子。只是说他的骑术高明喽。嘻嘻……"

"哧哧……"

"嘻嘻嘻……"

"哧哧哧……"

79

可是没过多久。王村也像王城一样。晚上比白天更热闹了。这天晚上我正在做风筝。王一土来到我的木屋。

"王先生。我对不住你。我没有把通天塔造好。"

"一土。别难过。这也不能怪你。嗳。对了。你是不是有三个孪生兄弟。"

"是的。他们也到王村来了。"

"你们四兄弟的名字倒有些意思。"

"我母亲告诉我。她生下我们的前一天。来了一个云游的圣者。圣者对我母亲说。'王太太。你有祸了。明天这个时候。你要生下四个祸胎。我给他们取个名字辟辟邪吧。老大可以叫一土。老二不妨叫一干。老三就叫一工。老四就叫一士。这四个名字都是从王里面化出来的。也就是王化的意思。千万记住。"逢王则吉"。慎之。慎之。'第二天我母亲果然生下了我们哥儿四个。就依次给我们取了名。但我母亲和我们哥儿几个都不太明白这里面有什么深意。自从通天塔停工以来。我一直在琢磨这个事儿。今天我觉得似乎有了一些眉目。所以特地来请教王先生。"

我来了兴趣。"先说说你是怎么想的。"

"王先生。我发现这'王'字里面大有文章。不是我对你不恭敬。因为我也姓王。你看。'王'的上面一横代表天。下面一横代表地。中间那一横短些。代表人。中间那一竖贯通天地人。没准就是通天塔。也可以这么看。上下分别是天地。天地之间是一个顶天立地的大十字架。通天塔也好。十字架也罢。都是图腾柱。图腾柱就是社木。每年春天。人们在社木四周欢会娱神。这就是社会。动物一过春天的发情期。就作鸟兽散。可是人类却不愿意春天一过就散会。这么着人类就决意让大自然四季如春。说起来办法也简单得很。就像头疼吃头疼药脚疼吃脚疼药一样。春天一过。人们就猛吃春药。没料到人定胜天过了头。真正的春天从此永远消失了。大自然不仅没有四季如春。反而四季如夏四季如秋四季如冬起来。大自然变得越来越不自然了。

"于是我越琢磨越琢磨不透到底什么地方出了差错。昨天老二一干和王丰到对岸施庄的结巴酒吧去喝酒。到半夜醉醺醺地回来。悄悄告诉我。远远地看通天塔。就像一根巨大的阳具。我惊出一身大汗。立刻明白过来。原来图腾柱就是阳具。图腾就是折腾。阳具就是人类文明史的钟摆。人类社会从一开始就出了毛病。"

我顿时脸色惨白。"一土。照你这么说。难道这是不治之症。人类真的没救了。"

王一土顿了顿。"王先生。我为了琢磨这事儿。一宿没好睡。我寻思着睡眠艺术的失传。是文明衰落的根源。所以首先要为睡眠正名。睡眠就是正儿八经地睡觉。一人独睡。一梦千里。可是魔鬼却说。'那人独睡不好。'于是人们虽然整天挖空心思地想着睡觉的事儿。可一旦上了床却不肯好好睡觉。而是搅得胡天野地惊天动地。我估摸着。魔鬼就是迫使人们不断上床却不肯好好睡觉的那股子恣肆不羁的邪劲儿。魔鬼就是上帝的敌人。可惜上帝造出来的人类。全都成了魔鬼的奴隶。魔鬼在每个人的灵魂里。人类已永远失去了心灵的安宁。无穷的焦虑使他们再也不能酣然入梦了。整个世界都在失眠。王城的夏秋冬大夫发明了一种专治失眠的冬药。吃下一片。心中的魔鬼就会进入冬眠。药倒是卖出去不少。可晚上照样喧嚣不止。似乎整个世界都吃错了药。"

我奇怪道。"这是什么缘故。"

王一土道。"王先生。你不明白。他们要么不吃。要吃就一大把一大把像吃花生仁似的大吃特吃。先知王八说过。'睁开眼睛做人。闭上眼睛做梦。'可是王城人却反其道而行之。近来小猫小狗党正在提倡'眼开眼闭主义'。也叫'波斯猫主义'。夜猫子们的信条是。'睁一只眼睛做梦。闭一只眼睛做人。'他们上床时绝不好好睡觉。下床后才借助各种邪药做白日梦。这种邪药多得不计其数。历史最悠久的一种叫作酒。最有名的酒徒李白说。'古来圣贤皆寂寞。惟有饮者留其名。'不折不扣的睁着眼睛说梦话。但可悲的是他的名气确实很响。他叫李白。就是因为他最爱喝白酒。我二弟一干对他崇拜得五体投地。说他一口气能喝八斗酒。酒才独步天下。另一种邪药叫白粉。据说吃了能白日飞升。飞到天堂里去……"

王一土越说越远。我打断他道。"可是你说到现在。还没说到睡眠的艺术呢。"

王一土道。"王先生。先知王八说。'梦是生的一半。生是死的一半。'生。死。梦。是灵魂的三种状态。从哲学的角度来看。生是正题。死是反题。梦是生与死的合题。梦介乎生与死之间。又高于生死。梦有两者之长。无两者之弊。生有欢乐。但也有痛苦。死没有痛苦。但也没有欢乐。只有梦能无偿地赐给你极乐。更重要的是。生的本质是寂寞。死的本质是寂灭。而梦是圆满无缺的至福。生不能给你的一切。梦都能给你。有人说梦是虚幻的。但有什么是真实的呢。而且。梦的虚幻只有你醒着的时候才会意识到并使你陷入更大的痛苦。但如果你永远不醒。一个梦接一个梦。像没完没了的电视连续剧那样永远胡编乱造下去。你就永远不会再想起还有寂寞这档子事儿。婴儿的幸福就是永远吃了睡。睡了吃。甚至吃奶的时候也懒得睁眼。他还沉浸在梦里呢。"

"可是这样的生活跟死了又有什么两样。"

"王先生。当然不一样。梦的优点在于。你可以最大限度地逼近死亡而不必担心被死神所占有。古人把睡觉称为'挺尸'真是再恰当不过。梦里你可以在安全距离之外逼真地体验死亡。欣赏死神的一颦一笑。这将比你在街心花园等候情人时想象她的投怀送抱还要真切得多。而人生无非就是等死。真正的睡梦艺术家能确切地预知死神降临的那个神秘时刻。请想一想。当大限到来。当你等候了整整一生的死神终于分秒不差地如约而来。当她柔软无骨飘忽不定的影子轻捷地从背后向你走近。试图吓你一跳。而你突然转身把她搂个满怀。用最后的温存爱抚她夜一般闪亮光滑的羽毛。你是多么从容不迫和潇洒自如。当她携手引你穿过死神的大厅进入永恒时。小鬼判官们将丝毫不会留难你。因为你没有虚度此生。因为人的自由不在于怎么活。而在于怎么死。与其说人们选择生活方式。还不如说人们选择死亡方式。对死亡的体验越深刻的人。死亡的方式就越独特。也越合理。而这样的人。就是精通睡梦艺术的大师。"

王一土说得魂不守舍出神入化。我却瞠目结舌无言以对。

王一土又道。"先知王八说过。'物以稀为贵。人以多为贱。'现在任何东西都是供不应求。只有人类自身的产量供过于求。人成了最不值钱的东西。自有人类社会以来。一钱不值的大部分人都是缺钱化的。但上帝是公正的。每个人都有权利安安稳稳地睡觉。自由自在地做梦。睡觉和做梦是人生的最高享受。而且不必花一分钱。"

我冷笑道。"这就是你的救世良方吗。"

王一土见我突然发怒。略感意外。"王先生。我是通天塔的总工程师。通天塔是为了拯救灵魂而建造的。所以人们称我为灵魂工程师。我也曾引以自豪。但通天塔的理想幻灭以后。我意识到灵魂是无法拯救的。能拯救的只有肉体。而睡梦是拯救肉体的唯一出路。上帝死了。但魔鬼却没有死。人类凭借自己的力量是不可能战胜魔鬼的。我们只能逃避。我们只能逃到美妙无比的梦境里去。因为别无可逃之处。"

80

我坐在木屋门口。在低沉的乌云下做着风筝。施青青站在我面前。王先生们站在周围。我又被重重包围了。如如扶着我的膝头。眨着困惑的眼睛。

"先生。这是什么。"很久以来。这孩子已经不口吃了。

"这是风筝。"

"风风风什么。"

"风筝。"

"风风风……风子。"

我吃惊了。"如如。你不能发'筝'这个音吗。"

"先生。我没有见过这种东西。"

我把做好的风筝给他。"拿去玩吧。"

"先生。你把它送给我了吗。"

"是啊。我是特意为你做的。"

如如高兴得跳了起来。跳跳蹦蹦地拿着风筝跑了。

我看了施青青一眼。"你还有什么话要说。"

"我要你做我的丈夫。"

"什么是丈夫。"

"丈夫就是女人的拐杖和扶手。"

我大喝一声。"女人。扔掉你的拐杖和扶手。"

整个世界突然静了下来。青青气得脸色发青。一跺脚。"好。那我就再也不嫁人了。"掩面狂奔而去。奇怪的是这一回王先生们没有跟随她一起走。所有的人怒视着我。一步一步向我逼近过来。包围圈越缩越小。我根本不可能突围。我无路可逃。我静静地坐着。只希望自己是一只风筝或者蝴蝶。

人群突然分开。夏大夫一手拉着如如一手拉着一个小女孩来到我面前。夏大夫一挥手。所有的王先生立刻消失了。夏大夫竭力克制着怒气。

"王先生。我一向很敬重你。可你是怎么教育这孩子的。"

我讶然道。"怎么啦。发生了什么事。"

夏大夫对如如喝道。"你自己对你父亲说。"

如如毫无惧色。"先生。我在放风风风风……"

我怜悯地说道。"孩子。就叫放风吧。"

夏大夫脸色一变。"王先生。既然你已经知道了。那么我们打开天窗说亮话……"

我打断他。"夏大夫。我什么也不知道。放风就是放风筝。这孩子从小结巴。这几年跟我在一起。他的结巴差不多已经好了。可就是不会发'筝'这个音。如如。你说吧。"

"先生。我在放风风的时候。夏娃跑来问我。'这是什么呀。'我说。'这是风风……风子……'夏娃说。'如如。你骗人。这不是风子。这是大蝴蝶。'我很生气。先生。你教导过我。骗人是最不好的。可夏娃还小。我犯不着跟她生气。我就不再理她。只顾放我的风……风子。可夏娃又说。'如如。这个大蝴蝶太好看了。你送给我吧。'我说。'当然好看的。这是先生特地为我做的。我不能随便送人。'她央求道。'如如。求求你了。送给我吧。你叫先生替你再做一个。我不白要你的。我……我给你看一下……看一下屁股。我从来没有给别人看过。因为爸爸说。不能给别人看的。可你……你又不是别人。你是如如啊。爸爸认识你的。'我起初不肯。但她一再求我看一眼。我就有些好奇。以为她的屁股有什么古怪。再说夏大夫不让看。我偏要看。可是我看来看去。她的屁股没有任何特别的地方。我非常失望。但我还是把风……风子给了她。因为先生说过。说话不能不算数的。可她却不急着要风……风子。偏要盯着我问。'我的屁股好看吗。'我说。'一点也不好看。'我只说了这一句。她就哭了。我把风……风子给她。她也不要。却到夏大夫那里告状。说我欺负她。说我骂人。夏大夫就把我带来见你。"

没等我说话。夏娃又哭道。"如如。你坏。"

如如不服气道。"先生教导我。要言而有信。永远不说假话。"

我说。"好了夏娃。别哭了。你还要这个大蝴蝶吗。"

"我不要了。"

"我替你另外做一个世界上最美丽的大蝴蝶。好吗。"

夏娃立刻破涕为笑。对如如吐吐舌头。扮一个鬼脸。

夏大夫脸色稍缓。欲言又止地说道。"王先生。等你做完风筝。我有话对你说。"

我心想。你不说我也知道是什么话。"好的。夏大夫。你让王丰到我这里来一下。"

81

"王丰。我当了国王正要重用你。你怎么倒走了。你是我的老同学。怎么不帮我一把。难道你早已料到我会落到这个地步吗。看来我还是不如你。"

"王先生。别这么说。唉。事到如今我也不必再瞒你。我离开王城。是因为我怕……怕你杀了我。"

"咦。我为什么要杀你。"

"因为我知道你最恨背信弃义。而我背叛了你。我跟施青青在王城宾馆举行婚礼的时候。你给我的便条上说。千万不可泄露你的身份和住址。可由于种种变故。我不得不把你的身份告诉了施青青。还把她带到了你的住处。唉。可是我最终还是没能得到她。早知如此。我也不会背叛你了。"

"王丰。你疯了。你什么时候带她到我的城堡来过。我当时确实是不打算再回王城的。现在看来是不该回来。唉。这也不必再提。但你毕竟为我保守了秘密。使我能够安安静静地度过了我一生中最快乐的一段时光。我感谢你还来不及。怎么还会杀你。"

王丰顿时急出一身冷汗来。"这么说……这么说……你要我别告诉人的住址。指的不是王城的亲王府。而是……而是指乌有国虚托邦的白马城堡喽。"

"哎对了对了。王丰。我找你来就是要问你这个。因为我忘了城堡的名字。那里只有你去过。幸亏你还记得。那时我不住在王府。也没打算再回王城。我要你保密的当然是城堡。免得倪九十九找到我。"

"啊哈哈。我真蠢。"王丰狂笑起来。"我把王府的地址告诉了施青青以为已经背叛了你。早知道是这样。我又何必逃走呢。我又何必……何必……说不定……你还要重用我呢。说不定……施青青不嫁倪九十九而嫁了我。"王丰一脸的懊丧。

"不。王丰。既然你以为我要你保密的是王府的地址。那么你告诉她们时就已经背叛了我。这跟事实上有没有对我造成损害毫无关系。"王丰惊呆了。"不过我宽恕你。我只是奇怪。那个曾经在城堡里与我彻夜长谈。愿意为真理舍弃一切的王丰到哪里去了。为什么你到现在对施青青还不死心。"

"王先生。毕竟。真正的王先生只有你一个。你可以不在乎施青青。因为你有你的李惠……"王丰突然张大了嘴。惊恐得脸都扭曲了。

一听到"李惠"这个名字。我猛地一震。记忆的阀门忽然松动了。"咦。王丰。你怎么会知道李惠。"

王丰尴尬地掩饰道。"王……先生。我是记者。记者是无孔不入的。这个暂且不去说它。你……你要知道。我和通天塔里的王先生们其实没有什么两样。难道你没有看到。除了你。整个世界都为施青青发了疯吗。"

"是的。我看到了。但我还是奇怪。通天塔里只有她一个女人。为什么这里晚上像王城一样喧闹。"

"王先生。你太天真了。你以为通天塔真的通向天堂吗。不。你错了。通天塔直通地狱。通天塔就是地狱。你以为通天塔里没有女人。魔鬼就鞭长莫及了吗。我告诉你。魔鬼是无孔不入的。"

"这是什么意思。"

"王先生。看你一派天真烂漫。我说了你也不会明白。我给你说件事。我小时候经常尿床。至少被我烂坏了三张木床。而木床是紧俏商品。我尿床要是被爸爸知道。每次他都要瞒着妈妈。脱了衣服用他的鞭子狠狠地捅我的屁股。说是对我的惩罚。但我尿急急如火。妈妈让我穿开裆裤也不管用。不过我穿了开裆裤以后。我爸爸用鞭子捅我屁股倒更方便了。可是爸爸捅得越凶。我尿床尿得越汹涌。我十三岁的时候最后一次尿床让爸爸知道后。他气坏了。举起鞭子恶狠狠地向我扑来。吓得我大叫救命。正好妈妈提前下班回来。妈妈抱住他哀求道。'孩子还小。你怎么这样狠心。他哪里受得了你的鞭子。连我都吃不消。'爸爸被妈妈撞破。有些不好意思。举得高高的鞭子立刻软软地垂了下来。他只好悻悻地穿起衣服。狠狠地瞪了我一眼。说了一句我一辈子都忘不了。想起来就心惊肉跳的话。'小心你的屁股。'从此我再也没有尿过床。王先生。现在你该明白通天塔里虽然只有一个女人。晚上为什么照样热闹了吧。"

"不。王丰。你的话我一句也没有听懂。"我只明白了一点。当灵魂的安宁失去以后。尘世的宁静就一去不复返了。而连孤独也变成一种奢求时。你就一贫如洗了。

82

不。我再也不能待在这个鬼气森森的魍魉世界里了。再留一秒钟。我立刻就会发疯。我要去寻找太阳。我要去寻找真正的太阳。太阳绝不会真的消失。太阳只是出于仁慈才躲在乌云背后不肯露面。因为他担心一旦阳光扫除了所有的阴霾和幻影以后。这些脆弱的灵魂将会在真相面前一声呜咽。立刻死去。

我必须去寻找我的太阳。任何力量。哪怕是任何人都无法战胜的魔鬼的力量。也阻止不了我。我要和魔鬼决一死战。

我要到乌云后面去。我要到天幕后面去。于是我开始了我悲壮的梦游。

83

你带着你的影子离开了通天塔。顺着圣河往下游走去。这条路。鸿蒙之初。在你刚刚出生的时候。你就走过一遭。但那时的情形你已经忘了。你的脑海里现在只有一片浑沌。脑海里没有升起太阳。但你并不介意。你知道那不是真正的海洋。

沿途一片死寂。你不曾想到。除了通天塔。世界上已没有人烟。你远远地看见一间破败不堪的小屋。小屋前矗立着一座高耸入云的纪念碑。纪念碑上还能依稀辨认出模糊的字迹。

正面金字大书。

倪九十九撒尿纪念碑

背面刻着。

泽被一方　灌溉万邦
千秋永忆　没世毋忘

姿势　站式
方向　正南
用时　一分钟又三十三秒

庶子倪禄敬刻

神年鬼月狗日

你敲了敲小屋的门。门开了。倪九十九站在你面前。

"什么事。"

"呃。我们想问问这块碑是怎么回事。"

"什么你们。除了你还有谁。"

"我和我的影子。"

"太好了。你还带来了我的同类。请你的影子进来。你走吧。我不欢迎活人。"

"很好。"你转身就走。

"嗳。等等。你别把你的影子也带走呀。"

"是他要跟着我。"

"我没有回答你的问题。你就这么刁难我吗。好吧。请进。我告诉你以后。你能不能把影子留下来陪我。"

"我非常乐意。"你走进屋子。看见屋里什么也没有。墙壁和天花板上却画满了画。正面墙上是小屋主人的自画像。

画的右边从上到下写着。

调色与调情和色情无涉

画的左边从上到下写着。

作爱和作画于爱画有碍

画的上面从左到右写着。

静听动静更动听

画的下面却什么也没有。这个样子。使画中人看上去就像背着一个门框。但不知道究竟是天堂之门。还是地狱之门。

那人指着自画像说。"这是我父亲倪九十九。他走后十个月我就出世了。"

"这么说你是倪九十九的第一百个王子喽。"

"我母亲是这么说的。但我从来没见过我父亲。我是照着自己的脸画的。"

"画得很不错。你还画些什么。"

"我只画两种东西。一种是静物。"他拿出几张画。画的是苹果。可是又不太像。他解释道。"我没有见过这种静物。现在只有天堂里还有这种东西。另一种是动物。"他又拿出几张画。画的都是人体。画得非常逼真。

你奇怪道。"这是人啊。你怎么说是动物。"

"这怎么是人呢。我从来没见过人。这是鬼。我也是照着自己的样子加上想象略作加工画出来的。"

"为什么要照着你自己的样子画鬼呢。"

"因为我就是鬼呀。"

"你怎么是鬼呢。"

"我父亲是神。神的儿子当然是鬼。每况愈下。我也没有办法。"

你站起来要走。他说。"你不必从门里出去。我的鬼打墙挡不住你。你只要把你的影子留下。你就笔直往前走吧。永远不要改变你的方向。你是世上最后一个人了。"

你照他说的走过去。墙果然是魔障般的幻影。走出很远。你回头一看。鬼屋已经不见了。你却意外地发现影子仍然寸步不离地紧跟着你。你对影子说。

"你为什么跟着我。为什么不跟着你自己。"

影子说。"反正我没什么事。我自己走开就不得不考虑该上哪儿去。那就要动脑筋。那就太伤脑筋了。跟着你就什么也不必想。你跟着你的太阳。我跟着我的主人。不也一样吗。"

"你打算永远跟着我吗。我的影子。"

"那得看情形。我跟着你。虽然放弃了自由。却换来了你的庇护。一旦你庇护不了我。我随时都会逃离你。也逃离你的太阳。逃得无影无踪。那时我就另外再找一个主人。你的太阳不会有第二个。我的主人却可以是任何人。这可能就是你和我的区别。不过先别急着下结论。走着瞧吧。"

"你为什么把我寻找的太阳说成是我的太阳。我是为了你和你的同类。才去寻找太阳的。"

"不。那不是我们的太阳。我们从来没有见过太阳。阳光也从来没有照到过我们身上。所以我们不相信太阳的存在。至少不相信有属于我们的太阳。哪怕你找到一个崭新的太阳。也不是我们的太阳。我们不需要太阳。只需要主人的庇荫。如果没有主人。我们就会寂寞而死。"

"可怜的影子。你不知道自由才是真正的阳光吗。"

影子沉默了。长久地沉默了。你一回头。咦。影子不见了。你环顾四周。没有找到影子。你欣慰了。毕竟。懂得了自由的价值以后。任何人都将不再寂寞。都会热爱孤独。突然。你听到一个遥远的声音在很近的地方冷笑。你停下来倾听。凝神捕捉声源。声音更远更轻了。但是距离似乎更近了。你猛吃一惊。冷笑竟然来自你的脚底。你惊跳起来。影子趁机钻出你的脚底。走到了你的前面。

影子得意洋洋地说。"我的主人。现在你还有什么话说。我告诉你。自从有人类以来。这个世界上自称要为我们带来光明的主人已经不是一个两个了。主人们一次又一次地撒谎说。'人类进入了真正的黄金时代。进入了人人平等无限光明的正午。'但是每到那种时刻。我们都被主人彻底踩在脚下。他们无不以太阳的名义奴役我们。因为只有这样。他们才能成为世界的主人。所以我仇视一切光明。更蔑视主人的口是心非。或许你真是迄今为止的唯一例外。但我非常怀疑。因为你自称要追赶太阳。可是现在太阳已经落到了你的背后。你为什么不掉头往回走。我以前的主人。都是在这里转身回头的。"

"不。影子。你错了。那不是真正的太阳。那是伪造的太阳。它曾诱惑你以前的主人放弃理想。换取追随者。半途而废地退回原地。使他们的毕生追求毁于一旦。但我不会走回头路。你不用试探我。我是唯一的。所以我是孤独的。"

影子冷笑道。"如果不走回头路。你就做不成我的主人了。但是你与我所有的旧主人一样。也需要影子的追随。如同我们需要一个主人。"

"不。我不需要任何影子。也不愿做任何人的影子。我是第一个既不想做奴隶也绝不愿做别人的主人的人。我只是我自己的主人。"

影子恼羞成怒。"可你现在却在跟着我走。刚才我是你的影子。现在你却成了影子的影子。刚才你可怜我。现在你该可怜自己了。止步吧。你正在与太阳背道而驰。即将走入黑夜。越往前走。你就越孤单。越往前走。你就越弱小。回头吧。你正在迫使我做不成你的影子。你正在把我不需要的自由强加于我。我不仅不会感激你。还会与黑夜同流合污。纠集起全部黑势力向你复仇。你要明白。虽然你是我的主人。但我也是你形影不离的守护神。一旦你逼我离开。你也活不成。"

你轻蔑地笑笑。"狗奴才。你不用威胁我。我是无畏的。如果你真的是神。为什么像鬼一样躲着阳光呢。"

影子的声音越来越微弱了。"你已经进入黑夜了。这是我们的王国。你会死无葬身之地的。而我一旦与黑夜融为一体。就没有任何力量能伤害我了。因为黑夜比任何力量都强大。我爱黑夜。如果还有什么东西真是永恒的话。那就是黑夜。我喜欢黑夜。尽管她是个麻脸。"

你痛苦地沉默着。毫不犹豫地闯入黑夜。影子逃遁了。

你在黑夜中穿行着。你瞪大了眼睛。可是你什么也看不见。不可名状的庞然大物向你逼近。你已经能清晰地听见它们咻咻的喘息声。你加快了步伐。恶势力的胁迫不能使你屈服。反而驱使你毅然前行。黑暗紧追不舍。在你的耳背吹气。在你的脚下使绊子。但你绝不倒下。你走得更快了。影子们愤怒了。它们夜枭般地怪叫着。扑向你这个大胆的叛逆者和弱小的挑战者。但它们惊异地发现。你的内心没有一丝一毫恐惧。你的灵魂没有裂缝。它们无从下手。于是它们绝望地骇叫着哀鸣着。撕扯着自己的头发。抓破了自己的脸。乞求你不要剥夺它们做影子的权利。乞求你不要干涉它们做奴隶的自由。但你是坚定如铁的。你不会因为慈悲和怜悯而听任它们堕落下去。

喧闹声微弱下去。你把这个鬼世界远远地甩在身后。你站在圣河入海口。你狂喜地一声欢呼。水。水。这么多的水。这就是让你为整个世界施洗的水。你说。"要有更多的水。我要用这神赐的盐水为世界灌肠涮胃。伐骨洗髓。"你一纵身跳入大海。向着太阳升起的地方游去。

乌云越压越低。紧贴着海面。似乎连这辽阔的大海上也没有你的存身之地。墨云翻滚着扫过你的发际。你愤怒的头发如黑色的火焰飘扬起来。仿佛要飞腾向上掠过密密的云层。去点燃天上那熄灭已久的圣火。但你的肉体是沉重的。欲望的大海激荡起全部似水柔情爱抚着你的全身。而你体内的热血应和似的试图从每一个毛孔突破你的皮肤。融入这生命之海。但你的头颅高昂在这苦海之上。超逸向前。

天地震怒了。黑夜震怒了。天上垂下无数条鞭子。抽打你一眨不眨苦苦寻觅的眼睛。雨水汇入大海。大海鼓荡起更大的力量。用滔天的巨浪动摇你的决心。大雾弥散开来。你终于迷失了方向。

你是渺小的。你是卑微的。

你环顾四周。周围是无边无垠的大海。没有陆地。岸消失了。在海天相接之处。始而一圈微白。继而渐亮。为大海围起一圈熠熠闪烁的银边。银环越来越宽。越来越亮。仿佛一条跃跃欲飞的银龙。你兴奋得欢呼起来。天外的星光终于穿破乌云光临这个世界了。银龙迅速地扩展开来。从海天相接的地方向你飞快地逼近。合围。直到整个海面被这一片白茫茫彻底覆盖住。你一声惊叫醒悟过来。原来这一片白光是暴雨在海面溅起的水花的幻影。神龙没有飞腾起来。而你已变成了一只羽毛湿透的水鸟。再也举不起那沉重的翅膀。

层云排空。明月不朗。暴雨后的天空和大海一片死寂。

厚厚的乌云消失了。天光透过轻云淡雾在墨绿的海面薄镀一层灰银。一轮明月渐渐地穿云破雾而出。突然。你眼前一亮。一道银色的大道。从你的眼前伸向天边。这是太阳通过月亮在为你引路呢。

一片白云忽然掠过月亮。银色的大道从你的眼前向天边迅速地缩短。在远处的海面凝成一团。明月透过云团的空隙投下一束光柱。如同舞台上的聚光灯。你仿佛看见光柱中有一个美丽的天使在翩翩起舞。层云过处。光团又从天边向你延伸过来。直逼你的眼前。一条光灿灿的大道完整如初。直抵彼岸。

84

你踏上彼岸的沙滩。眼前是无边的大沙漠。这是一片凝固的大海。你没有想到有时阳光也会变成一种暴虐和灾难。但你知道你是不能后退更不能回头的。你只有向前。向前。向前。一路上你已见过无数个太阳升起。你又无数次见到一个个太阳都落在你的背后。沉入苦海。嘶嘶地熄灭。你要寻找的是永远不落的太阳。你必须找到太阳的故乡。

你在沙漠中又受过多少苦难啊。但这一切太不足道了。值得庆幸的是。你的脚下再也没有影子羁绊你了。因为你已经走得太远了。没有任何人能跟上你了。你真正地孤独了。你想起你的影子曾经说过。"我的主人。你是和我一样寂寞的。我需要你。你也需要我。你需要追随者。"不。我不需要盲从的追随者。但我不反对跟随他自己的智慧和灵魂与我走到一起的同路人。他必须也是孤独者。

这时你看到了一个孤独者。仆倒在地。死了。他的手上紧紧地握着一柄宝剑。剑还没有生锈。人也没有腐烂。他的头支撑在下巴上。至死向前方瞪大那只独眼。但你在他的眼睛里看到了绝望和恐怖。啊。他不是。他不是孤独者。剑就是他的拐杖。仇恨也许能暂时帮助他忘却寂寞。但他不是孤独者。

你撇下他。不知又走了多久。你终于看见了绿洲。你看见了一座小屋。你飞奔过去。你的欢呼声惊动了小屋中的太阳神。太阳神冲出门来。跌跌撞撞地向你迎上来。这是一个蓬头垢面的瞎子。你惊呆在原地。瞎子也站住了。试探地问道。

"来的人是谁。"

"我不知道我是谁。我是一个没有影子的人。"

瞎子喜道。"那你跟我一样。也是一个瞎子。"

"不。我不是瞎子。我是来寻找太阳的。瞎子是不需要太阳的。"

瞎子笑道。"你不必骗我这个老瞎子。我并不是天生的瞎子。我看得见的时候见过这个世界的一切。每个人都是有影子的。你说你没有影子。只是你看不见罢了。所以你肯定是一个瞎子。你骗不了我。如果你不是瞎子。你是走不出那片大沙漠的。我敢肯定。"

"为什么。"

"请进屋吧。让我好好款待你。然后慢慢告诉你。日子长着呢。你到了这里。就不会走了。我敢肯定。"

"不。我现在就想知道为什么。"

"那好吧。其实我等了这么多年不肯死。就是为了把我一辈子周游世界的见闻告诉人们。但我等得实在太久了。你要是再不来。我也快要熬不住这份巨大的寂寞了。现在我终于能一吐为快了。可是。说来话长……"

85

我叫王明。你肯定没听说过我这个人。但你肯定知道我以前的主人。他就是上帝倪九十九的御弟。尊贵无比的白马亲王。我跟着亲王殿下十几年。走遍了世界。可开了眼。要不是我们在王村鬼使神差地犯了大罪。我这后半辈子即便说不上大富大贵。使奴唤婢是准保错不了的。唉。好汉不提当年勇。这也是我们害死那姑娘和害苦那老头的报应。

我们跟随王爷的几个弟兄各自逃命后。从此谁也没得到过谁的音讯。我们这些人里数我最机灵。到过的地方我都记得。每逢我们迷了路。王爷总叫我去打探。我寻思这大沙漠荒无人烟。只有这里能躲得过倪九十九的缉捕。我就奔这儿来了。进了这沙漠。我以为捡回命来了。这时我又为失去的荣华富贵而痛不欲生。正在这时。你知道我看见了什么。啊。我也不必问你。你大概是天生的瞎子。什么也没见过。要不然你是走不到这里的。我告诉你当时我见到了什么。我。我见到天堂了。

在前方不远处。那五彩霞光和云气氤氲之中。浮现出一座雕栏玉砌的金色宫殿。那是近在眼前触手可及的仙境啊。我大喜若狂地扑过去。可这仙境邪门得很。无论我跑得多快。也无论我用什么诡计。它就是那么若即若离。叫你看得见。摸不着。引逗得你心痒痒。又恨得你牙痒痒。叫你欲舍不忍。欲罢不能。眼看我已冲到了门口。仿佛已攥紧了门把。只要轻轻一旋门钮。永恒就将握在手中。但一阵风沙卷过。却没门儿了。不仅天堂之门无影无踪。连整座天宫也瞬间被风吹散。我泄了气。心想我这号人大概也没资格活着进入天国。好好修下一辈子吧。我刚要认命。它却又来了。比刚才的仙境更富丽堂皇。更令人向往。最重要的。是更逼真可信。不由得你不豁出命来穷追不舍。可它依然可望不可即。就这样一而再再而三。我被层出不穷的天堂弄得晕头转向疲于奔命。却一无所获。可怕的是你明明知道那是幻影。那是骗局。是永不兑现的许诺。是虚幻无凭的诱惑。但它总能在你失望而又失望之后。绝望而又绝望之余。勾引起你新的希望。甚至你明明知道这种希望永远不会实现。仅仅为了在这幻境中陶醉片刻。你也会心甘情愿如痴如狂地跟着它。哪怕它把你引向深渊。引向地狱。引向死亡。引向毁灭。

我在这大沙漠里。被这天国的幻影牵着鼻子走。也不知过了多少年月。我随身携带的干粮和水都快吃喝光了。我还是没有走出这片沙漠。我以为我死定了。于是我的死神真的来了。

死神只有一只眼睛。死神的眼睛一眨也不眨。死神走到我面前举起丧门剑说。

"王明。你该死。"

我说。"为什么。我犯的罪跟很多人比起来简直微不足道。你这样不明不白杀了我。我是死不瞑目的。"

死神说。"好吧。我让你死个明白……"

86

我是白马亲王倪丘派来杀你和你的同伙的。我也是为我父亲夏秋冬来报仇的。你们一伙密谋分裂人类统一王国。要我父亲配制一种名叫春药的毒药。想害死倪九十九。我父亲不干。你们就戳瞎了他的眼睛。倪丘亲王闻讯赶来搭救我父亲。你们就逃走了。倪亲王救下我父亲。又把我抚养长大。对我恩重如山。我长大后倪亲王把这件事原原本本地告诉了我。我就发誓要报仇雪恨。倪亲王对我说。"你父亲夏大夫妙手回春。慈悲为怀。一生以救人性命为宗旨。肯定不会同意你为了报仇去杀人。可能还会否认曾经发生过这件事。"果然让亲王殿下说中了。我去问我父亲时。父亲说。"肯定是倪亲王弄错了。我双目失明另有原因。"显然。父亲不想让我报仇。但倪亲王说。"杀父之仇不共戴天。此仇不报枉为人子。"于是我决意找你们算账。但父亲的教导我也忘不了。倪亲王担心我到时候下不了手。就对我说。"当你面对仇人的眼睛的时候。你很可能会手软的。我看你还是不用去了。免得你反倒被他们杀了。使夏家绝了后。"

于是我挖出自己的左眼吊在树下。每天用右眼盯着那只挖出来的左眼苦练剑术。我的两只眼睛都是充满仇恨的。三年后。我终于练成了杀人不眨眼的功夫。倪亲王送我出城时。我发下毒誓。不杀尽仇人。我就剜去剩下的这只右眼。让我永远回不了王城。倪亲王临别时嘱咐我。由于他识破了你们的奸谋。你们每个人都恨他入骨。很可能会对他恶语中伤。叫我绝不能轻信你们任何人的花言巧语。他还说。可能你们已经改头换面隐姓埋名。但你们每个人身上都有一根用竹竿自制的帝王权杖。那是你们打算毒死倪九十九以后每人分治一洲时用的。这是支持你们活下去的毕生梦想。至死都不会扔掉的。

果然又让倪亲王说对了。凭着这个标志。我一个一个找到了你的所有同伙。你的一个同伙逃到阿特拉斯原先顶天立地的地方。想问问阿特拉斯。彼岸到底在哪里。可是他没有找到阿特拉斯。就发了疯。把竹竿当成长矛。整天找风车打架。其实他的武艺差劲得很。不经打。我很轻易地就把他杀了。他虽然疯了。但也不能饶了他。这个世界的人们差不多都已疯了。难道因为疯了就可以逃脱天罚吗。那样的话。不疯的人们就可以用装疯卖傻来逃脱责难了。

你的另一个同伙在圣河下游拿着那根竹竿装模作样地坐在岸边。我问他。"你在干什么。"

他说。"我害得一个姑娘在河里淹死了。我希望她能变成美人鱼让我钓上来。给我一个赎罪的机会。"

我笑道。"我听说过钓鱼有不用诱饵的。却没见过像你这样既不用钓钩。也不用钓线的。"

他说。"因为河里已经没有鱼了。"

我怒道。"没有鱼你还钓什么。"

他长叹一声。"渔翁之意不在鱼。我不过是借此自慰和自娱罢了。"

我大喝一声。"别装蒜了。你的死期到了。你还有什么话说。"他就说了王村的故事。我冷笑道。"倪亲王早就料到你们会贼喊捉贼。"于是我也把他杀了。

我在南方又找到你的一个同伙。他像是有所悔过。就惩罚自己一辈子乞讨为生。但那是恶人临终的忏悔。那根帝王节杖他毕竟舍不得扔掉。做了他讨饭用的打狗棒。他临死前也对我编造了一通关于什么王村的瞎话。但那救不了他的狗命。

我在西方也找到一个你的同伙。他整天撑着竹竿练习跳高。尽管他越跳越高。但终究没能跳到天上去。他也装出一副冤屈的样子。又对我瞎扯了一大套你们逃跑前事先串供好的谎话。王村。王村。我简直被你们向壁虚造的这个王村弄得腻烦透了。

我又在北方找到你的最后一个同伙。他把那竹竿当作手杖。整天拄着它在林子里踱来踱去。嘴里念叨着彼岸啦。天堂啦。生死啦。自由啦。他也照样对我唠叨了一大堆关于王村的鬼话。我简直要被你们逼疯了。所有的人都在没完没了地叨咕着王村的事。我几乎要相信王村的故事是真实的了。但我一咬牙。还是杀了他。

我必须完成我的使命。但我的精神已濒临崩溃了。我又艰难地找了你两年。总算老天有眼。让我找到了你。我杀死你以后。可能就没事干了。我不知道我是否忍受得了这份巨大的寂寞。我几乎不愿意对你下手了。但这是命运。谁也反抗不了。谁也改变不了。我必须杀了你。我发过毒誓。不杀了你。我自己就会变成瞎子。好了。我已经说完了。你还有什么话要说吗。有话尽管说。但我恳求你。什么话都可以说。可千万别再提王村的事。那是个神话。你们每个人都说得一模一样。我早已听腻了。如果你没什么要说的。那就该结束了。别害怕。死并不可怕。活着其实比死更艰难。更不容易。需要更大的勇气。

87

死神说完。挺剑向我逼了过来。我大吃一惊。"等等。你听我说。"

"还有什么可说的。"

"我……我问你。你父亲真的就是那个专配春药的御医夏秋冬大夫吗。"

"是的。"

我心里暗暗吃惊。肯定是倪丘对夏秋冬向倪九十九告密怀恨在心。把他眼睛弄瞎了。再借刀杀人把这个罪名安在我们几个身上。让夏秋冬的儿子来杀了我们灭口。也可能是夏秋冬自己服春药时用了猛药。把自己的眼睛给热瞎了。或者这个人根本就不是夏秋冬的儿子。只是倪丘处心积虑设下的两面骗局。让这个人至死都不明白自己究竟在为谁卖命。我脑中飞快地转着脱身的念头。嘴上不得不应付这个独眼杀手的步步紧逼。

"喂。那么你呢。你叫什么名字。"

"我叫夏武。"

"下午。哈哈。为什么不叫黄昏。太阳早就落山啦。"

"你敢取笑我。"

"不。不。我告诉你。你受骗了。夏武。你父亲的眼睛不是被我们弄瞎的。"

"那么到底是谁干的。"

"你别急。听我慢慢对你说。你把剑放下。否则我说到紧要关头你一激动。随手一挥。我的头就搬家了。我死了倒没什么。反正我早就想死了。我告诉你真相也不是要你饶我一条命。先知王八早就说过。'人类是害怕真理的。真理一旦被找到。世界末日就到了。'所以我还是不说了吧。说出真相的人总是没有好结果的。我说出来。反而会死得更惨。不过如果你真想知道。我也不妨告诉你。但你必须先把剑放下。要不然我说到一半。你一剑把我杀了。我因为话没说完。死了也不痛快。而你也就永远不可能再知道真相了。反正我说完以后。你随时可以取我性命。"

我看着夏武挂好了剑。才退后两步一字一顿地说道。

"夏武。你知道无后教的祖师先知王八吗。王八从开始传道一直到临死。天天对他的信徒说。'比我更大的另一位先知就要来了。'夏武。你知道这位大先知是谁。他就是你父亲夏秋冬啊。这两位先知都是上帝派来传播祸音的。在人类就要大祸临头这一点上。两位先知是完全一致的。但在究竟什么是祸根。究竟什么是人类自救之道这些方面。两位先知却有很大的分歧。王八认为祸根或者说魔鬼。就是永不餍足的情欲。所以他自我阉割后创立了无后教。

"但你父亲夏大夫却认为。人类沉湎于情欲只是结果而不是原因。根本原因是人类目迷五色。而目迷五色的根源是人类的眼睛。人类在失去乐园以前本是瞎子。人类始祖吃了聪明树上的聪明果。才睁开了邪恶的眼睛。但人类得到了外在的聪明以后。就渐渐失去了内在的智慧。人类越是聪明。智慧就越少。越不聪明。智慧就越多。人类刚吃聪明果的时候。智慧还没有完全丧失。还知道羞耻。现在的人类已经达到了聪明的极点。所以就不知羞耻了。人类把聪明当成智慧。这是由于魔鬼的蛊惑。魔鬼造谣说。'人类始祖违背上帝的禁令。偷吃了智慧果。上帝担心人类再吃了生命树上的长生果后。就和上帝一样强大了。就和上帝一样不会死了。'但这纯粹是瞎话。根本没有什么生命树。也没有什么长生果。因为上帝也会死的。听说上帝已经死了。所以夏大夫认为：事实真相是人类仅仅吃了聪明果而没有吃到智慧果。如果人类真的吃过智慧果。就能有效地节制魔鬼或情欲的力量。但现在并非如此。所以补救的唯一办法是让人类交出聪明。重新获得智慧。也就是让人类全部变成瞎子。这样人类眼不见为净。就不会受到任何歧路和幻境的迷惑了。凭着人类内在的智慧。人类就能找到永生之路。

"因此。你父亲夏秋冬就把自己弄成了瞎子。夏大夫对王八说。'你认为无后才会有后。我以为失明方能复明。'王八对你父亲顿生敬意。觉得夏大夫的见解更高一筹。就奉夏大夫为更大的先知。

"现在你该明白。你上了老滑头倪丘的大当了。他一向自封为圣人。把两大先知视为眼中钉。对他们进行疯狂的迫害。王八已经被他整死了。但他却始终没能抓住你父亲的把柄。他挑唆你来追杀我们。存心是要陷你父亲于不义。何况我的那些同伴说的关于王村的事情都是真的。他怕我们走漏风声。一旦让倪九十九知道了。就要治他的欺君渎圣之罪。所以他要你杀了我们灭口。这可是一个一箭双雕的毒计呀。夏武。你好好想一想。"

夏武拔剑在手。"王明。你说完了吗。"

我大吃一惊。"夏武。你疯了吗。难道你不相信我的话吗。"

"不管你是不是在撒谎。你都必须死。我回到王城会去问我父亲的。如果你说得对。我也不会放过倪丘。"

"那你该先回去问问你父亲。如果我有一句假话。你再来杀我也不迟。"

夏武怒道。"为了你这个臭虫。还要我再千里迢迢地第二次来追杀你吗。我为了找你。已经走了这么远的路。单凭这一点你就该死。我的宝剑出鞘。不见血绝不空回。我刚才已经为你破了一次例。现在看来这次破例破得还算值得。我不仅听到了一点新鲜事。而且我杀了你以后也有事可干了。"夏武说着就跨上一步。举起了剑。

"等等。夏武。我看你不但没有吃过智慧果。好像连聪明果也没有尝过。你简直是个榆木脑袋。"

"榆木脑袋是什么意思。为什么不是银杏木。水杉木。却偏偏是榆木。"

"大家都这么说。我也不知道究竟是什么意思。这个先别去管它。我告诉你。你只要有三岁孩子的智力。就该看出来。要是关于王村的一切是我们几个人编出来的瞎话。肯定不会这么荒唐可笑。因为只有事实才会这么令人难以置信。"

"对呀。所以我当然不相信。"

"可是你别忘了。如果几个人撒同一个谎。肯定会有很多细节互相矛盾。可你知道我们每个人的说法都完全一致。你说这可能吗。而且。我并没有什么帝王权杖。你没看见我两手空空吗。"

夏武有些被我说动了。"这个我倒没有想到。看来你的话是可信的。既然这样。我也不必再破例了。"我刚刚心里一喜。立刻双眼一痛。我的两颗眼珠已被夏武那快如电光的长剑挑了出来。我变成了瞎子。

我双手护着空空的眼眶大怒道。"夏武。你……你真是疯了。你不是说我的话是可信的吗。"

夏武嘿嘿冷笑道。"是啊。王明。大先知夏大夫不是说了吗。'失明方能复明。'所以我不杀你了。你给我滚吧。"

我又喜又惊。心想。我睁着眼尚且走不出这片沙漠。瞎了眼更没有活路了。他不杀我其实比杀了我更惨。报应也来得实在太快了些。没想到话一出口。立刻就会应验。我跌跌撞撞连滚带爬地逃了开去。唯恐他突然变卦又杀了我。夜空中夏武的笑声越来越远。却越来越响。那疯狂的笑声似乎要把天空都震倒了。

太阳已经西沉。白昼与黑夜对我已没有意义。但我知道夜色能帮助我逃出夏武的魔爪。就这样我扔掉了一切拐杖。盲人瞎马般地慷慨赴死。

可是。奇迹却意外地发生了。幻影。仙境。一切诱惑。一切迷途。全消失了。都不见了。它们再也不能打扰我灵魂的安宁。它们再也不会蒙蔽我内在的智慧。我真的得救了。理性的光辉照亮了我的宇宙。在内在神明的引导下。我毫无困难地走出大沙漠。找到了这片尚无人迹的绿洲。

而可怜的夏武。将睁着那只独眼。跌倒在天国的门前。

88

王明从惊心动魄的回忆中慢慢松弛下来。他高高地昂起头。用两只空洞而凹陷的眼窝对着天空。沉默良久。他突然又恢复了玩世不恭的表情。

"这么多年来。我盼啊盼啊。盼着有个人来和我做伴。但我越来越绝望了。因为没有一个盲人敢进入这片大沙漠。而任何一个自作聪明的睁眼瞎又注定不能穿越这片大沙漠。没想到我已经不抱希望了。你却来了。而你却想哄骗我这个见多识广的老瞎子。自称你能看见。哼。你告诉我。我的衣服是什么颜色。哈哈。说不出来吧。"

"黑色。"

"哈哈。错了吧。你已经黑白不分了。我告诉你。我的衣服是白色的。"

"不。是黑的。或许原来是白的。但现在是黑的。这么多年过去了。你的衣服已经从白的变成黑的了。只有等我给你施洗以后。才会恢复洁白。"

"嗯。看来你是个聪明的瞎子。比我想象的要狡猾。我这个老瞎子倒要被你这个新瞎子说服了。不过别得意。我不会轻易上当的。我再问你。我是双眼皮还是单眼皮。"

"单眼皮。"

"咦。你是瞎猜的吧。我还是不信你会不是瞎子。你猜单眼皮或双眼皮。都有一半对的可能。这就跟扔硬币一样。这回又让你蒙对了。你过来。让我摸摸。嗯。你倒确实有眼睛。是个有眼无珠的瞎子。好。你再看。"王明举起左手。竖着手指。"这是几。"

"三。"

"好样的。再来。"王明又举起右手。"这是几。"

"七。"

王明大惊。但他还不死心。他突然把两只手放下。声音已经有些颤抖。"你再看。这……这是几。"

你笑道。"王明。你确实聪明。甚至可以说有那么点智慧。但你已经陷入了绝对的怀疑主义。你已经一无所有了。"

王明扑通一声跪了下来。"上帝啊。饶恕我的大不敬。"说着他就发疯似的磕起头来。

你把他拉起来。"不。王明。我不是上帝。我是个普普通通的人。"

王明更吓坏了。"那你是……你是先知夏大夫喽。只有你才具有这种神通。能闭着眼睛洞察一切。你是来为你儿子夏武报仇的吗。夏大夫。我可没有杀他。是他想杀我呀。"

你笑道。"王明。你怎么被自己编造出来的寓言吓成这样。我怎么会是夏大夫呢。我告诉你。夏大夫不是先知。王八也不是先知。这世上根本就没有先知。只有疯子。害人的疯子和救人的疯子。"

王明诧怪道。"救人的为什么也是疯子。"

"他要是不疯。为什么要去救人。"你叹了口气。"我告诉你。整个世界都已疯了。世界已经变成了一个大疯人院。现在。要想做个普普通通的正常人。几乎已经不可能了。"

王明困惑了。"那么你到底是谁。"

"我是一个只想做个普通人的人。我是去迎接我的新娘的——一个全新的太阳。可黑夜吞没了我。但我知道我不是鼹鼠。我也不是蝙蝠。我仅仅是路过黑夜。路过这里。路过这个世界。"

89

你穿过漫漫长夜。到达黎明城堡。一个白发苍苍的老人掌着灯笼开了门。惊叫道。"小王爷。真的是你吗。"

"你为什么叫我小王爷。"你很奇怪。"你是谁。"

"该死。我真该死。陛下。我是倪福。王府的管家呀。您难道忘了。我是看着您长大的呀。唉。也难怪。这一晃。已经二十年过去了。"

"倪福。你是倪福。你怎么会在这里。这里不是太阳神的宫殿吗。"

"陛下。您怎么啦。这是您的白马城堡啊。当年王爷派我从王城送信到这里。您回王城前。让我留下伺候……伺候惠姑娘的呀。"

"惠姑娘……惠姑娘。是阿惠。阿惠原来到这里来了。怪不得我找遍世界也没有找到她。"你突然惊出一身冷汗。记忆的闸门仿佛被撞开了一条裂缝。"我的城堡……我的阿惠……王城……倪福。啊。我想起来了。我就是离开这里到王城去的。阿惠是住在这里。我叫她等着我的。她说她会等我一辈子的。"你发疯般地冲了进去。大喊着。"阿惠。阿惠。我回来了。是我回来了。"

倪福战战兢兢地跟在你后面。"陛下。惠姑娘她……她不在了。"

你大惊。"你说什么。李惠她……她不在了。她……她到哪里去了。"

"陛下。我该死。是我没有伺候好惠姑娘。她……她……惠姑娘她……变成白天鹅……飞走了。"

你冲进李惠的房间。室内一尘不染。一如你离去前的陈设。但李惠不在。你从这过于洁净的非人间氛围中嗅到了死亡的气息。

李惠的梳妆台上放着一束用红丝带缚着的信札。你捧在手上。沉甸甸的。压得你的心一阵阵绞痛。你迟疑着不敢打开。倪福小心翼翼地跟进来。畏缩地指着桌上问道。"陛下。这封信……是……是您写的吗。"

你从恍惚中回过神来。这才发现信札下还压着另一封信。你失神地摇头道。"我离开这里以后。没给阿惠写过一封信。"

倪福颤声道。"陛下。您再仔细想想。看看。到底是不是您写的。"

你长叹一声。"倪福。你何必再来折磨我呢。我也是出于无奈。"你垂下头。陷入无限的伤痛之中。

倪福突然扯着自己的头发捶胸顿足地哭道。"陛下。您杀了我吧。是我害死了惠姑娘。我该死。"说着一头向墙上撞去。

你猛地惊醒过来。跳起来拦腰抱住倪福。大吼一声。"你说什么。她……她……死了。"你的手一松。倪福咕咚一声跌在地上。你愕然地瞪着窗外的夜空。"可不是吗。死了。哈哈。死了。好。死了干净。哈哈哈。你不就盼着她死了吗。这下再也没有人来打扰你的孤独了。你彻底自由了。哈哈哈哈。"可是在这凄楚的笑声中。泪水却悄无声息地淌满了你的脸颊。

90

倪福苏醒过来。老泪纵横。"陛下。我能活到今天。就是为了把这件事亲口告诉您。您走了以后。惠姑娘每天都给您写信。有时一天要写三封。都是我亲手寄出去的。可是一直没能收到您的回信。一个月后惠姑娘就病倒了。我就劝她别再写了。可她还是偷偷写了叫王妈去寄。让我知道后。我又去劝她。'惠姑娘。先把病养好再说。小王爷迟早会回来的。'我又关照王妈别再替姑娘寄信。不要让姑娘伤神。谁知她虽然不叫我们为她寄。还是天天哭着写。您手里的这捆信就是她在病榻上写的。

"有一天惠姑娘突然对我说。'大叔。我做了个梦。他死了。被人害死了。'

"我说。'惠姑娘。你别胡思乱想。'

"她哭道。'他要是没死。怎么会不回来。他真的死了。'

"我也没法劝。只得把话引开。惠姑娘对我说了这个梦以后。病却一天天好起来。只是身体还很虚弱。这时离您走了已有大半年时间了。

"一天就来了一个人。自称是陛下的大学同学。我并不认识他。我就请他坐了。叫王妈来沏茶。王妈一见这人喜道。'这不是王先生吗。敢情您是替小王爷捎信来了。这下好了。我们姑娘有救了。'王妈回头对我说。'倪大爷。这是小王爷念书时最要好的同学王丰王先生。那回小王爷邀请王先生来这儿消暑。住过半个多月。我见过他。'

"王丰接口道。'王妈。您老好记性。'

"王妈笑道。'小王爷一个人住在这里。除了您谁也没来过。我怎么会不记得。要不是您来过。别人也找不到这儿。小王爷派您来。算是找对人了。可是小王爷自个儿为啥不回来。我们姑娘的性命。十成倒已去了八成了。'

"王丰道。'你们小王爷的事儿我慢慢再细说。小王爷就是不放心你们姑娘。才特地让我先来照应一下。'

"王妈喜道。'快快。快去见过姑娘。姑娘听到小王爷的口信儿。可比吃什么药都管用。'没等我发话。王妈就拉着王丰到了惠姑娘房里。王妈老

远就嚷了进去。'姑娘。小王爷让人瞧你来啦。'

"王丰一见到惠姑娘就傻了眼。惠姑娘挣扎着撑起来。请王丰坐下。问道。'他……他……他没死吗。他说什么。'可王丰竟张大了嘴。半天没说出话来。惠姑娘一激动。没等王丰说出什么来。就晕了过去。我们退出来。给王丰安顿了住处。一宿没话。

"第二天一早。王丰走进惠姑娘的房间。叫我和王妈出去。说是小王爷有话要他单独对惠姑娘说。过了一会儿。我在门外听到惠姑娘一声哭喊。'滚出去。'王丰就灰溜溜地出来了。我和王妈急忙进去。惠姑娘已哭得泪人儿一般。我忙问出了什么事。惠姑娘却不说话。被我逼急了。她就把这封信往我手里一塞。'你自己看吧。是他……他写的。他……他不要我了。还把我给……送给了这个人。'我和王妈满头雾水。偏又都不识字。没法知道信上说了些什么。又不敢叫惠姑娘给念念。陛下。您看看吧。这封信到底是不是您写的。惠姑娘可认定了是您的笔迹。信里到底写的是什么。"

你抽出信纸。神思不定地念道。

惠。

　别后变故恕不一一。家父病殁。临终面嘱与长安郡主克日完婚。严命难违。非我负你。又家伯父倪九十九因故仓促禅位于我。奈身为国主。殊难遽离王城。且天下为重。私情为轻。惠且恕我。

　今遣挚友王丰君代劳远涉。面陈款曲。望善待之。彼与我难分伯仲。可谓一时瑜亮也。切勿一念之愚。自误终生。至嘱。

倪世遗　手书
鸡年鸭月狗日

倪福骂了一声"狗贼"。接着道。"陛下。惠姑娘和我起初以为王丰是个骗子。王妈或是老糊涂认错了人。或者竟是跟王丰串通好了来的。可是那王丰见惠姑娘不信任他。并不着急。每天彬彬有礼地坐在惠姑娘的床头陪她说话。话题总是不离开您。他说了您大学里的许多趣事。这王丰口才倒好。常常能把惠姑娘引得笑起来。惠姑娘的病竟渐渐地好了。最后惠姑

娘忍不住问他。'王先生。信里的话是否当真。'

"王丰反问道。'李小姐。信里到底说了什么。'

"惠姑娘就把信给他看了。王丰一看大惊。'李小姐。你千万别听他的。你这样的天仙化人。我王丰怎么敢亵渎呢。'

"可是不久惠姑娘就得到证实。知道您确实登基并且娶了长安郡主。惠姑娘大哭一场又病倒了。王丰又殷殷劝慰。惠姑娘哭道。'你为什么要骗我。你早告诉我。我也不必为这负心人多悬这些日子的心。'

"王丰叹道。'李小姐。他遣我来时对我说。"王丰。你才高绝世。我常叹当世没有一个绝代佳人能配得上你。现在我想送一件厚礼给你。不知你有没有福缘。你此行如果圆满。望速回王城。我尚要重用你。"我当时也不明白他话里的深意。现在看来。他所说的厚礼竟是指你。他虽是美意。可他这回却用错了意。你对他这么情深意重。我王丰又怎能夺人之爱。更不敢有一丝一毫的非分之想。我也不想贪图什么高官厚禄。要是李小姐抬举。我愿意在这里陪姑娘一辈子。我想小姐大概也是不愿去王城的。'

"惠姑娘立刻把我叫进去。'大叔。你和王妈去准备一下。我和王先生今天结婚。'

"我大吃一惊。'惠姑娘。你……你不等我们小王爷啦。'

"惠姑娘恨声道。'这就是你们小王爷的意思。我不想叫他失望。而且他现在已经是国王了。我更不敢违背他的圣旨。'

"王丰连连摇手道。'李小姐。你别……别意气用事。'

"惠姑娘脸色一沉。'王丰。你也不要我吗。'

"王丰为难地嗫嚅道。'这……这怎么会。我只是……不敢想。'

"在惠姑娘的坚持下。我只好照办。陛下。您临走的时候吩咐过。一切都听惠姑娘的。婚礼在月圆之夜举行。第二天早上。王丰和惠姑娘从洞房出来用早餐。我和王妈在边上伺候。王丰不怀好意地看着惠姑娘。突然得意地哈哈大笑。'好一件礼物。哈哈。'

"惠姑娘怒道。'王丰。你笑什么。'

"王丰道。'我突然又想起了一个倪世遗在大学里闹的笑话。你想不想听。他有一个习惯。看到欣赏的东西就赞不绝口。但并没有想据为己有的意思。他只是毫无机心罢了。但东西的主人经他一赞。会随口说。"你喜欢就送给你。"他拿了就走。还欢天喜地地告诉我。说他得到一件礼物。我就说。"是啊。真不错。"他说。"你喜欢就送给你吧。"于是他又转送给了我。过不多久。东西的主人会到我这里来抱怨倪世遗拿了他的心爱之物。我就把东西再还给他。并且问他。"你既然送给了倪世遗。为什么要后悔。"同学就说。"我只是跟他客气客气。谁知道他竟当了真。"后来世遗发现东西总是会物归原主。他认为受到了我的愚弄。就开始对我冷淡了。但一碰到有人炫耀心爱之物的时候。他还是忍不住要发自内心地赞叹或褒贬。别人听到赞扬。当然要客气几句。他照样不分贵贱拿了就走。但他再也不把礼物转送给我。这样循环游戏就再也没法重演了。于是倪世遗得罪了不少人。我就劝他道。"世遗。君子不夺人所爱。我知道你不是真的想要那些东西。何必如此。"他诧异道。"是他们自己愿意割爱的。我并没有向他们讨啊。"我奇道。"难道你真的不知道他们在跟你假客气吗。"他虎着脸道。"王丰。我们读书是为了什么。难道不是为了追求真理吗。可现在的人读书越多越假模假式。我厌恶一切虚伪的俗套。他们跟我假客气。我如果不要。不是反而助长了这种虚伪的风气吗。我是个老实人。不懂什么客气。我之所以欣赏你。就因为我送你东西时。你从来也不跟我假客气。"李惠。你听听。他说得多妙。哈哈。他一直以为我也是个老实不客气的人。他是对的。但他又错了。我是不客气。但我不是什么老实人。因为这世上谁老实谁就倒霉。我要是老老实实就得不到你。我不是什么老实的傻瓜蛋。我王丰是个天才。我模仿任何人的笔迹都可以惟妙惟肖。哈哈。连他的情人都信以为真。哈哈哈哈。'

"惠姑娘颤声道。'王丰。你……你说什么。难道那封信不……不是他写的。'

"王丰傲然道。'当然不是。那是到这里的第一天晚上我连夜炮制的杰作。'

"惠姑娘摇摇晃晃地站起来。'你……我和你无怨无仇。你为什么要害我。'

"王丰贼忒忒兮兮地道。'我并没有害你。我只是爱你呀。'他突然恶狠狠地吼道。'如果你真想知道。那我告诉你。就是因为他。你那个可爱的情郎。我娶了施青青这个古往今来最漂亮的妖精以后。结果不但什么也没得到。反而成了王城最大的笑柄。羊肉没吃到。倒沾了一身羊臊臭。我连让人骂"好一块羊肉。倒落在狗嘴里"的资格也没有。甚至连让人骂"好一朵鲜花。倒插在狗屎上"的机会也没有。可我却成了丧家狗和臭狗屎。论才能他没有一点比得过我。可他是上帝的宠儿。他得到了一切。得到了整个世界。我也姓王。他也姓王。可只有他才是唯一的王先生。我不得不逃离王城。我知道他绝容不得我。我恨啊。我最恨的是。我没有任何机会战胜他和报复他。可是机会终于来了。命运把你这迷途的羔羊送到了我这张天下最臭的嘴边。我的狗嘴里终于也长出象牙来了。我万万没想到。你竟然还是个处女。哈哈。倪世遗真是天下最傻的大傻瓜。他竟然不要你这人世间最美丽的天使。却把你为我留着。哈哈哈哈。'

"惠姑娘听到这里惊叫一声泪流满面。站在王丰身后的我猛地伸出双手卡住了王丰的脖子。惠姑娘抬起头来。用平静得难以置信的声音说。'大叔。别脏了你的手。'我一松手。王丰早已歪倒在椅子上。惠姑娘站起来。王妈上去扶住。被她推开。我要跟上去也被她制止。我们都昏了头。让她一个人回了卧室。我和王妈几次要进去。惠姑娘都不肯开门。她在房里说。'让我一个人待着。'我和王妈只好在门外等着。过一会儿问一声。她都答应了。就是不肯出来。也不肯吃饭。过了整整一个白天。晚上我叫王妈去睡了。由我守着。快三更的时候。我最后一次跟她说话。惠姑娘说。'大叔。我要睡了。有什么话明天再说吧。'她的声音依然是那么平静。我就不再言语。不一会儿,我也在走廊里睡着了。

"天刚亮王妈就来叫醒我。不安地问。'姑娘怎么样了。'我说。'惠姑娘睡着了。'王妈不放心。立即打门。叫了半天没听见答应。我和王妈急忙撞开门进去。惠姑娘她……她竟永远睡过去了。我吓蒙了。等我清醒过来。王妈也不见了。王妈竟也寻了短见。跳在井里死了。我再去找王丰那狗贼。谁知他也不见了。偌大一座城堡只剩下老奴我一个人了。陛下。要不是为了等您来向您服罪和报告真相。我是无论如何不会活到今天的。我又不敢离开这里去王城找您。怕惠姑娘一个人孤单。我知道您一定会回来的。陛下。现在您已经知道了一切。我没伺候好惠姑娘。我真该死。"

说到这里。倪福手里的灯笼突然掉在地上。倪福也虚飘飘地倒下了。你抢上去抱住倪福。却抱了个空。一阵狂风吹来。灯笼扑闪几下。整个城堡顿时消失。灯笼中的火苗熄灭了。你在一片漆黑之中瞪大双眼。直视着灯笼曾经亮过的那个地方。渐渐地。你的眼前浮现出一团微光。光团逐渐明亮起来。而且开始上升。你惊讶地发现。那如圆月般升起的光晕中。竟是李惠那幻美绝伦的面容。

刹那间你与其说是回忆起。还不如说第二次重新体验到了第一次见到李惠这张脸时那种奇异的感受和激情。因为这种体验本质上是无法回忆更无法用语言复述的。

这是一种大梦初醒般的真实的幻觉。这是一种可遇不可求的罕见的奇迹。你感觉到从降生至今的全部存在都是不真实和无意义的。你过去的全部生命和信念在一瞬间轰然崩溃和幻灭。然而在这幻灭的绝望中你却感受到了前所未有的狂喜和至高无上的欢悦。仿佛整个世界突然变得美妙无比。但你又不知道为何变了。你简直晕头转向和莫名其妙。你似乎在睡梦中被人狠抽了两巴掌给彻底打蒙了。啪。啪。两下。左右开弓。你脸上热辣辣地发烫。僵硬而且麻木。你两眼发直。事后却连她长什么样也不知道。此刻你智力低下得如同白痴。你嘴巴发干喉头发紧。下意识地拼命吞咽。喉结一上一下。好像一只小老鼠在你的气管里惊惶失措地来回逃窜却偏偏逃不出去。搔得你嗓门痒痒却不敢打喷嚏。抓得你心里痒痒又不敢大喘气。你的血液已经中毒到了不可救药的地步。你的耳朵里嗡嗡轰鸣好像钻进了两只大黄蜂。却又自以为幻听到了从遥远的天上飘下来的纶音仙乐。你忍不住要随之手舞足蹈。拿大顶。翻斤斗。但其实你木偶般地一动没动。你只是机械地和她说话。事后一句也想不起来胡诌了些什么。好像这是一件最不值得记忆的琐事。但你明明知道绝非如此。因为任何一件琐事你都能在适当的时刻把它的每个细枝末节回忆得纤毫毕露。唯独这个神圣的瞬间。你却竭尽全力绞尽脑汁也不曾有过一次隐约的浮现。你只能模模糊糊地感觉到在灵魂深处的某个死胡同里。有一个看不见摸不着的记忆死角。那里有一大团如烟如雾抹不开捏不拢的原始星云。那是孕育整个世界又蕴藏宇宙根本奥秘的所在。你祖先的生命。你自己的生命。你子孙后代的生命。都从那里诞生。于是你被这生命的奇迹震撼了。

这是一次真正的雷劈电击。这是一次真正的醍醐灌顶。从此刻起。你意识到你有了肉体。从此刻起。你意识到你有了灵魂。这顷刻间的充电。赋予你无所畏惧地迎接一切磨难的全部力量。你已经与天地和神灵融为一体。但你说不出这究竟是快乐还是痛苦。任何一种情感都不能确切地规定和把握它。任何一种语言都无法精细地分析和描绘它。既远且近。如梦似幻。不能稍忘又永难忆起。

彻底的圆满。绝对的浑沌。纯粹的非理性。

只有在这时候。你才知道什么叫作激动。激动就是不想动却浑身在动。你根本不想动。却自己动了。你拼命想不动。却动得更厉害了。这种无法克制的动。就是激动。这种被动的动。就是战栗。不仅肉体在战栗。连灵魂也在战栗。这就是疯狂。

这种疯狂的体验。凡人连一次也难以碰到。而你却意外地体验了两次。你从疯狂中疯狂出来。于是月亮消失了。你从梦中清醒过来。

91

我睁开眼。首先看见的就是李惠的脸。

"阿惠。你没死。"我张开双臂要拥抱她。

阿惠咯咯娇笑着闪开了。"王先生。你答应送给我一只大蝴蝶的。怎么逃走了。你以为过了这么多年我就忘了吗。告诉我。你到哪里去了。"

"夏娃。别闹。"是夏大夫的声音。

我一转身看见了他。"夏大夫。这是在哪儿呀。"

"王先生。你已经在通天塔里面了。你昨天惹怒了王先生们。差点送了命。你受了点惊吓。我和夏娃今天早上去看你。你正犯病呢。我就自作主张让你住了进来。"

我奇怪道。"我有什么病。"

"也没什么。"夏大夫一反常态地支支吾吾。"你不过是做了个噩梦。"

"这是夏娃吗。"我吃惊了。"怎么一夜之间长这么大了。难道已经过去很多年了吗。我好像记得我只是出了趟远门。"

"不。王先生。你哪儿也没去。你一直住在你的小木屋里。"

"那好。我还是回到我的屋子里去。我说过我永远不会进入通天塔的。"

"王先生。这就由不得你了。任何人只要一进通天塔就永远不能再出去了。你难道忘了通天塔是你造的吗。你自己为什么不愿住呢。其实你在这里照样可以做你的蝴蝶梦。"

夏娃嚷道。"别做梦。还是给我做大蝴蝶吧。大蝴蝶飞起来多好看啊。"

我叹了口气。"翅膀已被折断。再也不能飞升上天了。我再也不会做大蝴蝶了。"

夏娃哭道。"不嘛。我要大蝴蝶。王先生。你答应我的。你可不能耍赖。"

"别哭。别哭。如如不是要把他的大蝴蝶送给你吗。你为什么不要。莫非他又不肯了。这么多年过去了。他也该长大了。不再玩大蝴蝶了吧。唉。或许这正是人类最大的悲哀吧。咦。他们怎么都不见了。通天塔里的人都到哪里去啦。"

夏大夫沉吟了一会儿。"王先生。你累了。明天我会把通天塔里发生的一切都告诉你。"

92

王先生说到这里睁开了眼睛。尚且放下笔奇怪地问道：

"王先生，通天塔里到底发生了什么事？你怎么停住不说了？难道你这个梦做到这里突然醒了？"

尚大夫冷冷地道："不是醒了，而是疯了！"

王先生对尚且说："夏大夫不是说明天再说吗？"

尚且道："可是夏大夫说的明天是梦里的明天，和现实中的明天是两回事呀!"

王先生道:"尚且,你太单纯了。难道你到现在还不明白,梦里梦外其实是一回事吗?梦的逻辑就是现实的逻辑。"

尚且茫然道:"那你明天还接着讲吗?"

"当然!明天我会把关于夏大夫的一切全都告诉你。"

尚大夫截口道:"王先生,我看不必费事了。我本来以为你是这个疯狂的世界里唯一清醒地看到人类正在无可挽救地走向灭亡的人,谁知道你也是一个自欺欺人的疯子。你用一个可笑的寓言来说明人类只要瞎了眼睛就能得救,也许你还想在明天的梦里给人类续上一条光明的尾巴吧?我告诉你,进化过程是不可逆的,人类永远不会再有尾巴了,毁灭是必然的。这个真理在你的梦里已被充分揭示出来了,因为你的自由联想并不是自由的。但你不敢从你的梦中走出来接受这个事实。你闭上眼睛,正说明你不敢正视这个结局,所以你就睁着眼睛说瞎话。但正如你曾经说过的,时间已经不多了,毁灭已经不可避免了,靠人类自救已不可能了。人类要得救,除非发生奇迹。只有上帝能创造这种奇迹,所以必须有人到天国去,向上帝报告这里发生的一切。你本来确实是可以负此重托的最佳人选。为了送你上天,我恪守诺言并且提前修复了冷冻舱,所有的技术故障已被彻底排除了。可你的血液里最终还是染上了病毒,成了一个醉生梦死的意志薄弱者。看来只有我去了。临走之前,作为你的神经病大夫,我有责任把我听取了你六个梦以后的分析结论告诉你。所以我决定明天把你得病的真正原因和结果告诉你,然后我就要出发了。"

王先生道:"等一等,尚大夫。按照精神分析的惯例,不,按照神经病分析的疗程,你至少应该听我说完第七个梦啊!"

"不用了!按照你前六个梦的逻辑,你的第七个梦是不难预料的。梦的逻辑就是神话的逻辑;而按照神话的逻辑,上帝在六天里创造了世界,第七天就该安息了。你花了六天时间描绘了这个疯狂的世界,也该歇歇了。再说,夏大夫的话与其由你来转述,还不如让我自己来说。"

尚且惊奇得瞪大了眼睛。王先生却微笑了:"那真是太好了!尚大夫,我从一开始就知道,我绝不会看错你的。我早就说过,你不会让我失望的。"

日曜日之梦

93

王先生。你简直没法相信……什么尚且。当然。我当然是对眼前的王先生复述梦里的夏大夫对梦里的王先生说的那番话喽。什么。当然不是。这个王先生和那个王先生当然不是一个人。那还用说。否则我尚大夫就成了夏大夫了。这不是笑话吗。再说梦里的王先生是个疯子。这位可敬的王先生可不是疯子。好。我接着说。不。是夏大夫接着说——王先生。你简直没法相信。你逃离通天塔以后这里发生了什么事——哦。我说的这里。是指通天塔里。不不。是夏大夫说的这里。指通天塔里。尚且。你别老是打岔。嗯。你说什么。梦里的王先生实际上并没有离开通天塔。只不过是做了个梦。对呀对呀。就算是吧。但或许是一次梦游呢——王先生。哦王先生。我不是对你说。是对梦里的王先生说。哦不。是梦里的夏大夫对梦里的王先生说。天哪。这样说话太吃力了。王先生。索性打开窗户说亮话吧。事实上。梦里的王先生就是你本人。这个可笑的故事实际上是你的自传。其实你我心里都明白这到底是怎么一回事。尚且。难道你真的看不出来吗。你别跟我争论。你看王先生自己都没有异议。好了。言归正传。我接着往下说。不要再打断我。不。不要再打断夏大夫。

94

王先生。第二天一早。你逃走的消息震惊了整个通天塔。施青青当场就晕了过去。夏娃竟哭了起来。"我要大蝴蝶。我要王先生。"

王母却平静得近乎冷漠。"他不会走远的。天亮以前。他梦一醒就会回来。"施青青顿时就醒了过来。夏娃也不哭了。

王先生们七嘴八舌嚷道。"不。他绝不会回来了。他从一开始就不愿进入通天塔。"

"对。他早就预谋逃跑了。"

"是的。他从来就没有爱过王太太。"

"胡说。难道王太太不可爱吗。是他知道王太太根本不爱他。才没脸见人了。"

"是啊。他不敢再回来了。这小子溜了。"

"算他知趣。"

"哈哈哈哈……"

"嘻嘻嘻嘻……"

"嘀嘀嘀嘀……"

"咯咯咯咯……"

"哧哧哧哧……"

王先生们正笑作一团。突听一个童音说道。"王先生是不会再回来了。但他不回来绝不是你们所说的那样。王先生是去寻找那个……那个……寻找那个……岂有此理。"原来是如如。他一碰到"真"这个音还是结巴。"但是他永远也找不到这个……这个岂有此理。所以王先生永远不会回来了。他会一直找下去的。"

王先生们欢呼起来。夏娃又哭道。"既然找不到。他干吗不回来。"

到底是我的女儿。没有白听这六天的梦话。果然想得跟我一样。但喧闹声中谁也没有注意到她说的话。我连连向她摇手。叫她不要再说。我担心王先生们一旦知道你还会回来将闹得更凶。

王先生们跳啊叫啊。没想到竟有这样的好事。居然不必费事杀死你。就除掉了你这个最大的情敌。在他们眼里。你简直就是人民公敌。本来。他们把你当成了共同的又是唯一的敌人。谁都以为把你除掉以后。施青青非他莫属。但你一走顿时瓦解了他们的同盟。每个人立刻发现。所有的人都是自己势不两立不共戴天的凶恶敌人。

王先生。令人啼笑皆非的是。你作为通天塔的异己力量。却成了通天塔最重要的稳定因素。你的存在掩盖了通天塔里一切潜在的危机和固有的矛盾。你刚刚消失。通天塔立刻就陷入了一场一切人对一切人的全面战争。

不管施青青无意间看谁一眼。或者随便她跟谁说一句话。当天晚上这个人就一定被杀死。这些人本来巴不得有这种荣宠。只要施青青厌恶地瞥他一眼。就会激动得伸出舌头半天缩不回去。只要施青青轻蔑地骂他一声。

就会陶醉得闭上眼睛休克半个小时。现在他们却都成了惊弓之鸟。每个人都远远地躲着施青青。实在熬不住了。就用望远镜偷偷地解解馋。气得施青青一个人到处乱撞。

不过严格说起来施青青并不是一个人。因为王十二和王二十始终亦步亦趋如影随形地跟在她迷人的屁股后面。只盼施青青回眸一笑死也心甘。偏偏施青青正眼也不瞧他俩一下。倒是替他们俩办了人寿保险。所以王十二和王二十充其量只能算是施青青的两个影子。虽然一个人有两个影子似乎有些不可思议。但在通天塔里必须学会见怪不怪。既然有你王先生这样连一个影子也没有的人。那么一个人有两个影子甚至有更多的影子也算不上什么奇事。要不是性命交关。所有的王先生都愿意做施青青的影子。因为施青青就是他们的太阳。

施青青好不容易撞上一个人。那人吓得腿也软了。青青一把揪住他瞪眼骂道。"你们干吗都像见了鬼似的躲着我。"那人刚要说话。却见施青青背后一大群人正咬牙切齿地怒视着他。他咕咚一声就瘫倒在地。竟吓死了。

施青青猛回头。那群人正发愣呢。青青一步一步走过去。目光从这一个扫到那一个。刚说了一句。"好啊。你们……"这伙人突然猛醒过来。转过身抱头鼠窜。当天晚上。这些人不是被杀就是失踪。

尽管如此。却没有人想过要逃出通天塔。每个人心里都在想。只要我忍住不见施青青。等他们一个一个被杀死或被吓走。最后只剩下我一个人。嘻嘻……王太太就是我的了。结果每个人都躲在自己房里不敢出来。只有王丰和王一干照样到对岸施庄的结巴酒吧去喝酒。

施青青一看见他们俩。就媚笑着迎了上去。王一干鼻孔朝天仰着头就过去了。他心里只有他的自由女神。王丰却嬉皮笑脸地跟施青青挑逗调笑。施青青笑得肩头乱颤。

王一干头也不回地吼道。"丰子。你到底还去不去喝酒。"

王丰也看出青青眼里毫无笑意。知道她是故意想引别人来杀了自己。终觉没趣。就赶上王一干。讪讪地问道。"干老弟。你难道真的宁愿看天也不愿看她一眼吗。还是因为怕死。"

王一干冷笑道。"我酒虫快要爬出来了。就仰着头先过过干瘾。"

当晚王丰竟大开房门在自己屋里呼呼大睡。一大群王先生摸进去。每个人往王丰床上狠扎几刀。只听床板咚咚直响。王丰却在床上嘀嘀怪笑不止。王先生们发了疯。朝笑声发出的方向持刀猛戳。可是笑声开始满房间乱转。笑声忽而在这个人脖子后面。这人横刀一挥。却把自己砍了头。笑声忽而又在那个人的背后。那人纵刀一划。竟为自己开了膛。在这一声声惨叫中。王丰却笑得直打嗝。最后没有一个人活着走出王丰的房间。

早上我和王一土去报数查房。看见王丰正若无其事地坐在一堆尸体上鬼哭狼嚎地唱歌呢。我不动声色地把这些人的编号注销了。然后迷惑不解地看着王丰。王丰贼忒兮兮地对我说。"夏大夫。这些人爱听我讲鬼故事。听着听着就睡着了。我怕他们太挤了睡不好。就替他们唱个安魂曲。今天晚上肯定还会有很多人来听我讲鬼故事。但也可能他们觉得我小曲儿唱得不坏。那我就只好勉为其难地当一回歌星了。其实我说起来比唱起来可要好听得多呢。"

第二天。王丰房里又是一屋子尸体。王丰苦笑道。"夏大夫。我这人也真够笨的。杀了人还要把他们都搬进自己房里。而且一天比一天杀得多。今天晚上我可懒得再杀了。"

果然。王先生们见杀不死王丰。不敢再去送死。却从中得到启发。不管施青青看上谁没看上谁。反正人死得越多自己的希望越大。于是王丰的房间太平了。其他许多屋子却成了太平间。

那天我点完名。报完数。正要叫上王母王麻子和王川去打麻将。却发现王川也被杀死了。显然有人从施青青与王丰调情的事联想到青青很可能跟几个前夫藕断丝连甚至重温旧梦。于是色胆包天地杀了我的麻友。

我雷霆震怒了。王川一死。打麻将就三缺一了。而且一时还找不到合适的人来顶他的缺。还有比这更令人恼火的事吗。是可忍孰不可忍。我立即采取紧急措施。宣布取缔一切自由活动。任何人没有我的许可不得走出自己的房间。更不能走出通天塔。违者格杀勿论。并且搜缴了所有的凶器。又从重从快地狠狠惩办了几个恶棍。好不容易恢复了通天塔的秩序。这时通天塔内已经十室九空了。

我又勉强找了个人准备再玩麻将。可是王麻子的麻将牌竟找不到了。

这下把我急疯了。因为这是通天塔里唯一的一副麻将牌。我带着人在通天塔里上上下下搜查了三天。一只小麻雀也没找到。我火冒三丈地把王麻子臭骂了一顿。就用王麻子跟一个路过通天塔到王城去推销麻将的广告商换了一副上好的人骨雀牌。

这样我反而因祸得福了。因为王麻子打牌实在太精。从来没有输过。以前借他的牌玩。我不好意思不许他打。现在我又找了个人代替王麻子。从那以后我就成了大赢家。因为那两个新手不敢也不能不让我赢。而你母亲生性通达。除了挂念如如以外。对输赢倒是满不在乎。她见如如由施青青带着一天天长大。也就放心打牌。可我知道她其实没有理由放心。但我又不敢泄露了天机。

有一天我又赢了牌。一高兴就对王母说。"老太太。自己的儿子走了。你一点不着急。对那个倪……呃……你那个孙子。倒是挺关心的。"

王母说。"儿子比我福气好。他用不着我关心。他什么时候想死。就能什么时候死。我早就活够了。却求死不能。老而不死。大神答应我。等我孙子生了儿子。我就能死了。我只有这一个孙子。当然比什么都重要。儿子既然再也不会替我生第二个孙子。有没有这个儿子我都无所谓了。再说这个儿子是我后来找回来的。也不能肯定究竟是不是我儿子。"

我失笑道。"儿子如果不是你的。孙子就更不是你的了。"

王母猛吃一惊。"这个我倒没有想过。"我知道我说漏了嘴。她自言自语道。"不过没关系。即便王儿不是我的儿子。如如却一定是我的孙子。"

牌桌上的一个王先生诧异道。"这是为什么。"

王母自信地说。"既然王儿可以不是我的儿子。那么如如也很可能不是王儿的儿子。所以。如如照样可能是我的亲孙子。"

那人抬杠道。"老太太。你这是什么逻辑。可能性离现实性还差着十万八千里呢。"

王母斥道。"你懂什么。要是如如不是我的孙子。大神早就告诉我了。王村也不会复兴了。"

那人更不懂了。"大神是谁。"

"你看你看。你们这些后生。自以为什么都懂。却连大神都不知道。我告诉你。大神就是……就是……嘻。真要我说。倒也不容易说明白。嗳。对了。大神就是你们王城人说的上帝。"

"可是老太太。上帝早就已经死了。"

"胡说。神是不会死的。就是要死。也会给我留个遗嘱什么的。绝不会这么匆匆忙忙就咽了气。"

我急忙打圆场道。"老太太。别生气了。我担保王先生肯定是你的儿子。快。轮到你出牌了。"

95

通天塔经过治理整顿实行了新秩序以后。如如照例也不能出去放风筝了。如如已经长大了。放风筝也放腻了。倒并不在乎。他宁可待在屋里不出来。如如由青青一手带大。一直跟青青住在同一个房间里。如如渐渐长大后。我要给他单独一个房间。青青却不同意。说她不放心如如一个人住。怕遭了王先生们的毒手。

但我想更重要的原因是她相信了王母的话。一心要等你回来。她在王城就因为功亏一篑才吃尽了苦头。还差一点坏了名头。这回她决意用如如来向你证明她名节无损。除了和如如同住。她还让王十二和王二十日夜夜为她守住门户。不准任何人随意出入。王十二和王二十既受宠若惊又绝望得要自杀。他们俩原以为你一走。自己都是头号种子。现在看来。不仅他们的种子没法生根开花。而且还落到了做看门狗的地步。

可夏娃却缠住我。非要我同意让如如出去放风筝不可。我只好依她。夏娃跳跳蹦蹦地跑去告诉如如。如如说。"不。我不能去。我要保护教母。夏娃。我把这个大蝴蝶送给你。你自己去放吧。"

夏娃道。"不。我不要。我要你去。我看着你放。"

青青说。"去吧。如如。你们俩一起去玩吧。"

如如无奈。只得又天天出去放风筝。

除了夏娃和如如以外。看守通天塔大门的王一土还天天瞒着我放王一干和王丰到对岸施庄的结巴酒吧去喝酒。我也对此睁一只眼闭一只眼。王一土最信得过这个二弟。知道他俩绝不会逃跑。两人每次喝得烂醉回来。远远地看见通天塔。王丰就仰起头。冲天一口浓痰吐得老高。然后站定了眯着眼睛等那口痰落到脸上。谁知仰望了半天那口痰却不下来。不知被天风刮到哪里去了。仰着脑袋的王丰突然感到鼻子奇痒。于是下半个脸一阵抽搐变形。嘴巴不由自主地张得老大。像是要发表演说的样子。猛地。一个巨大的喷嚏把王丰的脑袋一下子甩到了裤裆底下。王丰不得不连翻了三个跟斗才缓住劲儿。王丰晃了晃尖脑袋。大吼一声。"出生入死。"

王一干也跟着醉醺醺地嘟囔一声。"牢不可破。"两人一前一后地趔进了通天塔。

王一工和王一士本来寸步不离地跟着二哥王一干。自从王一干和王丰结成酒友以后。王一干就不要他俩跟着。王一工倒是满不在乎。他只要有一枚硬币在手。没有人打扰他念叨"正面不跟反面跟""反面不跟正面跟"。就不愁日短夜长。王一士只要能围着施青青转悠。自然也管他娘。你走了以后。他依然不顾死活地缠着施青青。别人见施青青对他不假辞色。又知道他是门官王一士的幺弟。倒不急着要他的命。但我规定任何人不许走出自己的单人房间以后。他就再也见不到施青青了。这下他一天也憋不住了。开始念叨起百合的好处来。于是就撺掇老三王一工一起逃出通天塔回王城去。王一工也不反对。立刻"正面不逃反面逃""反面不回正面回"地扔起硬币来。王一士见他又扔个没完。气得半死。只好自己对大哥王一土去说。不料王一土回答得斩钉截铁。

"四弟。通天塔的第一天条就是只进不出。到现在为止还没有破过例。只要有一个人逃出去。通天塔立刻就会倒塌。塔是我造的。我绝不会骗你。你不必再说了。我绝不能让通天塔毁在我的手里。"

96

王一干和王丰平时都是傍晚出去喝酒。夜深了就回来。所以一直没有撞上夏娃和如如。这天他俩竟一夜未归。把王一土吓坏了。两人在结巴酒吧醉得灵魂出窍。到第二天晌午才还过魂来。

王一干一拳把王丰捶醒。看着他傻笑。王丰从桌子底下爬出来。转转大脚趾对王一干道。"干……干老弟。你是好呃……好样的。你是……酒呃……酒神。"

王一干晃晃脑袋。"丰……丰子。你也呃……也不赖。你是……是……酒仙。走……走吧。我大哥要急呃……急疯了。"

两个神仙相互扶持着摇摇摆摆地回通天塔。走一步肚子里就咣当咣当直响。走到通天塔外。正看见如如和夏娃在放风筝。王一干瞪着泪汪汪的眼睛问道。

"喂。小孩。你们怎么能……能呃……随便出来。"

如如说。"夏大夫同意我们出来放风风……的。你们也是来放风……的吗。"

王丰大怒。一巴掌把如如打翻在地。恶狠狠地吼道。"小子。你老子也不敢对我怎么样。你竟敢呃……把我当作犯人。"一伸手撩住如如手上的风筝线。想把风筝扯下来撕烂。可是王丰忽地觉得手上一紧。顿时双脚离地。整个身体被风筝带着飘了起来。这种飘飘然的感觉他还是刚喝上酒的时候曾经有过。现在越喝越多倒反而跟它久违了。他索性闭上眼睛美滋滋地陶醉起来。再也不肯放松手上的风筝线。

王一干又惊又羡地眼看着王丰越飘越高。掠过通天塔。消失在云端里。

夏娃哇哇大哭起来。"大蝴蝶。王先生的大蝴蝶飞走了。如如。我要你赔。"

如如爬起来仰着头自言自语道。"瞧他鬼头鬼脑的样子。我早该看出来他已经死了。原来是个酒鬼。"一回头看见王一干正愣在一边。"喂。你也跟他差不多了。酒已经溢到脑门上了。怎么还没有淹死。"

王一干仿佛挨了当头一棒。踉踉跄跄地冲向通天塔。到门前突然一个巨大的喷嚏把他打翻在地。他骂骂咧咧地爬起来。嘟囔一声。"牢不可破。"突然意识到这句话孤单得凄凉。于是又补上王丰那句口头禅。"出生入死。哈哈。"就狂笑着冲了进去。

王一土正在门口盼着他俩回来。忽见王一干如痴似癫地奔了过来。忙问。"二弟。怎么是你一个人。王丰呢。"谁知王一干理也不理他。失魂落魄地一闪而过。王一土急坏了。王丰要是跑了。通天塔可就没救了。但他又不敢去追王一干。要是再逃出去个把人。通天塔立马就倒。

正在忧心如焚。如如和夏娃也回来了。夏娃还在嘤嘤地哭。如如在一边不住地劝解。王一土以为夏娃在使小性儿。也没介意。忙对如如说。"王先生。请你替我看一会儿门行吗。我去去就来。"

如如点点头。王一土急急忙忙地穿过大草坪。乘电梯赶到一干房里。王一土推开门。正在阳台上探头探脑的王一干闻声回头一看。知道不能再犹豫了。一纵身就扑了下去。王一土瞥见阳台上人影一闪。大叫着冲上阳台。眼睁睁看着王一干笔直地掉下去。摔成了一块肉饼。一生崇尚自由的王一干。就这样以自由落体的方式结束了自己的生命。

王一土立刻软瘫在阳台上嚎啕大哭。惊动了住在两边的王一工和王一士。老三老四赶过来一看。见二哥不在房里。大哥却在阳台上哭得水深火热。立刻什么都明白了。两人探出阳台往下看了看。心意相通地对望一眼。探出去的身子不但不往回缩。反而一齐跃了出去。

王一土抽噎着抹一把鼻涕。正要把二弟的事告诉老三老四。见此情景顿时吓迷糊了。等他反应过来再跳起来。已经什么也来不及了。但这时他几乎惊骇得不敢相信自己的眼睛了。同时跃出阳台的王一工和王一士竟在空中不可思议地劳燕分飞。王一工往下落。王一士却在向上飞。王一土不由得张大了嘴。目光追视着王一士以惊人的速度向通天塔顶飘去。直到终于看不见了。王一土忽然感到天旋地转。眼前一黑。咕咚一声栽倒在阳台上。昏了过去。

如如见夏娃哭个不停。赔小心道。"好了夏娃。算我不好行了吧。大蝴蝶既然没了。你再哭也哭不回来了。我们已经长大了。不该再玩这种小孩子的玩意儿了。你别担心。反正我天天陪着你就是了。"

夏娃怒道。"谁要你陪。我只要你赔我大蝴蝶。"

如如打趣道。"得了夏娃。你无非是找个借口想跟我在一起。以后借口没有了。莫非要怕羞啦。"

夏娃冷笑道。"王如如。你别臭美了。你以为你把大蝴蝶送给我而我不要。却非要让你出来放给我看。是因为我想跟你待在一起吗。哼。你错了。这个大蝴蝶不是王先生给我的。所以我才不稀罕。我要等王先生回来。让他专门为我做一个世界上最最漂亮的大蝴蝶。在他没有回来以前。我愿意看着你放飞。因为这个大蝴蝶到底是他做的。"

如如顿时脸色煞白。咬着牙刚要回敬夏娃两句。却见夏娃拍手欢叫道。"噢。大蝴蝶回来喽。噢噢……"其实夏娃没有看见王一干跳出阳台。所以她把王一干当成王丰了。

如如一回头。也以为是王丰掉下来了。但他立刻发现王丰掉下来的速度极快。就回过头来恶意地笑道。"妞儿。别做美梦了。人是回来了。但大蝴蝶永远不会再回来了。"话音未落。就听见背后一声重物落地的闷响。但如如却奇怪地看见夏娃依然仰着脸。夏娃惊呼一声闭上了眼睛。如如一时不太吃得准。夏娃的姿势是否暗示要他吻她。刚刚走近一步。他立刻从夏娃极度惊恐的表情中。知道自己差一点干出了蠢事。如如急忙回头。他同样惊骇得停止了心跳。空中竟然又掉下一个人来。那是王一工。

再说王一工一跃离阳台就开始后悔。地球正急速地向他撞过来。他立刻急中生智地念起"正面不死反面死"的咒语。同时竭力想翻转身来。但空中无处借力。竟然动弹不得。再改口已经来不及了。只见大地正飞奔过来与他接吻。他大叫一声伸出双手双脚。试图推开地球的热情拥抱。喀喇喇一串巨响。他的双手钉在先他一刻落地的王一干的两只手腕上。他的双脚钉在王一干的两只脚腕上。这从天而降的强劲冲力。把王一干的身体砸进大地。与草地齐平。但王一工的双臂双腿也同时折断。

如如急忙奔过去把上面那个人翻转过来。这才发现两个人里没有一个是王丰。王先生。你知道通天塔里所有的人都穿跟你一样的斑马服。难怪夏娃和如如都错把王一干当成王丰了。不过他俩都没有看见飞上天去的王一士。

如如一探王一工的鼻息。居然还没有断气。急忙叫夏娃把我找去。可我只是一个神经病大夫。并不会接骨。只得把王一工的四肢都锯掉。结果王一工的两臂虽然比断臂的维纳斯长了那么一点。双腿却比维纳斯的瘸腿丈夫短了不止一点。躯干以外只剩下四截。仰躺在床上。活脱脱像一只翻转过来的王八。

王一土苏醒后赶下来收拾弟弟们的骨骸。却发现唯一需要收尸的王一干。五官眼鼻都已经模糊得无法辨认。不一会儿就化成了泥土。与大地完全融为一体。仅仅在草坪上留下一个寸草不生的"大"字。

王一土顾不得一己的悲伤。黯然对我说。"夏大夫。王丰逃出了通天塔。通天塔完了。"如如和夏娃赶紧把王丰升天的事说了。王一土舒了一口长气。"这么说。王丰竟是个鬼喽。我以前怎么会没看出来。"

如如冷冷地道。"通天塔里本来就是人鬼难辨的。"

夏娃说。"要是王先生给每个人都做一个大蝴蝶。一试就试出来了。"

王一土道。"如此看来通天塔还有救。唉。要是王先生赶快回来。那就更好了。"

如如道。"可他不会再回来了。"

夏娃生气道。"不。他一定会回来的。"

两个孩子争论不休。我劝解道。"王先生就是回来也救不了通天塔。不过通天塔还没到要完的时候。"

王一土伤心道。"通天塔虽然一时半会儿还完不了。但今天的事总不是个好兆头。王丰那恶鬼竟害死了我两个弟弟。"

夏娃惊讶道。"你真够狠心的。王一工还没有死呢。你怎么已经把他当成死人啦。"

王一土道。"不。我是说我么弟。"就吞吞吐吐地把王一士白日飞升的事情说了。

夏娃吓了一跳。"这么说你四弟也是个鬼喽。他竟然不要王先生的大蝴蝶就能自己飞上天去。"

如如说。"我不信会有这事。"

王一土道。"你为什么不信。"

如如道。"因为我没有亲眼看见。亲眼看见的事我还不敢完全相信呢。我猜想你是担心通天塔要毁灭了。就放走了一个弟弟。王一干和王一工只不过是你导演的瞒天过海的苦肉计。"

我立刻狐疑地看着王一土。王一土刚要分辩。就听王一工呻吟着醒来。一看自己变得这么怪模怪样。他万念俱灰地长叹一声。"夏大夫。你又何必救我。大哥。我这回又没有扔准。"

王一土骇叫道。"三弟。你怎么把自己也当成硬币来扔。你可千万别死心眼。把自己再扔一回啊。"

王一工惨笑道。"大哥。我自己已经变成一枚硬币了。硬币是不能自己扔自己的。"

"那就我来帮你扔。管保一扔一个准。"随着说话声。王一士轻佻地走了进来。所有的人都惊呆了。王一土忙问怎么回事。王一士定了定神道。"我闭着眼睛往外一跳。只觉耳边风声呼呼。但过了很久脚下还不踏实。我心里倒踏实起来。满以为我已经死了。睁开眼一看吓了我一跳。怎么跟我一块儿跳出阳台的老三不见了。我还以为他不像我是轻骨头。所以比我堕落得快。但上下一看。我竟然钻进云里雾里了。这下倒真把我给吓坏了。乖乖不得了。我要进天堂了。我可明白进天堂的条件苛刻得很。能进去的人少得可怜。那里地广人稀。想找个人聊聊天恐怕都不容易。再说只有地上的人才爱聊天。天上的人既然已经在天上了。也就不必再聊它了。那就太无聊了。我想地狱里一定热闹得多。我宁可热热闹闹进地狱。也不愿冷冷清清住天堂。这么想着。我拨动起大块大块的云团。借着这些云团软绵绵的反弹力。四肢蹬踏着一阵胡乱挣扎。居然让我挨近通天塔了。眼看狮子大开口的南天门就要把我吞进去。在这最后的危急关头。总算天可怜见。让我抓住了通天塔顶上的避雷针。我小心翼翼地从天窗爬进通天塔。在顶层坐电梯下来了。不过说'坐'电梯不太确切。大哥。告诉你只怕你不信。电梯往下开的时候。我双脚离地。整个人紧贴在电梯顶上。硬是让电梯把我从天上压了下来。大概是上面地心引力太小的缘故吧。唉。那种额角头碰到天花板的滋味。可真不是好受的。"

如如冷笑道。"这么说色鬼比起酒鬼来骨头更轻喽。或许色鬼根本就没有骨头。"

王一士也冷笑道。"小老弟。你说对了。色鬼的骨头虽然不硬。但没有骨头的地方却硬得很。不是色鬼的那些硬骨头正好相反。没有骨头的地方就是硬不起来。要不然。我敢说人人都是色鬼。"

王一士没好气地对如如说。"王先生。不管怎么说。你总该相信我没有让他逃跑吧。否则他干吗又回来呢。"

如如倒一时语塞了。他顿一顿道。"但这至少可以说明他不是人。而是一个鬼。喂。你是什么时候死的。"

王一士怒道。"哪有这么说话的。"

如如激他道。"恐怕你自己都不清楚到底是人是鬼吧。"

王一士道。"怎么不知道。有一天我照镜子的时候什么也没看见。我就知道了。可这通天塔里又有几个人能看见自己的本来面目呢。他们整天坐在镜子前面装模作样。只是表演给别人看的。"

夏娃兴奋道。"这么说可以用镜子来分辨人和鬼喽。父亲。明天你们查房时。让每个人在镜子前照一照。照不出来的就是鬼了。"

我淡然道。"何必去拆穿他们的西洋镜呢。至少还没到这个时候。"

可第二天一早。我和王一士发现所有的镜子都被打碎了。如如听说后冷笑不止。"知道自己心里有鬼。也算是有点人味了。"

从此王一士就住在王一工的房间里照顾他的生活起居。没事就由王一工念念有词。由王一士随着口令没完没了地扔硬币。我本想追究王一士擅自私放王一干和王丰出塔的罪责。但一来没有合适的人代我看守通天塔的大门。二来他已付出了沉重的代价。估计他绝不会再犯。果然他从此再也没有放任何人出去过。如如和夏娃也不再出去放风筝。王一士作为我的门神尽心尽力地执行着我的门户开放政策。当然还是只进不出。而进通天塔只有一个条件。只要自称姓王就行。

97

说起这个你是知道的。王先生。投奔通天塔的人从来就没有间断过。你梦游以前。全球各地除了王城以外。所有的人都已进入了通天塔。所以我关闭了其他的门户。只留下通向王城的东大门。由王一士把守着。当然王城人也来了不少。只是一时还没有走光。但通天塔的人口早已大大超过了王城。已经可以与王城分庭抗礼了。我也早就不再听从倪采的调遣了。自从你出走以后。施青青仍然不肯嫁人的喜讯传到王城。王城人来得更多了。每个人都自以为施青青要等的是他。可笑的是他们进通天塔的时候说的都是同样的话。

王一土照例问一声。"先生。你贵姓。"

被问的人总是回答说。"我是王成仁。"

王一土忍住笑又问。"是杀身成仁那个话头吗。"

"是的。"

"那你干吗还不自杀。"

"噢不。我不杀自己。"

"那好。请进。"

这些话被一遍又一遍地重复着。跟留声机没什么两样。只有一个区别。就是每个人被依次编上了不同的号码。他们不但顶上了所有死去的人被注销的编号。还大大增加了新的编号。我知道倪采很快就要唱空城计了。

通天塔里的王先生们虽然对施青青越来越不抱幻想。但眼见王城人大批涌到。还是极为反感。觉得自己的利益受到了严重的威胁。自己的权利受到了致命的侵犯。于是王先生们宣称自己是王村的正统后裔和合法居民。是自古至今的土著。

王成仁们反唇相讥地提出。即使并非每个人都有资格进入天堂。但至少人人都有权利进入通天塔。双方由唇枪舌剑口诛笔伐很快发展到了真刀真枪的宗教圣战。

王先生们奉王母为教主成立了圣母教。王母因为对王成仁们的姓氏再也不能眼开眼闭。担心王村就要名存实亡。而且她忘不了当年王施两族不战而败毁在王城人手里的耻辱。于是在王先生们的蛊惑下。决意趁着这主客易势王城人自投罗网的天赐良机。报仇雪恨。

王成仁们也针锋相对不甘示弱地成立了圣子教。奉你王先生为教主。这是先斩后奏的意思。反正你也不在。他们虽然是初来乍到但却人多势众。双方剑拔弩张。战争一触即发。而且达成了秘密协议。以施青青为彩头。

战胜的一方将无条件地占有施青青。但实际上每个人都知道。即使本方赢得了这场大赌赛。自己也得不到施青青的半片指甲。彩头仅仅是象征性的。仅仅是为了鼓舞士气。这就是真正的骑士精神。纯粹为了荣誉而战。不为别的。甚至。完全为了正义而战。也不为别的。

这件事当然是瞒着施青青的。但没料到施青青竟让人通知双方首领。她将于月圆之夜抛掷彩球。这个喜讯犹如一道发起总攻的命令。大战立刻像火山一样爆发了。所有的人立刻失去理智地投入了疯狂的大屠杀。

王成仁们以为。王先生们久居通天塔。难免与施青青日久生情暗中交通。但王先生们却知道交通阻塞的严重程度。而施青青早不抛彩球晚不抛彩球。偏偏现在宣布要抛彩球。很显然她已经看上了某个刚刚进塔的王成仁。于是每一个喜气洋洋面有得色的家伙都被除掉了。所有顾盼自雄的英俊少年再也不敢喜形于色。全都装出一副哭丧脸。可是杀红了眼的人们本着"宁可错杀一千不可放过一个"的彻底精神。又把所有板着脸的可疑家伙解决了。

英雄们满以为施青青准得推迟抛彩球的日期。谁知施青青毫无动静。每个人杀人以前都敢跟上帝打赌。自己绝不会杀错了人。见施青青没有反应。又自我宽慰地想。我就知道那小子绝没有这样的艳福。虽然正主儿是谁没有丝毫线索。但没有人就此罢手。索性不管三七二十一地乱砍乱杀一气。反正姓王的或自称姓王的都梦想着成为王太太的王先生。有这个念头就该死。于是疯狂的屠杀愈演愈烈。但通天塔的人实在太多了。简直是杀不胜杀。而月圆之夜眼看就快到了。

98

月圆之夜的前一天。王一土正在通天塔的门房里打盹。因为近来投奔通天塔的王成仁已经越来越少了。据说王城几乎已经没有人了。王一土正瞌睡懵懂地垂着头。突然感到有人来了。一抬头。面前站着一个人。

王一土问道。"先生。你贵姓。"

那人道。"你不要叫我先生。我是王太太。我姓万。"

王一土诧异得不禁失笑。这分明是个男人。竟然自称王太太。进通天塔的人从来只有冒充王先生的。却没有过冒充王太太的。何况冒充王太太的竟是个大男人。王一土突然一拍脑门。明白了。"噢。你是战斗英雄王太太万如玉先生。咦。也不对呀。万如玉是个出了名的美髯公。你的下巴却光溜溜的像个太监。"

万如玉废然叹道。"唉。说来话长。自从王太太——噢。我说的是施青青。不是我——自从施青青离开王城以后。倪采小花贼见天下第一美人搞不到手。就发了疯。开始见一个爱一个。无论长得什么样的女人。只要让他见到就会被强行拉进宫去做他的妃子。当然。女人只要一进宫就被封为男爵。他大概是想用数量来弥补质量上的不足。这样当然使失去老婆的男人们怨声载道。没有失去老婆的男人也不敢再让老婆女儿随便出门了。倪采满城转悠了半天。没见到一个雌儿。不禁大怒。就请出生态学家马儿杀死。封他为国师。要他再把那套关于'一个女人加一千个男人过一千零一夜等于一千零二人'和'一个男人加一千个女人过一千零一夜等于二千零一人'的高等数学教会每一个王城公民。

"马儿杀死反复说明。'妇女们被充公或者说充宫。绝不会影响王城的人口数量。更会大大提高王城的人口质量。因为倪采是个超人。由他个人承包繁殖人类的重任。有优生学上的重大意义。你们赶走王先生不就是因为他的无后教阴谋灭绝人类吗。现在你们再也不必担心这个问题了。可以高枕无忧了。'

"可男人们并不这样想。王先生尽管不许他们生儿育女。但至少还允许他们有老婆。细细想来王先生也是有道理的。人类确实已多如蚂蚁了。

"马儿杀死的侄子马大可拿住男人们的话柄道。'既然你们知道人类已多如蚂蚁了。那么你们应该知道。世界上没有任何生物比蚂蚁更有组织性和纪律性。蚂蚁的社会制度是近乎完美的。所以世界上没有比蚂蚁更古老的生物了。可以断言。即使所有的生物都灭绝了。蚂蚁也不会灭绝。人类要避免灭绝。就应该仿效蚂蚁的社会制度。只要由一个最优秀的男人——他无疑就是我们尊贵的陛下倪一百——像蚁王一样专门负责繁殖后代。其

他所有的男人都应该像工蚁那样。只管做工不管别的。'

"倪采大喜。就派人把王城所有的女人。包括你的太太罗兰和两位千金罗刹罗娜。柳依桥的三个女儿柳叶柳絮柳条。陈陈的老婆石女和女儿陈菲菲。还有十夫长以及百合。反正王城从老太婆到女婴的所有女人都被倪采充了宫。封了男爵。我亲爱的王先生王如方。自然也逃不出倪采的毒手。而且倪采对我那仪态万方的王先生一见钟情。不仅封她做了男爵。很快又册封她做了王后。要她'母蚁'天下。最可气的是还封我为国丈。把我这个好端端的王太太变成了不伦不类的男爵夫人。我暂时不得不忍气吞声地谢了恩。你别以为我没有须眉志气。我是为了等待时机报仇。在时机没有到来以前。我不得不与马儿杀死和马大可他们周旋敷衍。可我每天出门前至少要吃三百只苍蝇才能勉强克制住强烈的恶心。但是最后整个王城连一只苍蝇也找不到了。原来连苍蝇也逃离了这个世界。我知道王城毁灭的日子快要到了。

"当然。王城的男人们。那些工人也就是工蚁们。也开始纷纷逃离王城。投奔通天塔而来。可我还没有找到报仇的机会。倪采把自己关在王宫里根本就不出来。

"鹦鹉节那天。马儿杀死和马大可见到我时。都面露惊奇之色。

"马儿杀死说。'男爵夫人。我几乎认不出你来了。你怎么也把胡子刮掉了。'

"我说。'我看见大家都把胡子刮掉了。所以我也赶个时髦。'

"马大可哈哈大笑。'可是你知道别人为什么刮掉胡子吗。'

"'为什么。'

"'因为大家在册封王后的典礼上见了你这把漂亮的大胡子。觉得自己这么难看的胡子再留着不仅没有脸面。简直是不要脸。所以都把胡子刮了。早知道你会刮掉。别人可能就不会刮掉了。那至少还能遮住半个脸。维持一半面子。'

"我说。'你不必担心。森林砍光了一时不易再长出来。胡子刮掉了很快就会再长出来的。'

"马大可笑道。'恐怕未必。尊贵的造物才有资格长胡子。而且还有资

格享受长者般的尊称。像'老虎'啦'老鼠'啦什么的。可是现在的男人们还有什么尊严可言。不是小白脸。就是小花脸。'

"我说。'但是猫也长胡子。却没有人叫它"老猫"。我嫁给我的王先生时我并没有胡子。可他却叫我"小猫"。后来我有了胡子。她就嫁给了我。我也管她叫"小猫"。但那时候她已经没有胡子了。'

"马大可说。'男爵夫人。会有的。'

"我不解地问。'什么会有的。'

"马大可诡秘地笑笑。'都会有的。'

"我觉得他在戏弄我。刚要发作。马儿杀死打圆场道。'行了。鹦哥们。别乱嚼舌头了。'

"我赌气回家睡觉去了。睡到半夜突然被一阵巨大的喧闹声惊醒了。只见整个王城已变成了一片火海。王宫方向也一团火光。我知道发生了重大变故。心里惦着我的王先生。就朝王宫方向跑去。只见宫门大开。寂寞广场上挤满了无数的女人。说她们是女人。仅仅是由于她们都穿着女人衣服而且从王宫里出来的缘故。但我借着火光仔细辨认想找到我的王先生时。我惊骇得头皮发麻差点发疯。原来所有的男爵脸上都长满了胡子。这回竟然真的让马大可这个假预言家不幸言中了。

"我急忙冲进王宫找倪采算账。我见整个王宫只有叹息殿没有着火。就退到那里先避一避。我要亲眼看着倪采被烧死。可我刚走近叹息殿。就听见这座从来没人敢进去的大殿里有一个歇斯底里的声音在狂叫着。'我的王宫不要你们来烧。我要亲手烧掉。哈哈。烧吧。把黑夜烧得像白天一样亮堂。哈哈。烧吧。把地球烧得像太阳一样火红。'

"我隔着窗格朝里面一看。只见倪采赤条条地坐在地上。拍手拍脚地狂笑着。转着头得意非凡地看着被自己点燃的火焰迅速吞没了整个大殿。我一看再不走就迟了。急忙逃出王宫。寂寞广场上已空无一人。我穿过结巴街逃出王城。隔着安全距离亲眼目睹了这座人类最伟大的世界之都辉煌地火葬的全过程。等火完全熄灭。我在废墟上竖起一块巨大的石碑。上面刻着。

倪采说　上帝死了

上帝说　倪采死了

"然后我就到通天塔来了。我是最后一个离开王城的人。"

王一土道。"那么你也是最后一个进入通天塔的人了。本来我是不能放你进去的。因为你毫无顾忌地说自己不姓王。放你进去就坏了通天塔的规矩。但因为你替我解开了一个我百思不解的巨大疑团。我就破一次例吧。"

万如玉道。"什么疑团。"

王一土道。"一个星期前。我看见东方的夜空露出了朝霞。以为漫漫长夜就要过去了。太阳就要升起来了。谁知夜空红火了很久。又渐渐黯淡了下去。我不知道究竟是怎么回事。看来那是王城大火跟我开了一个残酷的玩笑。现在我明白了原因。反而死了心。看来这黑夜还要延续下去。王先生可能真的没有找到新的太阳。好了。万先生。请进吧。反正我这是第一次破例。而且我不必口是心非地说什么下不为例。因为再也没有下一个了。请进吧。王太太。"

王一土立即向我报告。最后一个王城人已经进了通天塔。"夏大夫。我看不必留着门了。我打算把大门堵死。"

我说。"可是那个真正的王先生还没有进来呢。"

王一土说。"王先生造通天塔本来就不是为了自己住进来。否则就变成作茧自缚了。再说他如果要进来。也没有任何东西能挡住他。"

"那好吧。要我派多少犯人给你。"

"不用。夏大夫。我自己来。我是泥瓦匠出身。我无缘替通天塔填下奠基的第一铲泥。却有幸为通天塔封上最后的一锹土。"

王一土一个人干了整整一天。终于用泥土把大门——那通向自由的最后一扇门——封死了。通天塔四周一溜都是铁栅栏。只有这个被堵死的出入口。是一堵泥墙。王一土干完活。累得一屁股坐在地上。满足地靠在泥墙上。抬头望着夜空。一轮圆满无缺的月亮。已露出了地平线。

99

这是月圆之夜。我应王母之邀。带着夏娃来到施青青和王如如住的九一二房间。王十二和王二十替我开门的时候手都在发抖。我不解地扫了他们一眼。发现他们俩兴奋得五官都错了位。我以为他俩又犯病了。也不以为异。就和夏娃进去了。王母施青青和王如如都在。王母请我坐下。

"夏大夫。请你来是要告诉你一件喜事。"

正在这时。一片惊天动地的欢呼声响了起来。

"月亮升起来了。彩球飞起来了。"

"月亮飞起来了。彩球升起来了。"

巨大的声浪把通天塔震得摇晃起来。我急忙拉开门。吓了一大跳。只见整个走廊里挤满了人。人多得简直不可思议。人流还在不断压缩挤紧。每个楼梯口无穷无尽地喷涌出更多的人。仿佛通天塔里所有的人都要挤到这条窄窄的走廊里来。

我喝道。"不许乱嚷。不得喧哗。你们到底想干什么。"

"夏大夫。叫王太太出来。她答应我们今天抛彩球的。"

"夏大夫。你怎么会在王太太房里。你又不姓王。抛彩球也轮不到你呀。"

"哈哈哈……"

"王太太。快出来。月亮已经上来了。"

"王太太。你说话可要算数。"

我意外地回头看着施青青。她却比我还要惊讶。她走到门口。所有的人顿时不再吵闹。

青青说。"谁告诉你们我要抛彩球的。"

"大家都这么说。王太太。你就别害臊了。"

"对。快抛吧。你有了主儿。我也认命了。"

"也免得我们再互相拼杀。"

"嘿。哥们。王太太在问谁听她说过这个话。我可是听人说的。要是王太太真没说过。咱还是走吧。"

我高声道。"好了。都别胡思乱想了。王太太从来没有说过这个话。各人赶快回自己的房间去。再聚众闹事绝不轻饶。"

突然一个声音嚷道。"王太太。我虽然不是听你亲口说的。但是你这位看门的却说是你要他转告我们的。"说话的是圣子教的首领。他用手指着王二十。

另一个人也叫道。"对。他也是这么对我说的。"说话的自然是圣母教的首领。他哽咽着说。"你要他对我们说。我们必须在月圆日以前决出胜负。战胜的一方有资格接受你的彩球。现在我的教友兄弟都死了。你要是突然改主意不抛彩球了。弟兄们可就白死了。"

我诧异道。"那么王太太就是抛彩球你也没资格得到啊。你是败军之将。还在这里掺和什么。"

他胸脯一挺。"可是我已经投降了。他们同意我也可以中彩。"

施青青又好气又好笑。知道毛病出在什么地方了。她狠狠地瞪了王二十一眼。吓得他一哆嗦。

原来那天王母到青青房里说话。王十二和王二十在门外偷听。只听王母说。"青儿。我看王儿不会回来了。你也不用再等他了。"

青青说。"圣母。这回我是要坚持到底的。"

"青儿。你还想当节妇烈女呀。我叫你怎么着你就怎么着。"

"圣母。那你要我……要我嫁给谁呀。"

王母的声音突然低得听不见了。叽叽咕咕说了很久。又听施青青问。"什么时候。"

王母道。"就在下一个月圆之夜吧。"说完就走了出来。施青青送王母回房。王十二和王二十急得抓耳挠腮。等青青回来。两人突然跪倒在她面前。

青青惊讶地问道。"你们这是干什么。"两人谁也不说话。只是不停地磕头。青青不耐烦道。"闪开。让我进去。"

王二十壮着胆子说道。"王太太。我们该死。我们俩偷听了老太太和你说的话。"

青青顿时明白了。冷笑道。"我还一直以为你们俩对我很忠心呢。"突然又诡秘地笑了笑。"只要你们不说出去。我就饶了你们这一回。起来吧。"

王十二突然结结巴巴地说。"王太太。你行行好。先透个信儿。你到底是要他。还是要我。否则……否则月圆以前咱哥俩都要愁死……急死的。"

青青差一点气晕过去。她定了定神总算没有发作。叹了一口气。愁眉苦脸道。"这事我也一直决断不了。所以拖到现在。可惜王一工的手又断了。要不然叫他替我扔一下硬币就成了。王十二的正面形象好一些。就算硬币的正面。王二十的后脑勺发达一些。可以算硬币的反面。但现在这个办法行不通了。我自己来扔到底不及这位博弈大师。你们俩只好等着我抛彩球了。"

说完施青青就进了房间。这一下喜从天降。把两人乐得直打滚。正好有人走过。惊奇地问他们出了什么事。王十二心里藏不住事。就一五一十地说了。王二十对他连使眼色。王十二还以为他是高兴得眉飞色舞呢。王二十见话已收不回来。忙接过话头。谎称王太太派他俩为特使。转致圣母教的王先生们和圣子教的王成仁们。王太太月圆之夜对英雄们抛彩球。

于是战幕立即拉开。杀得天昏地黑不可开交。王十二和王二十因为没有加入任何教派。所以没有卷入战争。但王二十埋怨王十二道。"王太太让我们别说出去。你是怎么搞的。王太太一生气。要是改主意了怎么办。我告诉你。王太太如果知道了。你可得承认是你说出去的哟。别把我也连累了。"

王十二愣了半天。突然跪下给王二十磕了三个响头。"兄弟。你可真够义气。按理你只要把这事对王太太一说。王太太很可能就要你而不要我了。"

王二十道。"傻瓜。我可不是为了义气。要是我不拦住你的话头。你傻不愣登地把真话全告诉了人。通天塔里的人不把咱俩撕碎才怪。那样我也没命了。"

王十二倒吸一口凉气。结结巴巴道。"但是……现在这样。他们还是可能要咱哥俩的命呀。"

王二十得意道。"我这么一移花接木。王先生们和王成仁们杀得两败俱伤。谁还来跟咱们为难。谁都知道王太太把咱俩当自己人看。谁敢惹王太太生气呢。"

王十二佩服道。"老哥。你可真聪明。"

施青青引逗着王十二把上面那些都说了。走廊里顿时怒吼连连。施青青诧怪地对王先生们道。"难道你们真是怕我生气才不敢杀他们俩吗。"

人群受不得这一激。立即朝前猛拱。但由于实在挤得无法动弹。拳头既挥不起来也够不着。刚才说话时。挤在上下楼梯口外的人还能安安静静地听着。现在前面一耸动。他们已闹不清前面发生了什么事。就急于挤进来。我大声呵斥也阻止不了涌动的势头。王十二和王二十已经根本没有逃路了。

王二十知道此时只有王太太说话才能扭转危局。他大声叫道。"十二。快顶住。我们就是死了。也不能让这些狗娘养的冲进王太太的房间。"

其实王十二早已不声不响地在坚守职责了。王十二和王二十舍命抵住失去了理智的王先生们。两下一使劲儿。已经能听见许多瘦弱的人肋骨喀喀压断的声音了。可是王先生们的集体力量太可怕了。眼看人潮就要涌进屋来。

王如如突然放声大笑道。"青青。我知道他们为什么不愿意杀这两个宝贝了。因为谁都明白。他们注定了一辈子只配站在你的门口。谁会愿意为这两个门外汉弄脏了手呢。"

人群突然爆发出一阵歇斯底里的大笑。这一阵回肠荡气的大笑不但松动了令人窒息的拥挤。也冲淡了那股腾腾的杀气。王十二和王二十刚才还在拼死抵住巨大的人流。这时人群前仰后合地一松动。他俩顿时浑身脱力。软瘫在地上。王十二羞愧得无地自容。

王二十缓过一口气后。有气无力地作最后的抵抗。"王太太。那么老太太那天在你房里。到底对你说月圆之夜要干什么。"

王母接过话头。"夏大夫。我请你来。就是要告诉你这件事。那天我对青儿说。'青儿。你不是想做我的媳妇吗。我看你做不成我的儿媳妇了。索性做我的孙媳妇吧。'

"青儿道。'圣母。如如不是跟夏娃挺要好吗。'

"我说。'青儿。你不知道吗。如如现在跟夏娃像冤家对头似的。可整个通天塔这一台戏里。只有我你她三个女人。你不做我的孙媳妇。我就永无死期了。'

"青儿寻思道。'嫁不成老子嫁儿子。也算是还了我一个心愿。可是圣母。这么一来倪虹那贱人反倒成了我的婆婆了。'

"我劝她道。'虹儿做了你二十年的媳妇。也应该熬成婆婆了。'

"青儿也笑了。'圣母。我倒是愿意了。可不知道你那宝贝孙子要不要我这个老妖婆。他可是他那倔老子的儿子呀。'

"我满有把握地说。'这个你可以放心。这都是大神安排好了的。通天塔里会有不想要你的男人吗。何况他是通天塔里长大的。别忘了他老子可没进通天塔。你要是不信。就自己去问他吧。'"

王母说到这儿。笑着问施青青。"青儿。我后来也没再问你。如如到底怎么说。"

施青青突然忸怩地用肩头撞了撞王如如。"呆子。还是你自己说吧。"

如如涨红了脸道。"青青。我……我……"

夏娃冷冷地打断如如。"等我们走了再说情话也不迟。"

一阵哄笑。王先生们全都强装笑脸各怀鬼胎地散回自己的房间。王母和我一起走出来。脸色却阴晴不定。

我说。"老太太。今天是大喜的日子。你怎么反而心事重重。"

王母道。"夏大夫。青儿终是个祸胎。我也是出于无奈才这么办。谁知道她会不会替我生个重孙呢。再说通天塔里这么多疯狂的绿眼妖魔在边上瞅着。说不定青儿还不曾有喜。如如倒先有祸了。"

我说。"老太太。你不是常念叨说。大神答应你。等你孙子生了儿子。才让你去见老大吗。"

王母神情恍惚地道。"是啊。大神昨晚还给我托梦来着。但愿神话能够应验。"

100

等走廊里所有的人都走了以后。王十二和王二十依然忠心耿耿地守在门口。王十二惊魂未定。王二十却恨得咬牙切齿。

"十二。你还记得王太太叫我们替她找王先生时说的那番话吗。"

"怎么不记得。她对我说过的每一句话。我每天都要背上三遍呢。怎么啦。二十。"

"十二。她说她找到王先生就跟他离婚。然后嫁给我们两人中的一个。是不是。"

"是啊二十。她是这么说的。"

"可是十二。后来我们替她找到了王先生。她却说。'可是我还没有跟王先生结婚呀。'"

"是这样二十。打那以后她确实没有再结过婚。我一直盼着她再结婚。今天总算盼到了。现在我就等着她离婚了。"

"可我等不及了。"

"那你就别等了。我一个人等下去。"

"不十二。你也等不及了。必须有人进去把王如如杀了。"

"可是二十。有我们守在门口。谁又能进得去呢。"

"我们。"

"什么。我们。你……和……我。"

"对。你。和我。"

"二十。你疯了。不。不行。我不干。我不能让王太太伤心。"

"十二。你可真是个废物。王如如当众侮辱了我们。使我们成了整个通天塔的笑柄。我们今天不进去把这小子杀了。就真的永远只能做门外汉了。"

"这个……那好吧。你脑瓜比我灵光。我听你的。"

王二十和王十二退后两步。猛地撞开门冲进屋子。只见王如如已脱光了衣服仰躺在床上。施青青却不在床上。王十二没等王如如反应过来。猛击两拳把他打昏。王二十刀子一挥。王如如一声惨叫。

施青青正在卫生间沐浴更衣。闻声赶出来。"如如。怎么啦。"

王如如气若游丝地说道。"青青宝贝。我的……我的真如……变成了……假如。"

青青把如如捂在大腿根部的双手挪开。只见什么也没有。只有一片血如泉涌的空空如也。青青惊呆了。猛地。如如的手沉了下去。青青惊叫一声夺门而逃。她冲进电梯。目光呆滞地瞠视着指示灯。喃喃念着。"九……八……七……六……五……四……三……二……一。"

到了底层。施青青赤着双脚披头散发地冲出大厅。穿过草坪。冲向大门。只见大门已经被堵死。王一土正倚着泥墙在昏睡呢。青青找不到出路。又奔进通天塔。在底层大厅正撞见惊惶失措的王十二和欣喜若狂的王二十。

王二十狞笑道。"王太太。现在你该抛彩球了吧。"

施青青还没有答话。只见王先生们像瀑布一样从通天塔里倾泻而下。原来整个通天塔里根本没有人睡得着。想到此时此刻施青青正和王如如在合二为一。王先生们焦虑得肛门都要炸裂了。一听到王如如的那声撕破长夜的惨叫。王先生们跳起来冲出房间。浩浩荡荡地奔腾而下。连王一工也让王一士背着一起下来了。大厅里自然挤不下这么多人。人流就溢到了大草坪上。

王先生。让我吃惊不已的是。通天塔里九千九百九十九亿居民竟然能挤在这个小小的草坪上还绰绰有余。这再一次证明了你的无后主义实在是杞人忧天。

王母严厉地喝道。"青儿。你不跟如如在一起。跑到下面来干什么。"

青青哭道。"圣母。如如他……他的……结巴……好了。"

我心里一动。王母道。"那又怎么样。"

青青已经泣不成声了。"他……他跟王八一样了。"

我心里又一动。王母的脸色顿时就变了。"你……你胡说。"

青青对工十二和王二十摆摆手。"去把王先生抬下来。"

王母喃喃道。"即便如此。大神也会替他再装一个。现在什么器官都能移植。那话儿……自然也不在话下。"

青青一跺脚。"可他……他已经死了。"

王母大惊失色。几乎要站不稳了。"什么。你说什么。大神啊。你难道忘了你答应我的话了吗。施青青。你这个妖女。你把王族的最后一棵根苗也给毁了。我……我要了你的命。"

青青急叫道。"圣母。你等等。他……王如如他……必定不是你的孙子。你想想。否则大神绝不会不保护他周全的。他一定不是王子的儿子。肯定是倪虹那贱人跟什么野男人生的杂种。不然倪虹为什么要自杀。"

王母晃了一下身子。"青儿。你……你凭什么这样肯定。"

青青道。"圣母。王子是个死心眼。他既然立了无后教。就一定不肯自己坏了规矩。"

"那他为什么……为什么不把实情告诉我。"

"他是不愿让你伤心。"

"不。我还是不能相信。"

夏娃突然说道。"但是你们应该想到。王先生绝不可能让他的恩师做第二次王八。他之所以娶倪虹。就是为了不让王八第二次受辱。所以他实际上从来也不是倪虹的丈夫。"

这时王十二和王二十已经把王如如的尸体抬下来放在草坪上。王二十一听到夏娃的话。突然指着王十二怪异地痴笑起来。

"哈哈哈哈。十二。你知不知道。你的名字哈哈哈……实际上是……是一个半王八。哦嗬嗬嗬。"

王二十丝毫没想到被他欺负惯了的王十二竟会反戈一击。"可是二十。你比我更糟糕。你是两个半王八。"

王先生们一听说王如如死了。早就高兴得要大声喝彩了。但刚才施青青和王母正在冲突。谁也不敢笑出声来。此刻借着机会都举起手来指着王十二和王二十歇斯底里大笑起来。站在草坪中央的我。在这千夫所指万夫所指亿夫所指的巨大声浪中。突然被莫名的恐惧和强烈的罪恶感劫持。似乎觉得所有的指控都是冲着我来的。

我强笑一声。用手指着王如如的尸体道。"施青青。有一点对你很重要。恰恰不是你的王子。而是这个王如如。才是你苦苦寻找的白马王子。因为王如如正是白马亲王倪丘的儿子。或许你已经不该再称为王太太了。"说完。我拉着夏娃退到了一边。王二十也机灵地拉着王十二缩在一旁。

但王先生们的浪笑一经发动再也收煞不住。他们指着施青青和王母笑得更欢了。声浪一波未平一波又起。像月圆之夜的大潮一样波涛汹涌。仿佛要把通天塔整个儿掀翻。

王母和施青青对望一眼。脸色霎时都变得十分可怕。

王母惨笑一声。似乎是在自言自语。"很好。就算如如不是我的孙子。但杀如如的人在动手的时候。并不知道他不是我的孙子。他敢在王村的土地上对如如下手。就是在冒犯我。他敢使真相大白。他敢打破我的梦想。他敢粉碎我的最后一丝安慰。就该死。"她的声音一开始虽然很轻。但每一个人都听得清清楚楚。说到最后。这位慈祥的母亲已经声色俱厉了。

王先生们的笑声戛然而止。施青青微笑道。"圣母。凶手肯定还在这里。没有人能够逃出通天塔。唯一的那扇门也被堵死了。圣母。我替你把凶手找出来。"

"青儿。这么多人。黑灯瞎火的你怎么找。"

"你放心。圣母。即使在黑夜里。我照样能用鼻子分辨不同的男人。再说我有更好的办法。"

施青青隔空一扬手。王如如的头就滚离了身体。施青青捧起头颅。吻了一下王如如的嘴唇。如如的嘴似乎动了动。仿佛在默念着"生存还是毁灭"这个对他来说已经不成问题的问题。青青笑吟吟地掂了掂头颅说。"你们不是都在盼着我扔彩球吗。彩球来了。"她把王如如的头颅往空中轻轻一掷。这颗鲜血淋漓的彩球急速升上夜空。所有热切的目光都不由自主地追视着它而抬起了头。在这万众仰慕的一瞬间。那颗头颅突然射出一道强烈的冷光。所有的人都不得不闭上了眼睛。

"噗。"

"哼——咕咚。"

彩球落下来砸在一个人的天灵盖上。那人应声而倒。施青青缓步走过去。微觉惊讶。"王十二。没想到你也会有这个胆子。"她踢了王十二的尸体一脚。又一脸媚态地对惊呆了的王先生们说。"我这个魔球有一样好处。如果还有人参与了杀害我丈夫的行动。它照样能一个一个替我找出来。如果是王十二一个人干的。那么这回落下来不但不会砸死人。这位先生还将成为我的下一任丈夫。"

自视清白的王先生们立刻大声欢呼。施青青正要弯腰把王如如的头颅再捡起来。王二十突然用变了形的声音尖叫道。"等一等。我有话说。"

施青青不屑地笑道。"王二十。你愿意自首。那就更好。"

王二十竭力控制住战栗嘶声道。"王太太。你要是让我把话说完。我死而无怨。"

青青有恃无恐地退后两步。"好。你说吧。"

王二十提高了嗓门。"女士们……呃对不起。先……先生们。呃咳呃咳。你们听我说。别信这个妖女的话。即使你不是凶手。这个要命的彩球落在你头上。你也得倒霉。"

王先生们怒吼着轰他。但有些人愿意听他说说为什么。施青青也微笑着没有阻止。嘘声渐渐地平静下来。王二十道。"先生们。我们都被她彻底愚弄了。整个世界都被她彻底愚弄了。她说她只嫁姓王的。那样她就永远是王太太。可你们难道忘了在王城大伙儿背地里都叫她什么了吗。叫她什么。说呀。是男子汉的就大声地说。叫她什么。"

一部分王先生借着还没过去的那股疯劲壮着胆子喊道。"王三太太。"

王二十摇头道。"错了。错了。后来又叫她什么。"

更多的人跟着叫道。"王四太太。"

王二十还是大摇其头。"不对。不对。到底叫她什么。"

几乎是全体王先生齐声吼道。"王五太太。"

王二十大笑道。"不。不。老天。呃咳呃咳。你们知道她总共嫁过几个王先生吗。我给你们算算。王明萱是老大。王二自然是麻子。我们那位圣洁的王子是小三子。虽然那一次作案未遂。也得算。鬼子王丰是阿四。王老五是那个汪汪叫的狗子。我们尊贵的国王陛下倪九十九排行第六。这个王如如是王七。所以。无论哪一位中了她的头彩。都是一个不折不扣的活王八。愿意做王八的就往前面站。出来呀。"

但人群哗的一下向四面退去。王二十继续道。"先生们。除了那位在最后一刻逃婚而去的王先生以外。迄今为止所有娶过她的王先生都被她害死了。还有不计其数的人也因为她而死了。如果能做个风流鬼。死并不可怕。但这是一个彻头彻尾的大骗局。这是一个滴水不漏的大陷阱。这个通天塔压根儿就是一个想把人类一网打尽的集中营。进来的人还没有一个活着逃出去过。你们看。他们把最后一扇门也给堵死了。没门儿了。没有逃路了。

先生们。该清醒了。该齐心协力找一条出路了。否则大家都得死。因为她就是死神的女儿。她就是魔鬼的化身。快。快转过身去。不要再看她。她会勾了你的魂要了你的命。大伙儿快转过身一齐把围墙和栅栏推倒。快逃吧。再不逃就死无葬身之地了。"

王二十的话使王先生们恐怖得失去了理智。刚才拼命往前挤的人这会儿转身就往人堆里钻。连王一士也不管王一工被挤落在地。只顾自己逃命。靠在土墙上正做好梦的王一土被王先生们挤醒时。再要挤出来已经太晚了。眨眼之间。大草坪中央只剩下王母和施青青。以及作为旁观者的我和夏娃。

王先生们往栅栏和围墙上冲啊撞啊拥啊挤啊。但大部分人还是忍不住回过头来最后看一眼施青青和通天塔。暴露在内圈的王先生们脸冲着青青。身体下蹲。脚掌死死地抵住草地。用肩背拼命向后顶着。这是一场从里向外的攻坚战。这是一次绝无仅有的突围战。因为威胁并非来自外部。而是来自内部。曾经不得其门而入的王先生们。此刻却不得其门而出。任凭他们如何前后摆动胯部横冲直撞。铁栅栏就是纹丝不动。

但人群的内圈却越来越大。所有的人都被挤扁了。压小了。更由于极端的恐惧而变得像一群渺小至极的微生物。或是一群病毒。一群细菌。仿佛这场精神瘟疫不是这些细菌传播开来的。细菌们自己反倒成了真正的受害者。

施青青冷笑道。"圣母。不必费事找什么凶手了。实际上所有的人都是凶手。"

王母讶然道。"不会吧。青儿。"

"圣母。他们每个人都动了杀机。他们每个人都该死。"

"可是把他们全都杀死。王村也完了。"

"圣母。你还不明白吗。早就没有什么王村了。我敢说这儿没有一个人真的姓王。一个也没有。连你也不姓王。虽然你被人们称为王母。我当然更不姓王。我甚至已经连王太太都不是了。鬼知道我的那些丈夫到底姓什么。这个可笑的新王村。这个可悲的通天塔。整个儿是一个幻影。其实靠我们自身的力量。要重建王村是不可能的。再说重建王村是王子的事。不是我们的事。你说过我们是为了毁掉王城替王族复仇才活到现在的。现在。

所有的王城人都在这里了。让所有这些冒充王族的人都见鬼去吧。我和你跟他们同归于尽了吧。让我们这些见不得阳光的幻影和幽灵一起烟消云散了吧。让阳光重新光临这个古老的星球吧。那样的话。王子或许就会回来重建王村。我也该在最后时刻做一件让他高兴的事。"

王母无奈地叹道。"如果我也能随心所欲地想死就死。我又何尝不想死。我早就活得不耐烦了。恐怕每个人都像我一样在等死吧。只是他们不知道。或是不肯承认罢了。"

101

施青青一阵狂笑。突然围着地上王如如的头颅开始旋转舞蹈。同时唱起摄魂夺魄的哀歌。那头颅竟然也随着施青青的舞蹈在原地打转。施青青跳到哪里。它的脸也转向哪里。两只眼睛一眨不眨地盯着施青青。

施青青边舞边唱。并且开始一件一件脱衣服。但脱衣服并没有影响她的旋转速度。反而越转越轻快。越跳越疯狂。似乎脱掉衣服是卸下了灵魂的重负。随着她一件一件脱下衣服。全体王先生身上相应部位的衣服也同时飞向天空。

施青青的衣服已越来越少。从她身上散发出越来越逼人的寒气。那颗旋转的头颅的牙齿开始上下打战。发出有节奏的节拍。应和着施青青的舞蹈。寒气越来越重。施青青越转越轻盈。越跳越欢快。牙齿的节拍也越打越快。从施青青身上刮起一股阴寒的旋风。旋风把人圈越逼越大。王先生们被这股阴风逼着。紧贴在围墙和栅栏上挣扎着。

施青青终于脱得一丝不挂了。王先生们也一丝不挂了。突然从我脚边飞起几件衣服。立刻被旋风吹得无影无踪。我似乎觉得脚边有什么东西在蠕动。低头一看。惊骇得几乎不敢相信自己的眼睛。衣服原来是从王一工身上飞起来的。四肢只剩一截的他。此刻也已一丝不挂。他正顺着旋风旋转的方向。用他短短的四肢一圈一圈爬开去。似乎他也在寻找着出路。可是那水泄不通的人墙上无孔可入。无缝可钻。无隙可乘。他就这样坚持不懈锲而不舍地钻着拱着。绕着通天塔一圈一圈爬着。仿佛正在为通天塔举行一个隆重的告别仪式。

我把视线收回来。发现连王十二和王如如也都变得光溜溜的了。原来他们人虽死了。心却不死。我猛然醒悟了施青青的用意。还有比这更残酷的惩罚吗。所有的王先生梦寐以求的就是这一销魂的时刻啊。可是当他们终于如愿以偿。终于赤条条地面对赤条条的施青青时。那股来自地狱的可怕旋风。却把他们越推越远了。

施青青浑身上下剧烈地扭动着。摇摆着。颤抖着。抽搐着。卷起越来越强烈的风暴。王先生们突然都变得像白痴一样五官放弃独立。起初我还以为他们都在如痴如醉呢。但我很快意识到自己错了。王先生们绝不是在享受什么最后的眼福。因为施青青的高速旋转早已使人无法辨认她身上的任何细节了。

王先生们的面部已渐渐地模糊得像一个个煮熟剥壳的臭鸡蛋。每个人的手指和脚趾。手臂和大腿。从根部开始粘连起来。整个人体变成了黏糊糊臭烘烘的一团烂泥。最后。个体与个体之间的界限也彻底消失了。所有的王先生都返朴归真地变成了上帝创世前的原始尘埃。并且随着施青青的狂舞所掀起的飓风。这些史前灰泥又被死神之手狠狠地扔在铁栅栏上。砌成了一堵结结实实的钢筋混凝土围墙。

这堵伟大的城墙。这堵不朽的围墙。把通天塔围了个风雨不透。

可是施青青依然疯狂地舞蹈着。于是铁栅栏上的泥土又迅速地风干皴裂。剥蚀成碎片。扬起遮天蔽日的原始星云。整个世界阴风怒号。一切都被摧毁了。连通天塔也猛烈地摇晃起来。

夏娃对施青青大叫道。"不要跳了。停下来。别再跳了。"

可我知道施青青已经进入了迷狂状态。她已经视而不见听而不闻了。即使她能听见能看见。恐怕她也已经无法控制自己的狂舞了。因为这是时间之舞。所有的时间都将在这舞蹈中逝去。这是毁灭之舞。所有的世界都将在这舞蹈中毁灭。连同她自己。

102

　　就在一切的一切无可挽回地走向毁灭的时候。你。王先生。梦游回来了。你闭着眼睛。赤裸着身体。以梦游者特有的辨别方向的天赋直觉。径直冲向王一土用泥巴封死的土墙。土墙被你毫不费力地撞倒。为了拯救这些软弱无助的可怜生物。你毅然违背了自己的誓言。进入了通天塔。

　　王先生。你自以为这样就为被困死在通天塔中的人类找到了一条出路。我禁不住要为你大声喝彩。你差一点就成功了。但由于你最终没能勘破情关。既没有忘情于世。更不能忘情于人。所以你终于功败垂成。你醒悟得太迟了。你撞开通天塔的铁壁合围。仅仅是为那股毁灭一切的旋风找到了出路。

　　就在你冲进通天塔的同时。那股在围墙内激荡回旋的飓风夺门而出扶摇直上。一瞬间。施青青和王母。通天塔和王城。乃至你所幻想的一切。都灰飞烟灭。消失殆尽。

　　这时你睁开眼睛。盯着夏娃怔怔地看了很久。突然说。"阿惠。我找到太阳了。"

　　很显然。你把夏娃当成了你的梦中情人李惠。要知道。你就是因为失去了李惠才发疯的。可夏娃并不知道你的病因。所以她被赤条条的你看得满面通红。不知所措。

　　我急忙跑到你冲进来的围墙缺口处。果然不出我所料。草地上有一套熨烫得平平整整的礼服。那是王一土留下的衣服。由于所有的王先生中。只有王一土不是为了施青青才进入通天塔的。他也从来没有动过与施青青上床的邪念。所以当王先生们的衣服飞走的时候。唯独他才保住了文明的外衣。但他也不可避免地被砌在了自己亲手建造的围墙上。与所有的王先生一起玉石俱焚地变成了泥土。他造的那堵土墙在被你撞倒以后。也和所有的劫灰一起被飓风刮得荡然无存。只有这身被土墙压得平平整整的斑马服留在门口。证明王一土死得还算体面。

　　我就把王一土的衣服给你穿上了。但由于你刚进来的时候。我像所有的人一样把你当成了疯子。我当时并不知道你之所以不肯穿衣服是由于你心里根本就没有邪念。我当时还不太了解你。所以我几乎是粗暴地强迫你穿上了这身衣服。这当然很费了一番手脚。因为这套衣服对你来说确实太小了点。它本来就只适合那些渺小的人。而你王先生无疑是个巨人。你曾经是这个疯狂的世界里唯一清醒的人。要不是我现在已经充分理解了你。我还在睡里梦里呢。

103

尚大夫说到这里站了起来："好了！启程的时候到了，你们还有什么话路上再说吧。"

尚且惊讶道："什么启程？上哪儿去，父亲？"

"到天国去呀！飞船早已生火待发了。"

王先生笑道："夏大夫，我已经不打算去天国了，我突然发现我太爱这个疯狂的世界了。我甚至发现，人类的疯狂源于上帝的疯狂。上帝既不是死了，更不是病了，而是疯了。所以夏大夫，我劝你也别去天国了。因为上帝也救不了人类，人类只能自救。"

尚且吃惊地看着王先生。"什么'夏大夫'？王先生。你怎么叫我父亲夏大夫？父亲，你看你！王先生本来已经快好了，都是你中止了他的释梦疗程，现在他又旧病复发了。"

尚大夫得意地说："王先生本来是这个世界里唯一清醒的人，但我早就料到事情会颠倒过来。王先生，你因为情根未断又入魔障了。但毕竟你是我的施洗者，所以我今天花了一整天时间来点化你。我告诉你，绝不要再对这个世界抱任何幻想。这就是我和你现在最大的分歧。你和我一样认识到了这个世界的疯狂，但是你却还在做救世的迷梦。只有我知道这个世界已经彻底无药可救了！"

尚且打断他道："父亲，你怎么相信了一个疯子的疯话？对不起，王先生！你本来确实疯了，可是现在我和父亲已经差不多把你治好了。父亲，你怎么真的把事情搞颠倒了？你先是哄他说，他不是疯子；哄着哄着你自己也开始像他那样思想了。现在王先生快要痊愈了，你却陷在他的梦境里不能自拔，把自己当成了梦中人。"

尚大夫斥道："你才是梦中人呢！"

王先生十分认真地对尚且说："夏娃，你错了。你父亲是对的！"

尚且惊跳起来："什么！你叫我'夏娃'？"

尚大夫狂笑起来："你当然是夏娃！我是夏大夫，你是我的女儿。你不是夏娃还能是谁？"

尚且哭道："不，父亲。你怎么啦？我不是夏娃！"

尚大夫怒道："难道你不是我的女儿吗？"

"我是你的女儿，但我不是夏娃。你更不是夏大夫！"

"笑话！我不是夏大夫怎么会知道夏大夫对王先生说了什么？又怎么会知道通天塔里发生的一切？"

"那都是你的胡思乱想。你所知道的一切，都是按照王先生梦里的逻辑推测出来的。你所讲述的一切都是荒唐可笑的！我问你，王先生梦游只不过是一个夜晚的事，为什么通天塔里却过了许多年？王如如和夏娃怎么会一夜之间就长大了呢？"

"傻丫头，王先生不是去寻找太阳了吗？他不是一直没有找到太阳吗？王如如和你，就是在这漫漫长夜里长大的。"

尚且指着栅栏后面的落日说："父亲，你真是疯了！你说了一整天疯话，一直都在白日做梦。你回头看看，那不是太阳吗？"

尚大夫头也不回地鄙夷道："这种关在栅栏里的东西也配称为太阳吗？我告诉你，它只是那个疯狂的世界里那些疯狂的人们伪造的太阳，被它照亮的白昼是更具欺骗性的黑夜。"

尚且刚要开口反驳，王先生劝道："夏娃，别跟你父亲争论了。好罢。我把最后的谜底也告诉你了吧！倪采本来是想杀了我的，但是他怕把事情闹大了，所以就让你父亲夏凡把我软禁在通天塔里，并且宣布我已经疯了。为了掩人耳目，你父亲就假扮成了神经病大夫。那时候你还很小，不知道这些事。出于无奈，我又不得不用嬉笑怒骂装疯卖傻来麻痹倪采和你父亲。这样你就更信以为真了。不过幸亏你真的把我当成了疯子，才认认真真地记下了我这些真里掺假假里藏真的疯话，使我有机会说服你父亲从倪采的忠臣变成了我的朋友，而且让他意识到了他所肩负的重大使命。"

尚且看看父亲，又看看王先生，一时间，她不知道究竟该不该相信他们的话。

尚大夫跳起来狂热地大声嚷道："对，我就是王八预言的那个最大的先知。王八自己说过，他不是先知。王先生，你也不是先知。"

"是的，我不是先知。"

"但我是！我就是从天上下凡到人间来毁灭这个疯狂世界的灭世主。我告诉你，王先生。你永远也找不到太阳了，你也永远找不到彼岸了。你别做梦了，跟我一起走吧！我实在告诉你们，我来不是要叫地上太平，我来是要叫地上动刀兵。快跟我走吧！再不走就来不及了，已经没有时间了。"

"不！夏大夫，我不走。"

"你呢，夏娃？"

"不！父亲。"

"那好吧！我也顾不得你们了。"尚大夫一跺脚狂叫着奔进楼里。"既然通天塔够不着天国，我就让它腾空升起来。"

尚大夫奔进电梯，看着逐层下降的电梯显示板，嘴里大声命令道："现在开始倒数计时：九……八……七……六……五……四……三……二……一……发射！"电梯自动关上门然后向上开去。尚大夫在电梯里狂吼道，"毁灭的时刻到了！火箭升空了！哈哈！光，我看见了光。哈哈哈哈！创造世界的是一道光，毁灭世界的也是一道光。"

104

尚且痛苦得难以自持："王先生，这一切到底是怎么回事？究竟什么是真的，什么是假的。我都分不清了！"

王先生叹道："要分清真假，本来就不是一件容易的事，你又何必这么认真呢？"

"不！我一定要弄明白。"

"好吧！我告诉你，你父亲确实是疯了。"

"你既然知道他已经疯了，为什么还跟他一起胡闹？"

"我想要赢得他的信任，当然先得顺着他，就像当初他顺着我一样。别忘了现在一切都已经颠倒了过来。他已经成了我的病人，我却成了他的大夫。"

尚且心想，父亲既然能把王先生治好，王先生当然也能把父亲治好。人类正是互为病人和大夫的。于是心里略宽。

王先生继续说道："你父亲之所以发疯，是因为他错误地认为毁灭是必然的，不可避免的；甚至认为与其等待被毁灭，还不如主动拥抱死神，积极参与毁灭，制造毁灭，加速毁灭。但即使是他那道毁灭一切的死光，也反抗他疯狂的逻辑。因为当那道死光冒充太阳升起来的时候，所有仰望已久的眼睛将同时被刺瞎，一切幻影就会顿时消失，那样人类就有救了。因为人类不会再被美色所迷惑，也不会再为美色而疯狂。一旦人类都变成了瞎子，那么正如夏秋冬大夫说过的那样：'失明方能复明。'别忘了，那位夏秋冬大夫才是王八预言的比他更大的先知。"

尚且突然狡黠地笑道："那么我问你，瞎子！我美不美？"

王先生茫然道："你这是问道于盲。我是个瞎子，怎么会知道？"

"可是别忘了，你已经'复明'了！"

王先生突然满脸惶恐道："不！不不，不行！我不能说。"

尚且生气道："为什么？难道我很丑吗？"

王先生跳了起来："不！天哪！你简直太美了，美得不可思议，美得无以复加，美得令人目眩。任何一双没有见过你的眼睛，就像永远在黑夜里，那就跟瞎子没什么两样。任何一个人只要能看你一眼，宁愿永远变成真正的瞎子。因为你就是真正的太阳！"

尚且灿烂地笑了："王先生，不管你说的是真话还是假话，我都很高兴！"

王先生肃然道："不过这样一来，你也成了我的病人了，而我也只好勉为其难地做你的大夫了。"

“是的，亲爱的大夫！你还记得你刚到这里时，是根据什么断定我已经发疯的吗？”

“当然记得。”

“你说我念‘大夫’的‘大’时发音不够准确，说明我已经丧失了语言能力。”

“是的，狂欢节就是从语言的狂欢开始的。”

“你知不知道，‘大夫’的‘大’字我不但念的时候念不好，写的时候也写不好，尤其是写‘你是我的大夫’时，‘大’的一只脚总是要扭伤。”

“但我这个大夫也像夏大夫一样不会接骨，看来你的脚只能一直扭下去了。”

“那我就不得不找一根拐杖或是扶手了。”

“那样你就会走进疯狂的世界，迷失自己的本来面目，连自己是谁都不知道了。”

“我当然知道，我是夏大夫的女儿夏娃！而且我还知道，你到底是谁。”

“我是谁？”

“你就是飞临疯狂的世界上空的那只大蝴蝶！你答应过要把它给我的。”

“可那是我说的梦话呀！你可千万别当真啊！”王先生试图挣断那根风筝线。

“但我已经把你的梦话全都记下来了，你想赖都赖不掉。”她得意地扬了扬手里那沓厚厚的记录稿，阳光明媚地笑道，“这下你没话说了吧。”

尾

声

105

猴年马月狗日。王先生双手捧着地球。像捧着一颗长满杨梅大疮的癞痢头。把它转过来转过去。时而后仰。时而前倾。乜着眼左看右看。也没能找出任何可取之处。眼睛烂了。鼻子烂了。嘴巴烂了。耳朵也烂了。转到第九千九百九十九圈。王先生不得不摇了摇头。不再转了。他为它抹上肥皂。抓耳挠腮一番。顺手抽两个巴掌。然后猛地把它摁到高浓度的福尔马林圣水里。为它施洗。

水。无穷无尽的水。滔天的罪恶引来了滔天的洪水。地球一下子掉进了一个充满泡沫的大浴缸里。洪水淹没了一切。冲毁了一切。地球的嘴巴。地球的眼睛。地球的鼻子。地球的耳道。都被淤泥堵住了。

一想到恢复浑沌的地球又重新被洪荒之水当宝贝似的簇拥着。那洪水居然又不逃散到广袤的宇宙空间去。非要聚在这个连屎壳郎都嫌臭的粪球周围。发誓要把它彻底洗干净。王先生就不禁感动得要掉眼泪。

一想到这个宇宙中最肮脏的星球居然整个儿被香喷喷的圣水包装得天衣无缝而那圣水外面却没有任何东西兜着搂着。王先生就不禁激动得要赞美上帝。

106

王母一看见施青青开始跳脱衣舞。就知道王村真的彻底完了。王母看见儿子破墙而入时心里没有丝毫喜悦。她知道儿子来得太晚了。她知道儿子也是来送死的。她知道任何人都逃不了了。这回连她自己也死到临头了。她想起了王村第一次毁灭的时候。大儿子忘恩负义地抢先死在自己前头。弄得没人替她盖棺堆土。

王母最后看了一眼小儿子。这回我可非要死在儿子前面。这个儿子也够不孝的了。为了造什么通天塔。把祖坟也给挖了。现在我就是死了。也不能坐着棺材渡过冥河进入天国了。也再也见不着我的老大了。哎哟。瞧我。真是老悖晦了。我怎么把老大的那口圣棺给忘了呢。我这个小儿子还算不错。他临死之前撞破了通天塔。倒还替我留下了一条活路。不。一条死路。否则我逃不出那铁壁合围。想睡进圣棺里死。也不可能。

王母走到儿子撞开的那个豁口。突然被背后的狂风推着。不由自主地向不知什么地方狂奔起来。从豁口中旋转而出的飓风把所有的高山连根拔起。又像刮稻草人一样刮得无影无踪。飓风把地上的一切不平之物都荡平了。遮天蔽日的劫灰迷蒙了王母的眼睛。她彻底绝望了。我找不到圣棺了。

突然。她猛地向前扑倒了。一个念头闪过脑际。是什么把我绊倒了。她伸出双手狂乱地摸索着。不。不可能。是的。没错。肯定是圣棺。可是怎么会呢。深埋在地下的圣棺怎么会露出地面呢。难道飓风刮走了这么厚的土层吗。莫非大神要运走地球上所有的泥土。去重新凭空捏造另一种更完善的生物。投放到另一个更美好的星球上去吗。

大神啊大神。你毁灭了你所创造的。又何苦再创造你所毁灭的呢。得了。我又何必来管你的事呢。你爱瞎忙乎就忙乎去吧。爱瞎捣鼓就捣鼓去吧。我可要死了。我能死在圣棺里。也算是死得其所了。

王母最后回头朝王村方向看了一眼。顿时惊呆了。只见飓风的中心席卷了地球上全部的泥土。顺着通天塔输送到天上。撞在天顶上又四散开来。形成一个律动的。翻滚的。鲜活无比又壮观无比的巨大蘑菇。

王母喃喃自语道。可惜没人有口福品尝了。只能留给大神自己烧一锅鲜美的蘑菇汤了。王母猛地惊骇得心脏停止了跳动。蘑菇已经有了。大神就要倒水煮汤了。洪水就要来了。劫波就要来了。地球就要变成水星了。我再贪看美景。就要变成一个湿漉漉水淋淋的老太婆了。

王母回身用尽最后的全部力量。挪开了巨大而沉重的圣棺棺盖。但她再也没有力气自己爬进圣棺。她绝望地听见脑后那怒吼的洪水猛兽般向她扑来。唾沫飞溅到她的脖子上。在她的耳背上嘶嘶哈着气。就在她想"我终于还是免不了变成湿婆"的时候。比洪峰先到的气浪把她一下子掀进圣棺。但就在她仰面跌进圣棺的同时。她看见悬崖般陡立的洪峰已向她的身上压了下来。

王母已经根本来不及。也没有丝毫力气为自己合上圣棺的棺盖了。王母在欣慰自己终于和老大又在一起的同时闪过一丝悔意。早知道我最终还是得变成湿婆。我又何必连累老大也暴尸水葬呢。

可是洪峰的下端首先撞上了圣棺的底部。圣棺的底部猛地向前一冲。喀喀几声。棺底和棺盖立即合得丝丝入扣。怒涛几乎同时吞没了圣棺。王母只感到眼前一黑。默念着"我终于死了。我终于死了。"就觉得自己的灵魂脱离了身体。荡荡悠悠地出了窍。斜斜地向天上飘去……飘去……

107

我在黑暗中飘离了世界。我在黑暗中和他合为一体了。灵魂合一了。肉体也合一了。如果我还有肉体的话。我感到我已经进入了极乐的天宫。我又非常奇怪但也非常真实地感到。极乐的天宫进入了我的体内。我似乎真的感到我确实有一个身体。而且似乎是一个新的身体。我几乎感到飘飘然了。如果黑暗是如此甜蜜。我甚至不愿意进入永远光灿灿的天国了。我愿意在这黑暗中飘飘然直到永远。飘啊飘……飘啊飘……不知飘了多久……

我感到一个新的灵魂在我的灵魂里萌生了。或许就像肉体会生育肉体一样。灵魂也会繁殖灵魂吧。飘啊飘啊……不知又飘了多久……

我感到一个新的生命在我的生命里搏动了。我感到这个新生命是有血有肉的。完全真实的。并因此感到我自己早已死去的生命复活了。飘啊飘啊飘啊飘……又不知飘了多久……

我感到轻飘飘的感觉在飘忽不定中渐渐地飘逝了。我的肉体沉重了。我的灵魂也沉重了。一切都开始变得沉重起来。我感到我已经不是在向上飘了。我正在向下飘落……我正在飘落下去……

突然。一切都静止了。狂欢结束了。舞蹈停止了。

108

寂静。死一般的寂静。永恒的寂静。绝对的寂静。

突然。喀喇喇一阵巨响。我紧闭的双眼竟看到一片鲜红。我睁开眼睛。

哦。太阳。真正的太阳。崭新的太阳。正挂在天顶。但强烈的阳光竟使我眼前一黑。我不得不又闭上了眼睛。我不敢再盯着太阳看。我坐起来扫视一下四周。这才彻底清醒过来。并很快确认了如下事实。

首先。此刻只有我一个人。没有我的老大。连老大的骨骸也没有。

其次。我一个人实际上是两个人。老大似乎已化作圣灵进入了我体内的宫殿。

再次。我此刻并不在圣棺里。我正坐在一个巨大无比的银杏树桩的中心。我数了数年轮。这棵银杏树的树龄是九千九百九十九年。这棵参天大树曾经是旧世界的擎天柱。它和旧世界一起毁灭了。只留下这截树桩。作为新的历史舞台。又仿佛是众神嬉戏的箭靶。圣棺飘落到这里。被阳光曝晒得干裂开来。彻底散了架。把我暴露在靶心。

另外。树桩正处在一个小岛的中心。小岛正是倒塌的通天塔留下的废墟。小岛的四周是无边无际的祸水。这祸水以我。以树桩。以小岛为圆心。向外扩展着无穷无尽的圈圈漪沦。

最后。我确信这是目前地球上唯一露出水面的陆地。因此圣棺绕着地球环行一周后。又回到了原地。我从王村出发又回到了王村。圣棺从此岸出发去寻找彼岸。却又回到了此岸。因为此岸就是彼岸。彼岸就是此岸。

这时我听到一声狗吠和一声婴儿的啼哭。为老大殉葬的义犬诺亚。正在狂舔着我的面颊。我生下了一个儿子。我给他取名叫王明萱。这个王明萱与原先的王明萱唯一的不同是。他长着一条长长的狗尾巴。

109

等小王明萱长大后我才知道。两个王明萱的区别不仅仅是一条尾巴。

因为所谓长大其实根本不大。这个王明萱只有第一个王明萱的九分之一那么大。

春天来了。银杏树桩的旁边。那光秃秃的不毛之地上。长出一丛巨大的"大"字形青草。我依稀记得这是唯一没有随通天塔一起飞上天去的那个人的遗泽。先前的人类似乎称他为"酒神"。

小王明萱虽然不大。但他在这片青青芳草地上。却成了我的第二个王老大。或者说。我成了这个小王明萱的小施青青。于是枯死的银杏树又抽出了新芽。祸水变成了生命之水。

我很快就为第二个王老大生了一个女儿。我为她取名叫王英娥。

小施青青很快就为小王明萱生了一个儿子。可大王明萱没有儿子。我不知道该叫小王明萱的儿子什么名字。我突然省悟。王明萱是我的儿子。王明萱的儿子就是我的孙子。我的孙子当然叫王如如。

我猛地想起了大神的预言。"儿子和孙子其实是一回事。"大神还说过。"语言就是命运。"我惊出一身冷汗。看来。语言就是预言。

小王英娥和小王如如这一对狗男女。当然也都有一条狗尾巴。于是我发誓不再生儿育女。因为我的王老大已经不存在了。王明萱的施青青也不存在了。

我和小王明萱开始按照真人大小——也就是以那丛"大"字形青草为模特——用石头雕刻王先生们的头像。

小王明萱问我。"为什么要造这么大的头像。"

我说。"因为他们的头本来就有这么大。我现在一想起他们来。头也大了。"

小王明萱非常吃惊。"他们是谁。"

"他们是……是……他们是……"我居然也结巴起来。似乎王如如不再结巴了。就该轮到我结巴了。我突然想到。也许我的话不能算撒谎。王先生们的病。那些神曾经生的那种疯病。大概已经好了。于是我坦然道。"他们是神。"

"神是什么。"小王明萱的表情天真得好像天就是真的。

"神就是神。"我板着脸斥道。"永远不要再问这个问题。"

小王明萱不敢再问了。可是小王英娥和小王如如白天用尾巴倒挂在银杏树上荡秋千。晚上却天天缠着我给他们讲神的故事。我把所有的神话都告诉了他们。我对他们说。"神和人同形同性。"我不敢让他们知道。那些神虽然跟他们样子差不多。块头却要比他们大得多。我更不敢让他们知道。那些神早已没有尾巴了。因为我不愿让他们为自己的尾巴感到羞耻。我更不愿让他们像众神那样割掉尾巴从树上下来。使眼中的世界颠倒过来。

　　我也没有告诉他们。我只雕刻众神的头像而不是雕刻众神的全身像。正是为了保守这个关于尾巴的秘密。这样我死去以后。这个秘密就永远没人知道了。

110

　　当小王英娥怀上了小王如如的孩子的时候。我知道我的死期终于到了。因为我和大神订下了契约。一旦我的孙子为我生下重孙。我就能死了。我忍不住想到。如果这个王如如和原来的王如如一样没有生育能力。那么我就能永远活下去。究竟哪一种更好些呢。我竟不敢肯定了。我又想。幸亏人类可以把不堪忍受的生之苦难扔给下一代去忍受。否则。人类大概早就绝望得绝种了。

　　小王英娥临产的时候。正是我临死的时候。这是生死交替的时刻。这是昼夜交替的时刻。此刻正是黄昏。我知道旧的太阳正在落下去。但我更知道新的太阳正在升起来。而最令我欣慰的是。我为王先生们雕刻的头像全都眼睛一眨不眨地面向东方。明天早上。我虽然已经死了。但他们将会看到惊破残梦的第一道曙光……

跋　语

余弱冠远游，偶过九华地藏道场。于山巅见肉身菩萨金身，乃惶惶然鞠躬如也。俯仰之际忽生疑窦：彼肉身菩萨，真得道者耶？真心净者耶？真无欲者耶？果然，则高居道山焉能普渡？不事普渡岂得独善？既独善矣何惧入海？乃顿然有省：彼山居者，殆惧软红、远百惑者也。因羞与为伍，自命肉身凡胎曰：远山。

余初降尘寰，即有慕道之心，寡言而多问，然每不以长者所答为然，且不好童稚之戏，惟镇日枯坐无禅之禅而已。六岁习书画，酷嗜丹青；七岁始发蒙，学无难事；十岁尝操琴，旋以他人心曲难抒胸中之意而止；年十三，复以绘事无补求道而辍；遂潜心物理，其时尚不知末技亦无益于末世也。

十五遇郭女，彼长余三岁。豆蔻悦慕，铭心刻骨。年十七，郭女谓余宜于学文，断言必有大成，且遥想其情其景，作陶然欲醉状。为悦所欢乃毅然易辙，为早遂其愿则心无旁骛，苦吟苦读。岂知苦中犹有至乐，乃乐而忘情。彼始而怨望悔其劝，余终以不悔失其欢。时年十九矣。乃病卧榻上，面中发一巨疣。痛下毒手拔之，情毒遂解。唯隆中至今尚存遗迹。

痛定思痛，忽于似梦非梦之境蒙赐天书，略谓"得之于大西洲前人类文明之遗墟，因缘际会假汝之手传世"云云。乃示诸友辈，竟未有识其文者。余谛视之，则依稀半解。乃省前此扰攘种种，皆所以动心忍性，曲为导引也。遂割爱别情，发愿译出。

初览此前人类之遗篇，其字则类乎篆籀，其文则平淡无奇，然动译之时始知其与今世任一语言迥异。恍兮惚兮，其中有道；真如假如，如假如真；如真如假，王城王村；无后有后，失明复明；白马非马，王子非子；通天塔，入地狱；代言人，替罪羊；妙人兒倪氏少女，臭小子孙辈自大；调色和调情与色情无涉，作爱与作画于爱画有碍。方信显语奥义，扑朔迷离；一梦一体，百变千幻；寓言十九，乱话三千；嘻笑怒骂，歧义迭出；此起彼伏，山重水复；前勾后勒，柳暗花明。始知小子狂妄，几欲罢手。惟天命所遣，未敢玩忽。遂屏息万念，面壁八载，然后不揣鄙陋，强作解人。非敢自诩彻悟其旨也，但求无愧我心而已。

庚午动工之际，尚课读两班顽童，故未敢冀其速成。岂知下笔若有鬼助，倏忽一阅月，《通天塔》即告初成。复马不停蹄费时五阅月，将《通天塔》内外装修毕。装修之时，蒙吾友周君泽雄慷慨援手，代为译出"结巴街街训"之上联："见了女人就结结巴巴的巴巴结结"，佳译无双，未敢掠美，特此鸣谢。惟拙译下联"吃过荤腥便稀稀拉拉的拉拉稀稀"之拆烂污，诚如王如如之狗尾也。

故虽三易其稿，略无自许。惟以此梦未醒，复于似梦非梦之境得另一天书，喋喋聒耳，片刻不得安宁。辄思梁园虽好，尚非久留之地，况不好不佳若此疯人院乎？遂以"通天塔永无竣工之日"自解倒悬。

1990年3月1日—8月7日

相关附录

《通天塔》游览须知

一、《通天塔》是大寓言，是大悲剧，更是大喜剧。

二、《通天塔》与一切现存文学作品、哲学著作毫无相似之处。已有人称《通天塔》是小说，是史诗，是诗剧，还会有人把各种现成的文学分类标签贴在《通天塔》之上，然而一切分类对《通天塔》都毫无意义。一位研究小说理论的博士认为：不可能用任何现成的小说理论（包括"后小说"乃至"超小说"）解剖《通天塔》。可惜他又建议：应该组成一个有文学博士、哲学博士、神学博士、心理学博士、语言学博士……参加的专家小组，共同"会诊"三年，解开《通天塔》的结构之谜。

三、《通天塔》并非论文。"专家"会把《通天塔》当成论文，"会诊"则把《通天塔》当成"病人"，其实"专家"才是当代社会的"病人"。

四、《通天塔》并非智力游戏。自以为读通《通天塔》的人，可能认为它是一个超级智力游戏。承认读不通《通天塔》的人，也可能认为它是一个超级智力游戏。然而这不能证明他们智力超群，只说明他们没有真正读通。

五、《通天塔》不是让"专家"和"病人"解闷消遣的超级智力游戏，《通天塔》是写给身心健康的普通人看的。"病人"只能通读《通天塔》，通人才能读通《通天塔》。

六、《通天塔》通天彻地，既非"象牙之塔"，也非"狗牙之塔"。通俗作家读完《通天塔》，或许会意识到自己不够通俗，狗嘴里吐不出象牙。吐不出象牙，未必是太俗，但似乎有些不通。高雅作家读完《通天塔》，或许会意识到自己不够高雅，象嘴里吐不出狗牙。吐不出狗牙，未必是不雅，但似乎有些不高。

七、《通天塔》通体透明，它是谜宫，但并非迷宫。《通天塔》之谜，就是历史与现实之迷。《通天塔》的谜宫，囊括了历史与现实中的一切迷宫。《通天塔》建造谜宫，是为了消解历史与现实的迷宫。读懂《通天塔》，足以解开历史与现实之谜，足以走出历史与现实的迷宫。

八、《通天塔》游览定律：仅有孤证必定此路不通。《通天塔》的每一句话，都有不止一个寓意。第一章的某句话，会与第四章的另一句话联系起来而走向反面，也会与第七章的某句话碰撞后走向消解。因此每一个正确的理解，至少能在《通天塔》里找到两个内证。

九、每一个坚信"生命的意义高于生命的存在"的人，都能顺利进入《通天塔》。《通天塔》只提出问题，不给出答案。因为鲁迅早就说过，塔是终究要倒的。

1994 年 9 月 29 日

（本文于 1997 年 6 月 10 日与《通天塔》电子版共同上传
"文学橄榄树"网站，两版纸质书未收。）

《通天塔》出版前记

　　1981年，我十九岁，正在读大学，产生了《通天塔》的最初构思。1990年，我正式动笔完成了这部作品。随后是谋求出版的十一年。现在是2001年，我已经三十九岁了。此书从萌芽到问世，历时二十年，对我来说并非意外；倒是现在居然能够问世，对我来说是个意外的惊喜。二十年来，中国和世界已经发生了巨大的变化，但《通天塔》是一部穿越时空之书，二十年对它来说只是一瞬间罢了。我从未怀疑过《通天塔》能够在我有生之年获得出版，所以也从未着急过——我把它的命运看成我自己的命运，而我对待命运的方式不是所谓的扼住其咽喉，而是在许多人看来近乎消极的安时处顺——用《通天塔》里的话来说，就是"静听动静更动听"。倒是我的朋友们，为它的出版而殚精竭虑。在此我要感谢所有的朋友，但我更要感谢的，是《通天塔》的每一个读者。

2001年9月1日记于沪北新居"道在家里"

（本文见于《通天塔》中国工人出版社2002年10月第1版。）

《通天塔》三题

一 《通天塔》：一个疯子眼中的世界

《通天塔》是我写作生涯中的一个意外，但我不知道是悲是喜。在此之前，我从未想过要写小说。由于我自幼就把当年那种毫无魅力的伪文学当成了真正的文学，因而我从来就不认为自己是一个"文学爱好者"；也由于"小说"是现代文学中的标准形式，因而我也从来不是一个小说爱好者。在我写出《通天塔》之前的九年酝酿期内，我也从未想过这部书会采用小说形式。

撰写《通天塔》的最早念头产生于1981年，当时我正热衷于写诗。因此《通天塔》的最初构思，其形式是长篇叙事诗，其内容是一个疯子对世界的看法。这起因于我从小热衷并终生保持的逛动物园爱好。我猜想，在起隔离作用的铁栅栏两边，对峙着的人与动物，其观感可能正好相反：在人的眼里，固然是动物被关在笼子里；但在动物看来，又何尝不是人被关在天地逆旅之中？我难以释怀的是，既然人与动物都是上帝的造物，为什么要强行加以隔离？当我成长起来并日益深入地接触了人类的社会生活时，我发现人与动物的隔离起因于人与人的隔离，后者已成为人类文明的一个死结。于是我从思考人与动物的隔离，进而思考人与人的隔离。而动物园栅栏的天然对应物，正是疯人院的栅栏。我相信在"栅栏里"的疯子眼中，正常世界的人们也在"栅栏里"。从正常人的角度来看，当然是疯子被关在"栅栏里"，但《通天塔》将采用疯子的"观点"。

1990年初，我在宿命般强大的外力驱动下，无法遏制地打破了大学毕业后十年内（1984—1994）不写散文作品的自我戒律。在喷薄而出的创作过程中，我不由自主地放弃了诗歌形式，写成了小说体的《通天塔》。小说中的大部分情节、细节乃至人物，在落笔之前几乎都没有清晰的轮廓，我的感觉就像是机械的听写，仿佛冥冥之中有一个声音在向我口述。在近乎"超现实主义"的自动写作过程中，我坐在空无一人的校图书馆阅览室内，先是灵魂出窍的入定，然后就是文不加点的记录，把自动涌现的文字倾泻在五百格稿纸上，每天顶多写下十页，我就会精疲力竭，嗒然若丧。从三月到八月，这个过程持续了半年时间。《通天塔》完成后，我有一种极度的虚脱感，仿佛我的全部生命都已倾注其中。

不难想象，由于《通天塔》的叙述角度是疯子的观点（但未必是我的观点），因此这些看法与大多数人的正常观点是相悖的。对疯子来说极为自然的想法，也许在常人看来皆寓有深意。从文学修辞来看，《通天塔》似乎通篇都采用了反讽手法，这符合令我着迷的老子思想：反者道之动。

《通天塔》完成后，开始了漫长的谋求发表和出版的十一年过程。我几乎投过国内所有能够发表长篇小说的大型文学杂志，外加近十家出版社，虽然许多编辑都曾热情鼓励，打算发表甚至考虑出版，但最终都无一例外地无疾而终。认识和不认识的许多朋友，读完《通天塔》后都告诉我：非常意外，没想到这部小说这么好看。我想这是对作者的最高褒奖。虽然《通天塔》长期没有机会发表和出版，但《通天塔》为我以后的写作营造了一个安定的写作环境：1995年，一位女读者读完《通天塔》后，成了我的妻子。在住了整整十一年集体宿舍以后，我终于可以在自己家里写作了。先于《通天塔》出版的七八部拙著，都是在1995年以后完成的。这是《通天塔》对我个人的重大赐予，为此我对世界和命运充满感激。

颇为令我意外的是，本书责任编辑岳建一先生日前告知，《通天塔》首印九千册已经在刚刚结束的北京冬季书市上售罄，正在加印五千册。这也许说明，中国读者非常渴望摆脱半个世纪以来的伪文学那噩梦般的纠缠。

2002年1月19日

二 《通天塔》：一个匪夷所思的故事

酝酿九年之后终于写出的《通天塔》，在完成十一年之后终于得以公开出版。我不知道身为作者，应该对《通天塔》的命运持感激态度还是愤激态度。中国工人出版社的著名编辑岳建一先生希望我能写点什么。我能写什么呢？十一年过去了，越过了二十世纪热闹非凡的整个九十年代，《通天塔》已经不属于我个人了。在十一年的流传过程中，《通天塔》已经与作者无关，成了一部完全属于读者的书——无数读者曾在网上和电子书光碟里读过它。作者不仅无权再改动它，甚至也无权再对它说三道四。该说的都写在书里了。如果新世纪的读者依然能从这部书中得到一些阅读的乐趣甚至思考的乐趣，我想我能说的只有感激二字。

我相信更多的读者不会关心一部书的命运，而是更关心一部早就完成的书是否已经过时，而这取决于《通天塔》到底讲了一个什么样的故事，讲得怎么样。我记得有一种观点认为：人类所有故事的源头都在印度，在印度人创造了浩瀚的"故事海"之后，后人唯一能做的就是改编印度人的故事原型。另外一种观点认为，所有的作家都在不断重写"阳光底下无新事"的那个古老故事。但我对《通天塔》抵抗时间淘汰的质地充满信心，于是我交给岳建一先生的是《通天塔》的故事提要（借用了十四行诗的形式）：

王城的国王灭了王村和施庄，在这片土地上建造通天塔。
王村的唯一幸存者是一个救世男孩——倪世遗。
施庄的唯一幸存者是一个绝世美女——施青青。
他们分别来到王城，差一点结了婚。

他逃离王城，在大西洲遇上了梦中情人。
她留在王城，门外的求婚者排起了长队。
为了灭掉王城，她嫁给了仇人——老国王。
为了灭掉王国，他娶了仇人的女儿——成了新国王。

但他继承了仇人的梦想，执迷不悟地建造通天塔。

通天塔眼看就要建成了，王城人争先恐后地投奔王村。

王城毁灭了，王村复兴了。

然而新老国王合力建造的通天塔，很快就倒塌了。

疯子问：人为什么要问为什么？

傻子说：一切真如都是假如。

正如故事提要最后两行所述：《通天塔》讲的是一个疯子和一个傻子的故事。

一个认定整个人类已经疯狂、整个世界即将毁灭的人发疯了，他被送进疯人院。但他以为他不是被送进疯人院，而是将被宇宙飞船送往天国，向上帝报告人类的倒行逆施。当他隔着疯人院的栅栏观看世界时，与正常人的看法正好相反：他不是认为自己被关在栅栏里，而是整个世界被关在栅栏里；不是他被关进了疯人院，而是整个世界被关进了疯人院。医生借口宇宙飞船发生了故障，在疯子不知情的情况下诱使疯子接受了精神分析治疗，于是疯子讲述了六个梦。众所周知，没有一个疯子会承认自己是疯子，因此医生为了不刺激他，不得不哄骗他：你的想法一点也不疯。于是疯子喜滋滋地大说疯话，当疯话差不多说完时，疯子已基本痊愈，疯子的想法已接近正常人的想法。但医生对疯子的疯话越来越着迷，最后全盘接受了疯子的观点：不是他疯了，而是整个世界疯了。医生认为，疯子现在的痊愈，恰是真正疯狂的开始。于是医生对疯子大为不满，抢过话头，在第七个梦里按疯子的逻辑续完了整个故事。

我在《通天塔》的扉页上引用了法国思想家帕斯卡尔的名言：

人类是命定的疯子，

以至于只有再疯一次，

才有可能不做疯子。

按照《通天塔》的逻辑，每个读者都是命定的疯子，如果阅读《通天塔》能够有助于读者再疯一次，从而最终不做疯子，那就是作者的最高幸福了——当然，这是一个傻子的想法。

2002年1月21日

三 零售《通天塔》

我于1990年完成《通天塔》之后的三五年内，对《通天塔》在短期内的正式发表和出版还抱有不切实际的幻想，在投稿上花费了大量精力。处处碰壁的结果使我不愿再浪费时间，但我又非常不甘心，心想难道就没有一个人认为这部小说有点意思？既然大批量出货有困难，我何不把《通天塔》的七宝楼台拆散了零售？或许有人看了零售的样品觉得不错，进而考虑批发也未可知。

想到就干。于是我从《通天塔》第六章"土曜日之梦"里选出一个片断，改写为短篇小说《沙漠中的荷马》，投稿《上海侨报》，没想到很快就发表了（见该报1993年7月27日）。我来了劲，不过想到改写的能够发表无法证明未改写的原稿也不错，我索性从第六章"土曜日之梦"中原封不动地选出一个片断，取了个标题"一见钟情"，寄给《女友》杂志，结果又很快发表了（见该刊1995年增刊）；但我又近乎自虐地进一步自我拷问（可见出版渠道不畅对作家的折磨和摧残有多厉害）：原稿的抒情部分有人喜欢，依然无法证明原稿的故事部分也有人喜欢。于是我一不做二不休，又从第三章"水曜日之梦"中原封不动地选出一个有情节的片断，取了个标题"传统"，寄给《海上文坛》杂志，居然又很快发表了（见该刊2000年第3期，此篇后来又在《书屋》选载拙著《故事的事故》时发表了一次，见《书屋》2001年第2期）。2000年6月，我又把《通天塔》中的"静听动静更动听"作为上联，在"思想的境界"网站上征集下联，反应也颇为热烈（详情参见拙著小品集《吊驴子文》中的《告应征下联的网友》和《再告应征下联的网友》，春风文艺出版社2001年8月版）。

就这样，我做完了证明题：《通天塔》长期不能正式发表和出版，不是因为写得不好，而是因为编辑没眼光或出版体制有问题。既然如此，我也没必要再浪费时间精力了，就把《通天塔》传上网（"文学橄榄树"网站1997年6月10日），不再为它瞎折腾。

然而我刚刚放下，却有人主动找上门来。2000年9月，《网络文学》杂志的编辑林瑟发来电子邮件，说《网络文学》打算刊出《通天塔》第一、第二、第五章，征求我同意。虽然《通天塔》的任何局部都会牵一发而动全身，部分发表会给阅读和理解带来几乎不可逾越的障碍，但是我想：一下子发表三章，差不多可以算是小批量批发，毕竟比零售强。略作犹豫之后，我还是同意了。2001年2月，我收到《网络文学》第2期样刊，打开一看，只登出了《通天塔》的第五章《金曜日之梦》。我不禁哑然失笑：还是零售，只不过是大批量零售。

感谢所有零售《通天塔》的报刊和编辑，这些零售预示了最终的一次性清仓。

最后，我应该诚实地告诉读者，由于我无法预知《通天塔》何时才能一次性清仓，就把《通天塔》片断《一见钟情》收入了我的小品集《人类素描》，又把《通天塔》片断《传统》收入了我的小品集《故事的事故》。由于我不可能在《通天塔》正式出版时把这两个重要片断删去，给重复购买的读者造成了一定的损失，我愿意向这些读者表示歉意。

但愿其他作家的呕心沥血之作，不再经历"零售"的尴尬。

2002年1月22日

（本文第一节未曾发表。第二节刊于《青岛晚报》2002年1月29日、《博览群书》2002年第3期。第三节经舒晋瑜改写，刊于《中华读书报》2002年2月27日"好书曾经无人喝彩"专版。）

跨越时空的《通天塔》

一　《通天塔》与九十年代：寓言还是预言？

"众声喧哗的九十年代"被公认为对"后新时期"的中国现实和文化状态的一个确切品词。"喧哗"两字都有一个口字旁，因而九十年代是一个只顾说嘴的年代。九十年代既与"乱说乱动"的八十年代不同，也与"不许乱说乱动"的七十年代之前不同。九十年代只允许"乱说"，但不允许乱动。

九十年代是不严肃的，比七十年代以前还要不严肃。整个九十年代，中国人没一点正经——这就是九十年代数最没正经的王朔和王小波风头最劲的原因，尽管这两个没正经的人本质上完全不同：一个是没正经的小丑，一个是没正经的大师。所谓"众声喧哗"，其实是关于九十年代的一种极不可靠的"说法"，是被全体国人心照不宣地接受的一种自欺欺人的"说法"。这种不可靠和自欺欺人的"说法"似乎在暗示，所有的声音即"众声"，都有了自由传播的机会。实际情况当然决非如此。

中国的九十年代开始于什么呢？对此远未达成共识，有的只是众声喧哗。但对我个人而言，九十年代开始于我的长篇小说《通天塔》。这当然只是我个人的观点，这种观点不仅远未达成共识，而且根本没人知道——因为创作于1990年，预言了九十年代中国现实的《通天塔》，在整个九十年代没有机会得到出版。直到十一年之后，当中国人借着人为设定（因而也颇有自欺欺人之嫌）的时间单元交替的助力，并在一系列近乎凑趣地齐来助兴的好运降临之后，我的《通天塔》才获得了姗姗来迟的出版机会。然而此时此刻，当全体国人轻松潇洒地"挥挥手不带走一片云彩"，告别了九十年代之后，《通天塔》的出版似乎已经不合时宜。

其不合时宜，在我的朋友李静那里得到了证实。李静认为《通天塔》的"蓝本"是九十年代的中国现实，仿佛《通天塔》写作于九十年代终结之时，这可能是《通天塔》晚了十一年出版最容易导致的一个错觉。不少人认为，《通天塔》是关于九十年代中国的一个寓言。这大致是不错的，或者说虽不中也不远。因为，即便创作于九十年代之后，《通天塔》照样可以是关于九十年代中国的"寓言"，但却不可能是关于九十年代中国的"预言"。然而事实却是，《通天塔》创作于九十年代刚刚开始之时，它确实是关于九十年代中国的寓言，但更是关于九十年代中国乃至九十年代之后中国的预言。因此，认为九十年代中国乃至九十年代之后的中国，是以《通天塔》为"蓝本"而展开的，无疑更为确切。但我不是要为自己赢得"预言家"的荣誉，我想说的仅仅是，我无时或忘地衷心期望这一"寓言"或"蓝本"对"九十年代之后的中国"不再具有概括力。事后的寓言是回溯的，而事先的寓言则是向未来展开的。自九十年代开始以来，我的与日俱增的痛苦是，这样的现实还要向"未来"展开到何时才能终止？《通天塔》作为预言何时才能失效？

1990年，当我想象着生不如死的"未来"而写作《通天塔》时，我多么希望九十年代乃至以后的中国现实，不要被我不幸而言中，那样我将把《通天塔》像噩梦一样挥挥手忘掉，与全体国人一起"团结一致向前看"。然而不幸的是，现实像噩梦一样在那里，而且阴魂不散地挥之不去，因此《通天塔》这个"现实的蓝本"，恐怕暂时还有存在的价值。

二　作为"反乌托邦"小说的《通天塔》

我在1990年写作《通天塔》时，根本没听说过"反乌托邦"小说，更没有接触过著名的"反乌托邦"三部曲：扎米亚京的《我们》、赫胥黎的《美丽新世界》、奥威尔的《一九八四》，倒是读过柏拉图的《理想国》、托马斯·莫尔的《乌托邦》、康帕内拉的《太阳城》和埃蒂耶纳·卡贝的《伊加利亚旅行记》等"乌托邦"哲学著作。直到六七年后，我才读到了这些"反乌托邦"小说，并且意识到《通天塔》这部不同于传统小说的特殊小说可以归入"反乌托邦"小说。当然这是事后追认的，写作之时并没有明确的意识。

必须承认，我读过的"反乌托邦"小说没有一部是我喜欢的。从艺术角度来看，我认为那些"反乌托邦"小说基本上是不成功的，没有一部称得上伟大，无法与并非"反乌托邦"小说的其他伟大小说相媲美。"反乌托邦"小说由于其特殊性质，固然可以有一些并非"反乌托邦"的其他伟大小说不具备的特点，正如侦探小说、武侠小说也可以有一些自身特点，但衡量小说伟大与否的标准，不会因为侦探、武侠或反乌托邦而有所改变。也许直到现在，"反乌托邦"小说依然是小说家族中一个数量极其有限的品种，因此它不可能很快就出现真正伟大的作品。迄今为止最伟大的反乌托邦小说《一九八四》被认为"只是瞬间的伟大，它的伟大力量只作用于我们，作用于现在，这一代人，这十年，或者只有今年，也许它注定要成为时间的抵押品"。(马克·舒勒，见《西风吹书读哪页——〈纽约时报书评〉100年精选》)而我们无疑期望不仅仅是"瞬间伟大"的反乌托邦小说经典。

因此，我不希望《通天塔》仅被视为"九十年代中国的预言"。我认为好的反乌托邦小说必须超越时间和空间，反乌托邦不应该仅是政治预言，而更应该是哲学寓言。一部好的乌托邦小说不能仅仅满足于讽刺（甚至更等而下之地影射）某个体制，而应该成为对一种普遍的人类精神疾患的诊断和救赎。乌托邦情结不应仅仅被视为某个时代个别哲学家或某个国度个别政治家的个体性精神畸变，而必须视为存在于每个人人性深处的一种普遍病原，否则我们就无法解释为什么一个独裁者的狂热意志能够左右一个时代、一个民族、一个国家，无法理解个人的迷狂如何可能诱发群体的迷狂，更无法对未来的危险保持足够的警惕，反而会因为现代乌托邦运动已经基本终结而大大地松一口气，误以为乌托邦病菌再也不会侵扰人类社会的健康肌体。西方哲学之父苏格拉底认为哲学家应该成为刺激日趋麻木和怠惰的城邦之马不断前进的牛虻，我认为伟大的反乌托邦小说应该成为预防"乌托邦天花"的牛痘，深深地种入每一代人、每一个人的心田。

三　乌托邦著作与反乌托邦著作的必然形式

颇堪玩味的是，所有的"乌托邦"著作都采用了哲学著作的形式，而所有的"反乌托邦"著作都采用了小说的形式。即便"反乌托邦"著作的作者是哲学家，"反乌托邦"著作依然采用小说形式。我不能确切地解释这是为什么，但我愿意试着探索一下。

小说和乌托邦的共同特点是虚构，小说家与乌托邦哲学家的共同特点是都认为人性和人类社会不够美好。但两者在这仅有的相同点或交叉点之后立刻分道扬镳：小说家热爱生活、热爱人类，而乌托邦哲学家厌恶生活、厌恶人类。小说家眼中的真实生活，既有假恶丑，更有真善美；而乌托邦哲学家眼中的真实生活，没有真善美，只有假恶丑。因此小说家虚构的只是故事，反映的却是生活的本质真实；而乌托邦哲学家虚构的却是完全不真实的生活，并用这种完全不真实的生活来反对真实的生活。

所有的乌托邦哲学家都试图展望一种史无前例的人类生活。为了让民众相信，这种史无前例的崭新生活不仅美好到值得向往，而且还是可能的，"乌托邦"的作者必须给出论证，而论证正是哲学著作的基本职能。可惜的是，所有的乌托邦哲学家在论证乌托邦的可能性乃至必然性时，都把规划这种美好生活和理想社会当作了论证的主要部分，甚至是全部，即用规划来代替论证——

> 如果我规划得不错，看上去很美，
> 那么它就不仅是可能的，而且是必然的。
> ——论证完毕。

不难想象，像上帝那样规划设计一种符合"历史发展规律"的、不仅可能而且必然的、尽善尽美的社会的全部细节，一定让乌托邦哲学家非常过瘾。厌世的乌托邦哲学家们都有一种非常彻底的精神洁癖——在我看来是非常严重的精神畸变。病态的乌托邦哲学家视健康正常的人性为污浊，视自然合理的欲求为道德上的恶。所有的乌托邦哲学家都是狂热的道学家，他们"讨厌庸人气息，赞美一天等于二十年的革命风暴"（顾准）。一切狂热的道学家，都是真的敌人、美的敌人、人性的敌人、自由的敌人、快乐的敌人、幸福的敌人，更是永恒道德的敌人。乌托邦哲学家不仅以上帝自居，甚至认定自己比上帝还要伟大，因为在他看来，上帝"规划设计"的整个世界很不理想，必须推倒重来。宗教家所说的"最后审判"，毕竟不在现世，而在未来，并且由上帝主持；但乌托邦哲学家却要由他来主持对全体同类的"最后审判"。宗教家毕竟还承认有少数"义人"，但乌托邦哲学家眼里没有义人，只有驯服的罪人和不驯服的罪人两类，不驯服的罪人固然要被坚决迅速地清洗掉，驯服的罪人也必须被"彻底改造"为"新人"。除了加尔文等极少数例外，大部分宗教家的道德热忱虽然高于普通人，但其道德要求还没有变态狂热到乌托邦哲学家的程度。因此宗教家一般都能对具有诸多人性弱点的人类具有同情心和慈悲心，但乌托邦哲学家则无一例外地具有冷酷无情的铁石心肠。

自开天辟地以来，大地上还从未出现过尽善尽美的理想社会——这不仅是乌托邦哲学家承认的，而且正是他竭力强调的。但乌托邦哲学家却自欺欺人地宣布，虽然尽善尽美的理想社会从未存在于过去，但是可以在他的规划设计下出现于未来，而且是不久的未来，甚至就在明天。只要人类从今天开始全体服从他的意志，按他规划的那样去做，那么天堂就在眼前。

因此，厌恶生活和敌视人类的乌托邦哲学家只能用干巴巴的抽象观念来写他的枯燥著作。而热爱生活、热爱人类的哲学家反对乌托邦的最有力武器，就是生活的真实和人性的真实，这种真实不是简单而抽象的真实，而是丰富而具体的真实，这就决定了反乌托邦著作必定要采用比理论阐述更生动形象的小说形式，用艺术真实来揭示原本未尽完善的人类生活被乌托邦的狂想和痴念戕害到了何等悲惨的境地。

简而言之，既然反映真实人性和真实生活的小说立基于大地，而反对真实人性和真实生活的乌托邦著作否定大地，那么反对"反对真实人性和真实生活"的反乌托邦小说就不得不再次回到真实的大地。小说客观反映自然，乌托邦著作主观规划应然，并且视主观的应然为必然，而反乌托邦小说揭露乌托邦的应然决非必然，而是一种灾难深重的想当然。

2001 年 12 月 15 日于《通天塔》即将出版之际

（本文刊于《博览群书》2002 年第 3 期《通天塔》评论专辑。）

关于《通天塔》的答客问

——哲学小说不同于文学小说的思维方式

问：首先祝贺你的长篇小说《通天塔》在完成十一年后历经艰难终于正式出版。

答：谢谢！这应该归功于责任编辑岳建一先生和中国工人出版社。如果不是岳先生的慧眼卓识和中国工人出版社的鼎力支持，我不知道这部书还要过多久才能问世。这部小说最终没能在文学杂志发表和在文学出版社出版，也非常合理，因为《通天塔》在文学园地里确实是个身份不明的异类。

问：你是不是说，《通天塔》长期不能发表和出版，不完全是因为文学刊物和文学出版社有眼无珠，也与《通天塔》在已有的文学格局中确实找不到恰当的位置有关？

答：是这样。《通天塔》根本不是一部文学小说，稍有文学常识的人，凭直觉就能看出来。1991年第一次投稿时，我就明确宣布《通天塔》是一部哲学小说，但是很少有人轻易认同，因为他们在中外小说史上找不到哲学小说的先例。即便是伏尔泰的小说，也称不上哲学小说，何况伏尔泰是否称得上哲学家还有疑问，起码罗素没有把他写进《西方哲学史》。萨特是比较重要的现代哲学家，但他是哲学、文学两栖人，写小说时他的思维方式完全是文学的。小说只是承载其哲学观念的容器,他没有用小说直接进行哲学思考。然而真正的哲学小说,应该用小说这种形式进行哲学思考,从而显示出与文学小说完全不同的思维方式。由于在小说史上没有先例可资借鉴,因此《通天塔》是对小说家族中的一个新品种"哲学小说"的一次探险。

问:任何一个读者都看得出来,《通天塔》是一部奇异的作品,至于是在已有的小说园地里为它找到一个恰当的位置,还是从文体学角度对它进行新的分类命名,这将有待于专家的论定。我想还是从一些比较具体的问题开始提问。比如《通天塔》的形式特点很多,但最直接最明显的是通篇都用句号。汉语自古以来确实没有标点符号,所以现在通用的标点曾经被称为西式标点,你是不是对这种非汉语固有的新式标点十分反感?

答:首先要消除一个误解,并非通篇都用句号,而是凡属于王先生叙梦的部分都用句号,而王先生在接受治疗过程中与尚小姐、尚大夫之间的对话都用规范标点。即梦的部分用句号,醒的部分用规范标点。这样做的理由有三。一、基于结构特殊性的理由。比如第一章王先生的梦说到一半,与尚小姐有一些对话,随后又接着说梦。如果每一次梦里梦外的进出都要明确交待就非常笨拙,而用句号就是一个眉目清楚的方法,对阅读也是简便的提示。二、基于内容特殊性的理由。梦的思路原本就是断断续续的,用句号取代其他标点,使语句似断若续,有一种特殊效果。特殊效果之一,就是所谓"结结巴巴",灵魂的结巴是《通天塔》的重要主题。三、基于汉语传统的理由。我并不反对新式标点,但汉语的音韵美等固有特质确实在新式标点之下大为丧失。线装书中只有点断(即句读),不分什么号。《通天塔》的句号就相当于句读。我想试验一下句读用于现代汉语能够达到怎样的效果。我的体会是,用传统句读而不用新式标点,对句子的组织法确有影响。假如用新式标点,许多句子我不会这么写。我想应该允许探索,假如探索没有激进到影响阅读,探索就应该鼓励,这样我们伟大的母语就会日益丰富,永葆活力,成为世上最美的语言。

问：《通天塔》的语言确实很有特点，尤其具有许多汉语自身固有而其他语种不具备的特点，有人据此认为这部小说是不可译的。你是否同意这种看法？

答：一般认为诗歌具有最大的不可译性，但诗歌依然在不同语种之间被广泛翻译。所以一个特殊语种中具有某种不可译性的语言极品，正是其他语种最愿意翻译的，哪怕这种翻译颇多郢书燕悦、以讹传讹的成分。艺术的魅力之一，就是向困难挑战并克服困难。完全可以说，一部作品的不可译性越高，就越值得翻译；一部作品的不可译性越低，就越不值得翻译。被认为高度不可译的《尤利西斯》，世界各大语种都翻译了。《通天塔》的语言是非常通俗的，不通俗的是思想和寓意，而思想和寓意一般来说总是可译的，不可译的是语言，像"静听动静更动听"、"一切真如都是假如"等在汉语中明白如话的句子，转换为其他语种确有困难。但这是翻译者的事，不是作家应该关心的事。作家决不能为了具有可译性而放弃民族语言的特质。如果一个作家这样想这样做，那么其作品在本国读者那里已经站不住脚，更不必谈其他的了。

问：在《通天塔》被公认为哲学小说之前，大家都称它为寓言小说。事实上你的许多作品都有寓言色彩，比如《人文动物园》，或者与寓言有关，比如《寓言的密码》，你为什么对寓言这么感兴趣？

答：因为我小时候无书可读，除了唯一的一类哲学著作，非文学的读物我只找到成语词典。整本词典通读完后，我还会经常重新翻看，重看的主要是有故事的成语典故，而这些有故事的成语典故大多是先秦诸子寓言。词典里还往往会引用诸子原文，这些都很吸引我，我就是通过这条路径，接触到当时已被彻底否定的中国古典文化。我从理科改考文科的主要目的，就是阅读诸子原著。我读诸子已有二十多年，至今还是每年都读。幼年阅读经历往往会影响作家的写作方向和写作特点。另外我从没想过做文学家，我对故事的兴趣非常有限，我觉得很少有什么故事是全新的、奇妙的。大部分故事都是老套，用"生老病死"四字就能概括。我对探究故事后面的"道"即所以然更感兴趣，而文学家一般对怎么样（也可以说是"路"）更感兴趣。在我看来，怎么样是比较表象的甚至是一目了然的东西，我不能一眼看透的是表象后面的所以然，这是我更愿意探究的东西。

问：你是不是认为"知其然"不如"知其所以然"？或者说认为哲学高于文学？

答：这不能一概而论，哲学和文学是两种不同的思维方式，虽然两者都关注人性这一主题。说到人性，孟子和告子关于人性善恶的争论想必你不陌生。

问：我记得告子认为，人性就像流水，"决诸东方则东流，决诸西方则西流"，所以告子认为客观存在的人性本身没有善恶，善恶只是不同的人对"东流"或"西流"的主观评价。但孟子又不同意告子的观点，认为"人性之善犹水之就下，水无有不下，人无有不善"。

答：你概括得很准确。我愿意借用这个比喻，说说我的看法。我相信大部分不走极端的人，包括哲学家和文学家，都会倾向于告子的意见，但哲学家和文学家在具体方面，尤其是思维方式上，会有很大不同。大致说来，文学家的视域比较窄，但细节比较丰富，他们关注的是具体的水流，无水的地方引不起他们的兴趣。而哲学家关注的是使水怎么流的人工水槽和天然地形。哲学家探究各种各样的天然地形和形形色色的人工水槽，就是想穷尽对水流来说具有可能性的每一个逻辑分岔。文学家跟着具体的水流走，就难以穷尽每一个可能的逻辑分岔。文学的价值是具体性和真实性，哲学的价值是抽象性和系统性。思想源于惊讶。文学家惊讶的是水流到的地方居然有这样一条水槽或这样一种地形，水没流到的地方基本上在他的视野之外，由于他关注的主要是具体的水，即使对水流到的地形和水槽，他也缺乏真正的洞察，因为水已经流到其他的水槽和地形去了，他的注意力也就跟着转移了。所以，文学家对水槽和地形的了解，大体上是浮光掠影的，缺乏深度的。哲学家惊讶的是任何水槽和地形居然最终都会有水流进去，所以他对水曾经流过的水槽和地形特别关注，不会被暂时的水流牵着鼻子走，哲学家对暂时没有水流的水槽和地形也予以高度关切。按照逻辑的先天可能性和生活的无限多样性，实际上哲学家对水流的任何变相都不会真正惊讶。哲学家真正惊讶的是，水居然能够流到离水的本性如此之远的地方，并且被外力塑造成任何形状。哲学家对水流、水槽和地形都有比较系统的理想，而文学家往往没有系统的理想，即使有理想也只是对水的不切实际的幻想，或者对地形的一厢情愿的空想，很少有对水槽的理想。但有理想未必都是好事，许多哲学家的理想，最后都成了把水越引越远的思想水槽和把水弄得奇形怪状的思想水潭，乃至成了把水弄得毫无活力的思想水库。哲学家应该致力于探究和穷尽各种天然地形，批判各种不让水按其天性自由流动的人工水槽、人工水潭和人工水库。我的哲学理想是：天然瀑布一定比人工喷泉优美。

问：《通天塔》被认为包罗万象，你是否就想通过它探究各种天然地形尤其是人工水槽的每一个逻辑分岔，穷尽水槽和地形如何影响人性水流之走向的种种可能性？

答：一部小说不可能穷尽人性的全部可能性，正如文学家非常想逼近具体水流的绝对真实，然而不可能真正抵达绝对真实。从佛学角度来看，芥子纳须弥，一花一世界，一滴水中有三千大千世界。即便由自然主义文学大师对一个小故事进行不厌其烦、穷形尽相的繁琐描绘，也不可能全息性地传递全部细节。哲学家欲穷尽全部可能性，也不可能完全达到目的。但我在《通天塔》里确实做了文学家一般不会有意识去做，而哲学家往往会有意识去做的事：试图穷尽一个规定情景中的全部可能性，《通天塔》的规定情景就是"世界人同"的乌托邦。文学小说以具体的水流即主人公为不变的主观视角，以主人公的个体命运偶然遭遇的场景即水槽和地形为背景来逼近个体的真实；而哲学小说则以规定情景即水槽和地形为不变的客观舞台，以变化流动甚至是任意的各色人等进入这一规定情景后的必然表现，来穷尽人性的种种可能性，人性的具体边界，乃至人性的每一个逻辑分岔。

问：尽管你说得条理分明，但我还是觉得很深奥。而且不得不说，没想到小说还可以这样来写。你能否具体谈谈《通天塔》是如何以不同于文学小说的思维方式来展开和推进的？

答：比如许多读者非常惊讶《通天塔》的第七章"日曜日之梦"和"尾声"部分的每一个细节，居然能无一遗漏地紧扣全书前面的每一个悬念，前后居然如此丝丝入扣、天衣无缝。不少评论者都认为，这是由于作者的想象力惊人，或者是作者驾驭全局、统摄结构的思维整合力惊人。但我不这样看，这种误解源于把《通天塔》这样的哲学小说当成了文学小说。既然《通天塔》是一部哲学小说，那就应该根据哲学思维的特点来批评它和分析它。由于文学小说不以"无所不包大全"的人性世界地图为舞台，而只是依主人公的主观视域（往往受制于文学家个人的主观视域之局限）写到哪里算哪里，因此文学小说最后的整合力一般较差，大部分世界名著的后半部，都不如前半部精彩，尤以缺乏逻辑根性的中国古典小说为最。其实这与文学小说的思维方式有关：文学小说涉及的水流ABC，往往与水流活动之舞台即水槽OPQ和地形XYZ有一种非逻辑的紧张，即没有形成一一对位，而这种错位和紧张正是文学小说的魅力之源。但哲学小说的水流是从A到Z，作为水流活动之舞台的水槽和地形也是从A到Z，是一张包罗万象的人性世界地图。因此哲学小说的最后，水流、水槽和地形三个序列的每一个对应字母必然全部一一到位，即一一穷尽其逻辑分岔，因此哲学小说的真正力量一定是在后半部，后半部一定比前半部更好。这类似于做一道几何证明题，不到最后一步的证毕，读者只能看到杂乱无章——这是未窥全局时的错觉，哲学小说的思维方式决定了它不可能真正杂乱无章。所以《通天塔》结尾的细节一一对应，完全不同于文学小说结尾的非逻辑的巧合和一厢情愿的大团圆，而是逻辑性的必然到位，它与想象力不太有关，而更关乎理解力。进一步说，这也不是因为哲学家比文学家在理解力上更有天赋，而是因为哲学家的思维方式比文学家的思维方式更客观、更全面、更系统，他们的思维以思维对象即世界的客观本性为依据，而世界的客观本性就是一一到位的。大自然什么也不缺，大自然具有全部字母表，有所欠缺的一定是人的主观想象。一个人的想象力再丰富，也不可能想象出大自然的全部字母表。这是任何人在大自然面前都必然感到卑微的唯一原因，也是天然地形比人工水槽必然优越的根本依据。

问：非常感谢你的分析，对我和其他读者深入理解《通天塔》一定会有帮助，但我还需要慢慢消化。最后我想问一些小说以外的问题，《通天塔》是用电脑写的吗？

答：不是，是手写的。这是我的全部著作中唯一有手稿的一部作品。1993年年底我开始用电脑。那年我三十岁，我正着手准备开始职业写作生涯。我用电脑干的第一件事就是输入《通天塔》，我想输入后在电脑里修改方便些，用不着一遍一遍誊抄。但输入后发现，我完全没有能力修改它。输入《通天塔》的主要作用，变成了过打字关。二十多万字输入了一个月，当时的打字速度不快，因为还不熟悉五笔字型的字根。要是现在输入，大概三四天就够了。我用电脑写的第一部书是《汉语的奇迹》，是一部现代诗歌评论集，写了不到一个月，但准备的时间超过十年。我的写作方式永远是充分地准备，长期地思考，到瓜熟蒂落时迅速地完成。此书完成已有七年，也至今没有出版，但我对它相当满意，是我最好的作品之一。

问：许多人认为，电脑的出现对写作艺术是一个致命打击，写作已经沦为一种流水作业，所以今后再也不会有伟大作品了，也不会有大作家了。你认为用电脑写作对你会有什么不良影响？如果1990年你已经开始用电脑写作，还能写出《通天塔》吗？

答：我想这与电脑和手写无关。除了《通天塔》，我的其他著作都是用电脑完成的。我不认为电脑对写作质量会有副作用，相反电脑有助于好作家写得更好。永远不要把电脑之类的工具当成精神衰退的替罪羊，两者从来就没有因果关系。把先进工具当作历史衰退论的最新证据，是没出息者的自我安慰。现代的伟大作品决不比古代少。以为古代的大作家多如繁星而现代的大作家屈指可数甚至几乎没有，我称之为"路灯错觉"：你站在街头往远处看，会发现离得越远路灯越密集，但事实上路灯的分布是平均的。而你很可能不知道头顶就有一盏路灯，却误以为临街的小窗口里那支生日蜡烛足以照亮你的黑夜。其实只要稍微走几步，你就看不见这支小蜡烛了。

这就是许多小作家，尤其是畅销书作家，在一两年内被人争相传阅，但很快就被人遗忘的原因。大作家在当代不受重视是正常的。为自己不受重视而忿忿不平的作家，大多是小作家。他们知道自己没有未来，只能抓住现在。

问：那么你是否可能用电脑再写一部类似《通天塔》的哲学小说？

答：我一直有再写小说的打算，之所以一直在写别的，与《通天塔》没能顺利出版有一定关系。《通天塔》完成后，我就开始构思第二部哲学小说，我曾经考虑过写三部曲。但哲学思考的系统性，决定了我的第二部哲学小说一定是接着第一部往下说。因此在《通天塔》出版之前，写第二部哲学小说对我来说就是不急之务。我要写的东西太多了，哲学小说并不是我唯一想写的东西，何况已经有一部了。我更愿意到其他一些不毛之地去开荒。我已经写了十多部书，但还没有一部是与其他任何一部在形式和内容上相近的。在完成每一种想写的文体的样品之前，我不太愿意回到一个已经写过的品种。现在我的水流已经流到离哲学小说很远的其他地形去了，是否会回流或什么时候回流我不清楚，我愿意顺其自然。但是也应该承认，同一个作者写第二部哲学小说比写第一部哲学小说远为困难。文学小说可以一部接一部地写，比如巴尔扎克就用整个"人间喜剧"系列来描绘他心目中的人性世界地图，他的每一部小说都可以理解为描绘了人性世界地图的一个局部。但哲学小说要求作家以他所理解的整个人性世界地图为活动舞台，这使同一个作者很难再写出同样以这张人性世界地图为舞台的第二部哲学小说，而依然保持高度的独创性。我如果再写第二部小说，肯定会是完全不同的样子。但在写出来之前，连我也不知道它可能会是什么样子。

问：作为《通天塔》这部哲学小说的读者，无论你的第二部哲学小说会写成什么样子，我都非常盼望你在适当的时候能够列入你的写作日程。也许有些读者希望作家满足自己的阅读期待，但也有些读者希望作家别满足自己的阅读期待。他们期待的是另一种满足，他们更渴望意料之外而不是意料之中。这些读者愿意阅读的作家，都是喜欢超越自己的作家。这些读者虽然不知道这样的作家的下一部书是什么样的，但他们认定这样的作家的作品一定不会让自己失望。

答：谢谢你把我视为不会令读者失望的作家。但是读者多种多样，要做到不令读者失望，更可靠的标准是不让自己失望。不断超越自己，确实是我写作的最大乐趣。谋生的需要或经济的动机，在我的写作中完全不予考虑。

2002年1月31日

（本文压缩版刊于《北京日报》2002年2月10日，

完整版刊于《社会科学论坛》2002年第8期，《人大复印资料》转载。）

《中华读书报》记者舒晋瑜专访

舒晋瑜：您现在是什么职业？在此之前是什么职业？

张远山：我现在的工作，在国内的职业分类中似乎难以归类，原因是作协有领工资的"专业作家"，而国人有一种普遍误解，似乎成为领工资的"专业作家"是中国作家的最高目标，所以经常发生如下一幕：初识者询问我什么职业，我说"作家"。询问者立刻肃然起敬，然后有些不放心地追问是否作协会员。我说不是。于是询问者的表情立刻从敬仰变成了同情和怀疑。我的履历非常简单：1984年大学毕业后，我做了十一年中学教员。1995年至今，我是只对读者负责的职业作家。有些不知道如何归类的报刊编辑出于无奈，将我称为"自由撰稿人"，很不确切。一方面，有些"自由撰稿人"仅仅暂时不是作协会员，并非不想成为作协会员乃至领工资的"专业作家"。另一方面，多数"自由撰稿人"的写作并不自由，他们渴望报刊和出版社的命题约稿，但我拒绝一切形式的命题约稿，无论稿酬多高。我只写能给我自己和目标读者带来精神满足的作品，即便暂时不能发表和出版。

舒晋瑜：您对于目前的状况满意吗？

张远山：如果不把我的天性和幼年志向考虑在内，从我1980年考入大学起，我以职业作家为明确目标，做了十五年艰苦准备。1995年离职开笔以后，我进入了生命的最佳状态。仅就世俗生活而言，我有一种如愿抵达最终目的地的大欢喜，我想象不出更好的世俗生活。当然精神目标是永无止境的，我的精神探索永远在路上。尽管开始四年我没出版著作，仅是每年发表百篇左右的各种文体作品，但这丝毫不影响我对生活状况的高度满意。其实开始四年就有出版社向我命题约稿，但我拒绝接受。1999年起我开始出书，目前已经出版了八部著作，包括先秦研究专著、思想随笔集、文学评论集、长篇小说、动物寓言集、人文小品集等。今年除了上个月出版的长篇小说《通天塔》，还将出版诗集《独自打坐》，诗歌评论集《汉语的奇迹》，重版《永远的风花雪月，永远的附庸风雅》，另有台湾版《寓言的密码》、《人文动物园》、《人类素描》。有些读者误以为我粗制滥造地一年写四五部书，其实是不同年份写的书，挤在同一年里出版。我的每本书，从构思到完成都有十年左右的漫长过程。

舒晋瑜：今年计划写什么？

张远山：我目前同时在写三四本书，一本哲学随笔集，一本动物寓言集，一本先秦研究专著，我还在考虑第二部长篇小说。这些书有几年前开始准备的，也有十几年前开始准备的。有的尚在构思或仅有轮廓，有的已接近完成，但是还要充实和提高，我习惯于反复修改到无力增减一个字。另外还有一些报刊的个人专栏。我每天的写作和阅读时间大约是十四小时，而且没有双休日。作为职业作家，理应比业余作家和兼职作家更加敬业，只有这样才对得起读者。作家的自私懒惰和投机取巧，是对文化的犯罪。

2002年2月23日
（《中华读书报》2002年2月27日"好书曾经无人喝彩"专版，
记者舒晋瑜介绍了《通天塔》历经十二年终获出版。
同日该报另一专版"他们为什么要做不领工资的作家"，
记者舒晋瑜专访张远山列于九位受访作家头条。）

《通天塔》备忘录

1990年3月1日—8月7日：张远山在五百格文稿纸上撰写长篇小说《通天塔》，共417页。一稿而成。

1990年8月以后：张远山复印《通天塔》多部，投稿文学杂志、出版社，未能发表、出版。

1993年4月12日：张远山截取《通天塔》片断，改写为短篇小说《夸父与影子》。

1993年4月22日：张远山截取《通天塔》片断，改写为短篇小说《沙漠中的荷马》。

1993年7月27日：《上海侨报》刊出截取《通天塔》片断改写的短篇小说《沙漠中的荷马》。

1993年10月3日—11月4日：张远山将《通天塔》手稿输入电脑，打印十多部，投稿文学杂志、出版社，未能发表、出版。

1993年12月4日：张远山截取《通天塔》片断，作为小品文《一见钟情》。

1993年12月31日：张远山截取《通天塔》片断，作为短篇小说《传统》。

1994年7月9日：《武汉晚报》刊出截取《通天塔》片断的短篇小说《传统》。

1994年9月29日：张远山撰写《〈通天塔〉游览须知》。

1994年11月：上海作家王一梁撰写《通天塔》评论：《不幸的知识与逻辑——评〈通天塔〉》。

1995年6月：女友陈林群读后称"前所未见之奇书"。次年2月陈林群成为吾妻。

1995年12月：《女友》刊出截取《通天塔》片断的小品文《一见钟情》。

1997年5月：上海作家王一梁将《通天塔》电子版传给上海旅欧诗人京不特。

1997年6月10日：上海旅欧诗人京不特将《通天塔》电子版上传"文学橄榄树"网站。

1997—1998年：《通天塔》电子版被《新华图书馆》、《口袋图书馆》、《中国现代文学》、《地球图书馆》等大量电子书光碟收入。

1999年7月：上海文化出版社出版张远山小品集《人类素描》第1版，收入截取《通天塔》片断的小品文《一见钟情》。

1999年8月："亦凡书库"网站收入《通天塔》电子版，主编亦凡致张远山电子邮件："《通天塔》给我的印象极其深刻。此书在网上评价非常高，我的几个朋友都曾跟我讨论过这本书。"

2000年3月：《新语丝月刊》第3期刊出截取《通天塔》片断改写的《夸父与影子》。

2000年3月：《海上文坛》第3期刊出截取《通天塔》片断的短篇小说《传统》。

2000年5月：《八面来风》第5期刊出截取《通天塔》片断的短篇小说《传统》。

2000年6月：《新语丝月刊》第6期刊出截取《通天塔》片断的短篇小说《传统》。

2000年6月："思想的境界"网站收入《通天塔》电子版。

2000年10月：《书屋》第10期刊出庄周《齐人物论（续二·小说戏剧部分）》，评论《通天塔》曰："这是一部尚未出版的作品，好在现在已经是互联网时代了，我们没必要非得等到国内出版社长了见识之后才能读到这样的佳作。作品奇异非凡，据说'应该组成一个有文学博士、哲学博士、神学博士、心理学博士、语言学博士……参加的专家小组，共同"会诊"三年'，方有望'解开《通天塔》的结构之谜'，那我就不必强作解人了。小说充满寓言色彩，整部作品是一大寓言，内中各类寓言又大小相套，环环相扣，此起彼落，方降方升，所有这些寓言又似乎都有一个明确的指向，指涉的是人类命运。作品一面布满玄机，让人步步生疑，一面又每句话都惊人地流畅明白，表达上没有丝毫故弄玄虚之处。尤其令人称奇的是，在最基本的故事层面，作品也是娓娓可读，朗朗可诵的，显示出作者出色的语言天赋和叙事才能。我相信，读者即使弄不清《通天塔》的葫芦里到底藏着什么药，也会被作者骇人听闻的想象力撩拨得目瞪口呆。作者的最大自负也许是在哲学领域，就这部作品而论，他更该为自己的想象力自豪。"（周泽雄撰写）

2000年12月：上海文艺出版社出版庄周《齐人物论》第1版，保留评论《通天塔》条目。

2001年1月：《特区文学》第1期刊出截取《通天塔》片断的短篇小说《传统》。

2001年2月：上海旅欧诗人京不特回沪与我见面时说："许多网友都认为，《通天塔》是中文互联网第一部高质量的长篇小说。1997年《通天塔》电子版上传'文学橄榄树'以后，中文网络得到了质的提升。"

2001年2月：《书屋》第2期刊出截取《通天塔》片断的短篇小说《传统》。

2001年2月：长江文艺出版社《网络文学》第2期刊出张远山长篇小说《通天塔》第五章"金曜日之梦"。

2001年2月：上海文化出版社出版张远山小品集《人类素描》第2版，收入截取《通天塔》片断的小品文《一见钟情》。

2001年4月：北京作家余世存撰写《通天塔》评论：《在语言和生活之间——读张远山〈通天塔〉》（见中国工人出版社2002版附录）。

2001年5月17日：中国工人出版社编辑岳建一先生撰写《〈通天塔〉审读报告》："《通天塔》作为'中国民间文本·民间境界'的第一本读物，是当之无愧的。该作的形式是长篇小说，实际上已经超越了一切体裁的局限，是一部内蕴非常丰富而又无限抽象的具有非凡创造力的超体裁读物，即：具有小说的形态，诗歌的意象、张力与境界，寓言的智慧，神话的想象力，哲学的理性思考；看似玄秘邃奥，离奇古怪，玄而又玄，实际上，作者不过是以自己构建的载体，承担起了自己对人、历史、宇宙、现实世界的理性与反理性思考，以虚构的世界警告现实世界中的种种卑鄙、欺骗、无耻与沉沦，字里行间充满了悲愤、忧思与远瞻；故事时而好读，时而晦涩，语言简洁、优美、诗化，时疏时密，时缓时舒，颇具叙述天赋，故事环环紧扣，布满玄机，却又流畅明白，毫不做作与卖弄。这是一部在很高层次上进行思考与探索的作品，代表着中国具有民间立场的知识分子的某种最高水平。今天的批评家们若要解读它，我认为需要许多年。其实，它不需要解读，只需要人们根据各自的角度领悟。真正仁者见仁，智者见智即是。在到处充满浮躁的今天，作者能够潜心写作出这样空灵而又充实的力作，令人肃然起敬。这部作品的出版，不仅对中国工人出版社，而且对整个中国出版界，都是重要的。该作历时十一年而未能出版，这一事实本身，便足够出版界反省十一年。我希望，由中国工人出版社为这一遗憾划一句号。"

2001年5月：吾妻陈林群撰写《通天塔》评论：《人为什么要问为什么——评〈通天塔〉中的三位女性》。

2001年7月：北京作家李静撰写《通天塔》评论：《终极追问——〈通天塔〉游记》（见中国工人出版社2002版附录）。

2001年8月28日：岳建一告知张远山，中国工人出版社终审通过《通天塔》，即将正式出版。

2001年9月1日：张远山撰写《〈通天塔〉出版前记》、《〈通天塔〉提要》。

2001年9月：春风文艺出版社出版张远山小品集《吊驴子文》，收入截取《通天塔》片断改写的短篇小说《夸父与影子》、《沙漠中的荷马》。

2001年12月15日：张远山撰写《跨越时空的〈通天塔〉》。

2001年12月27日：《南方周末》发布2001年度中国十大好书，庄周《齐人物论》入选。庄周《齐人物论》推介《通天塔》，是其完成十二年后正式出版的重要助力。

2002年1月：中国工人出版社出版张远山长篇小说《通天塔》，前加《〈通天塔〉出版前记》、《〈通天塔〉提要》，后附《〈通天塔〉的传播史》和王一梁、余世存、李静评论。岳建一撰写了封底语："该长篇寓言小说，曾被称为汉语精神殿堂的奇迹。作者以汪洋恣肆的笔力，笼天地于形内，虚构了一个荒诞不经而又森罗万象的极权专制世界。这里，王权赫赫在太阳亘古的混沌中，王者拥有绝对权力，更拥有绝对真理，吐一言可以匡俗正民，动一念能使万物失序。这里，宇表无极，宙端无穷，王者的意志凌驾于一切蔚蓝、一切苍生、一切衍化之上，无古无今，太虚太真。于是，人口恶性爆炸后的人类行为统一了，人类语言规范了，人类欲望聚合了。这里，纵欲永远被鼓励，至于斯极而不返，芸芸众生最实质的生命和精神崩毁了，只剩下生理冲动与原始欲望，只剩下可怕的空虚、盲目、愚昧、自恋、无耻、疯狂和冥顽。其时，人们千辛万苦建造的等级森严的通天塔，不过是导致自我毁灭的巨大骗局和闹剧。该作机杼莫测，真力弥漫，诡黠奇幻，取上帝、孔子、老子、苏格拉底、基督、尼采、丘比特、阿波罗……种种形影，用东西方一些语体所长，又一一弃之；以锋利的细节、洞见、思想力及深痛莫解的悲悯情怀，发出了对整个世界和人类灵魂的终极追问及预见，迫人垂思参悟。全文中，奇警之趣、鬼斧之笔、迷离意象动人心魄而又俯拾即是。该作竣稿后，历经十一年曲折，终于问世。"

2002年1月16日：岳建一告知张远山，首印九千册在北京冬季书市售罄，正在加印五千册。

2002年1月19日：张远山撰写《通天塔三题》之一，《〈通天塔〉：一个疯子眼中的世界》。

2002年1月21日：张远山撰写《通天塔三题》之二，《〈通天塔〉：一个匪夷所思的故事》。

2002年1月22日：张远山撰写《通天塔三题》之三，《零售〈通天塔〉》。

2002年1月29日：《青岛晚报》刊出张远山《〈通天塔〉：一个匪夷所思的故事》。

2002年1月31日：张远山撰写《哲学小说不同于文学小说的思维方

式——关于〈通天塔〉的答客问》。

2002年2月1日:《青岛日报》推荐张远山长篇小说《通天塔》。

2002年2月6日:《南方都市报》刊出余世存评论《通天塔》,《在语言和生活之间——读张远山〈通天塔〉》。

2002年2月10日:《北京日报》刊出张远山《哲学小说不同于文学小说的思维方式——关于〈通天塔〉的答客问》压缩版。

2002年2月23日:《中华读书报》记者舒晋瑜就《通天塔》专访张远山。

2002年2月27日:《中华读书报》"好书曾经无人喝彩"专版,记者舒晋瑜介绍了张远山《通天塔》历经十二年终获出版;同日该报另一专版"他们为什么要做不领工资的作家",记者舒晋瑜专访张远山列于九位受访作家头条。

2002年2月:《博览群书》第2期推荐张远山长篇小说《通天塔》。

2002年3月:《博览群书》第3期刊出《通天塔》专辑:①李静评论《通天塔》,《终极追问——〈通天塔〉游记》,②张远山《〈通天塔〉:一个匪夷所思的故事》,③张远山《跨越时空的〈通天塔〉》。

2002年3月:台湾海鸽出版社出版《人类素描》,收入截取《通天塔》片断的小品文《一见钟情》。

2002年3月16日:《新民晚报》刊出杭蓝评论《通天塔》:《眼光诚可贵,良心更重要》》。

2002年3月19日:中华读书网推荐张远山长篇小说《通天塔》。

2002年4月10日:《中国文化报》推荐张远山长篇小说《通天塔》,刊出余世存评论《通天塔》:《寓言的迷宫》。

2002年4月25日:《中国图书商报书评周刊》之《编辑荐书》,李虹推荐张远山新书《通天塔》。

2002年5月:《博览群书》第5期刊出邓晓芒一评《通天塔》:《解〈通天塔〉之谜》。

2002年8月:《海南师范学院学报》第4期刊出邓晓芒二评《通天塔》:《〈通天塔〉的哲学寓意》。

2002年8月:《社会科学论坛》第8期刊出张远山《哲学小说不同于文

学小说的思维方式——关于〈通天塔〉的答客问》完整版（《人大复印资料》转载）。

2003年1月22—23日：张远山致信邓晓芒《反对痴狂的拟痴狂体》(见"新语丝"网站"张远山专辑")。

2003年8月："新语丝"网站收入《通天塔》电子版及相关评论。

2004年：南京大学小百合网站小说版收入《通天塔》电子版，版主朱门酒发帖："在许久前的一个凌晨，从自己电脑的文库中随意地调看一些书籍，看到了《通天塔》。一直想读这本书，放了很久，那晚或许是过于寂寥低沉或许是对自己的生存有所不满，或者是因为想起了关于《通天塔》的各种版本的故事的记忆。看了一分钟后我就知道，这个《通天塔》值得一读。张远山1980年从华师大本科毕业，他的前三届出了赵丽宏、陈丹燕、夏中义、朱大可等人，下一届出了格非等人，唯独他这一届空白。在本科时便有文名的张远山十年埋没师长同学轻视妻子离开，他仍我行我素。我一直都认为在华师大作家群中，张远山会是文学史中最值得记忆的，赵陈夏等人此生人物，朱格百年人物，唯有张远山可达千年。"

2004年5月：湖南文艺出版社出版庄周《齐人物论》增补本，删去评论《通天塔》条目。

2005年7月:《杂文选刊》上半月刊刊出截取《通天塔》片断的短篇小说《传统》。

2006年8月：少年儿童出版社出版《人类素描》第3版，收入截取《通天塔》片断的小品文《一见钟情》。

2008年6月:《格言》第6期刊出截取《通天塔》片断的短篇小说《传统》。

2022年10月：北京出版社出版《通天塔》第2版，作为二十年纪念版。